7575.
B. L.

Cat. de Lyon N.° 14097.

LA SEPMAINE D'ARGENT.

Contenant l'histoire de la seconde Creation ou Restauration du genre humain.

A SEDAN,

Par Iean Iannon Imprimeur de l'Academie.

M. DC. XXXII.

PREFACE
AV LECTEVR.

'AY pensé souuentesfois en mon ame, Ami Lecteur, (lisant ce grand Genie de la Poësie du Bartas) pourquoy les esprits de nos François, capables de toutes choses, (s'ils ne s'embrouilloient d'vne confusion de desseins) bannissans de leur pensée les chansons d'Amour, & les obiects de la terre, n'employoient leurs disertes plumes à quelque suiect du Ciel, tiré du Vieil ou du Nouueau Testament. Sur tout ie me suis estonné à diuerses fois, de nos Cracheurs de vers, qui feront des merueilles pour vne Epigramme, pour quelque Ode, ou pour quelque Satyre, mais si vous leur mettez deuant les yeux la lumiere de l'Euangile (fertile en cent suiects pour occuper vne Muse aux accords d'vne diuine Poësie) ils sont comme les Taupes, qui ne trauaillent qu'à la terre, puis que le Soleil de Iustice semble en quelque sorte accroistre leur aueuglement.

Ces considerations ont par fois arraché des plaintes de ma bouche, ores con-

tre le torrent des miserables couſtumes
de ce ſiecle, ores contre le naturel peruers de nos eſprits, ores contre ces forgeurs de rencontres profanes, & en fin
m'ont pouſſé, par vne emulation loüable, à tracer quelque choſe de *La ſeconde
Creation du monde*, pour à quoy paruenir,
ayant communiqué ce deſſein à pluſieurs
de mes amis, & principalement à Meſ-
ſieurs Goulart, le Sueur, Pinette, & Liger,
doctes Theologiens, ie fus approuué de
tous, & exhorté d'entreprendre la piece
à mon loiſir. Pendant ce temps calamiteux (auquel l'Egliſe gemiſſoit en diuers
endroicts de l'Europe) mes afflictions
particulieres m'appellerent en ma patrie,
où touché des angoiſſes generales, &
ſpecialement, & plus ſenſiblement des
miennes, ie fus contrainct de demeurer
vne année toute entiere, viſité tout à la
fois de diuerſes afflictions : entre autres
de la priuation de deux ou trois perſonnes, que i'auois les plus cheres au monde, emportées par la mort inexorable, de
la ruine totale du lieu de ma naiſſance:
& outre ces larmes publiques trauaillé
en moy meſme d'vn chagrin, & regret
importun de me voir ſeparé des Academies, par mes propres trauerſes, & afflictions, & par la calamité du temps, ſi bien
que cet ouurage eſt vn enfant de ma douleur : ce qui me ſeruira d'excuſe enuers
ceux qui ne trouuent choſe aucune ſa-

uoureuse pour leur palais. Or pource
que c'est le propre d'vne amitié bien née,
de faire part à nos intimes d'vne bonne
partie de nos pensées, & desseins, l'affection estroicte que i'ay auec monsieur
Godallier, m'obligea à luy declarer librement l'entreprise que i'auois conceuë
auec mes amis pendant mon seiour hors
de France. A la poursuitte de laquelle il
me sollicita si ardemment, que ie n'ay
peu m'en desdire, m'asseurant que Dieu
me donnoit le temps tout propre pour
cet effect, pour employer les iours de repos, qu'il m'eslargissoit au milieu de l'o-
rage vniuersel, à l'aduancemét de sa gloire: Qu'il m'auoit retiré des Academies
pour vn temps, comme pour me donner
le loisir d'entreprendre, & de parfaire
cette piece desirable: Qu'il me poussoit
comme Loth hors de la foule, & du tumulte du monde, pour souspirer à luy
seul auec plus de liberté; & que ces afflictions, qu'il m'auóit enuoyées m'y de-
uóient exciter, puis que c'est pour nostre
bien, & pour nostre amendement que
Dieu nous visite de ses verges. Et puis,
me disoit-il, que ie vous voy resident parmi nous, pour long temps, qui vous em-
peschera d'y trauailler, cependant que
vous serez en vostre patrie, cela vous
distraira des compagnies, & vous sera
vne occasion pour recercher la solitude?
Ce qui me confirma de telle sorte en ma

premiere resolution, que pour tromper
& mon loisir & mon ennuy, ie mis la
main à la plume, pour commencer l'ouurage, que ie n'eusse iamais entrepris, sans
le diuertissement que ie recerchoy' soli-
tairement en mon estude. En quoy le ciel
m'a regardé d'vn visage si doux, qu'au
bout de l'année ie veids mon œuure tout
parfaict. Depuis m'estant retiré aux Academies, ie ne pensoy' plus ny aux Muses,
ny à la Poësie : & mesme auoy' pris resolution d'enseuelir sous vn profond siléce
cet ouurage, quand mes amis (au iugement desquels ie defere beaucoup) en
ayant veu quelque chose, m'exciterent à
le mettre en lumiere, sans craindre le
sourcil des seueres Catons, puis que l'entreprise n'en estoit que loüable, & pour
la gloire de Dieu. I'ay donc acquiescé, &
à leurs importunitez, & à leurs prieres,
donnant au public cette petite piece, que
i'ay tirée de la solitude, & de la poussiere,
pour t'en faire part.

Or pource que c'est l'argument ordinaire des Prefaces, de declarer en premier lieu, l'vtilité, & la disposition du
Liure, ie veux en cecy, Ami Lecteur, non
seulement te satisfaire, mais te donner
quelque contentement.

Le profit, qui te peut reuenir de la
lecture de ce Liure, (si i'ose tant présu-
mer de mes escrits) est que tu trouueras
en iceluy, la Vie, la Mort, & Passion, la

Reſurrection, & Aſcenſion du Redempteur du monde, & comme vn abbregé
de toute l'hiſtoire Euangelique, ornée
des ſimples traicts de la verité Diuine,
que tu pourras contempler de l'œil de la
foy, non comme és fueilles confuſes de
la Sybille, mais comme en vn extraict
tiré de l'Eſcriture ſaincte. Tu y rencon-
treras dequoy deſalterer ton ame, ſi tu as
ſoif de ces eaux ſaillantes en vie eternelle : Tu pourras t'y raſſaſier du pain du
ciel, & gouſter en quelque façon des
fruicts du Paradis celeſte : Tu y verras la
verité à deſcouuert, le menſonge de-
maſqué, mais ſi modeſtement, que les
Ariſtarques n'en ſçauroient pas meſdire.
Icy tu auras dequoy contenter tes yeux,
& ton eſprit, puis que ie te donne de la
manne du ciel, recueillie és deſerts de ce
monde, par la main de la foy. Icy les ames
les plus pures, & les plus innocentes,
pourront lire ſans rougir, & ſans honte
de l'impureté des conceptions. Quand à
la diſpoſition, comme la Poëſie eſt libre,
auſſi ne me ſuis-ie pas aſtraint à vn ordre
ſi exact, que les Cenſeurs demanderont
parauanture : toutesfois i'eſpere que tu
n'y trouueras aucune confuſion. Le premier Liure contient les Meſſages, & la
Vie de Iean Baptiſte. Le ſecond, la Naiſſance, & l'Enfance de Ieſus Chriſt. Le
troiſieſme, ſes Sermons, ou ſa Doctrine.
Le quatrieſme, les Miracles. Le cinquieſ-

Diſpoſition
tout l'œuu-
re.

Voy les ar-
ments de cha-
que Liure, ils
t'en diront
dauantage.

á iij

me, ſes Souffrances, & ſa Mort doulou-
reuſe. Le ſixieſme, ſa Reſurrection, &
Aſcenſion au ciel. Le ſeptieſme, le dernier Iugement, & la Vie Eternelle.

Ie pouuois en chaque iour de cette
ſeconde creation, faire comme vn rapport
des autres ſept iours de la premiere
creation à ceux-cy, ce qui euſt enrichy de
beaucoup cet ouurage, mais ne m'y eſtát
addonné que par diuertiſſement, tu ex-
cuſeras charitablement ce que ton iugement eſtimera defectueux, te reſſouue-
nant touſiours, que de toutes ces roſes,
parauanture cueillies trop matin, mon
loiſir ne m'a pas permis d'en compoſer
des guirlandes. Seulement i'euſſe deſiré
pour l'ornement de cet ouurage, & pour
mon contentement particulier, vne plus
longue vie à M. Goulart, car ce Docte
perſonnage m'auoit promis de porter la
main à cette piece : voire meſme, ſi Dieu
luy preſtoit vie, de prendre la peine de la
faire mettre au iour, ce qui m'euſt donné
vne ioye indicible, & m'euſt ſerui de
garant contre la calomnie, pource que la
bonne reputation d'vne ame ſi deuote,
euſt fermé la bouche aux Detracteurs,
auctorizant par ſa plume la ſyncerité de
mes deſſeins : mais la mort nous le rauiſ-

ſant, m'a priué de cette eſperance. Pour
l'ordre de ce Liure, tu le remarqueras
aſſez, ſi tu prends la peine de le parcourir
de la veuë. Quelques fois ie commence

par l'Inuocation du nom de Dieu, & par
fois par quelque petit exorde : ie m'arreste tantost aux Descriptions, tantost aux
Digressions, tantost aux Moralitez, selon
que la matiere le permet : mais sur toutes
choses ie suis tant ennemi de la confusion, qu'vn Liure ne te renuoye point à
l'autre, ains chaque Iournée a son suiect
à part, que ie poursuis en son lieu, pour
euiter ou l'obscurité, ou le desordre.
Voila pour l'œuure en general. Maintenant il est necessaire que ie te donne en
peu de mots quelque aduertissement
contre les Zoiles, & ennemis de la Poësie.
I'ay long temps disputé à part moy, si ie
donneroy' le iour à cet ouurage, car considerant d'vn costé, le nombre infini des
gens Doctes, qui decorent ce siecle, les
grandes, & claires lumieres de science,
dont la France est pourueuë : & de l'autre, me representant l'eslite des Parnassins de ce temps, (qui ont amené, selon
mon iugement, la Poësie à sa perfection)
ie perdoy' tout courage, & desesperoy'
de rien faire capable de leur veuë. Mais
comme les plus iudicieux, sont ordinairement plus charitables que les autres,
excusans par vne loüable discretion, les
legeres fautes qu'ils rencontrent ; aussi
n'ay-ie pas tant apprehendé ceux là,
comme ie fay encore les Censeurs enuieux, les ignorans, & mesdisans, qui
comme des frelons és ruches des auettes,

bourdonneront apres l'Autheur, & l'ouurage. Les vns asseureront que mes paroles sont ampoulées, & que mes mots
sont de six pieds de longueur : m'ap-
pelleront la Corneille d'Horace, se ri-
ront de la rudesse de mes vers, & amateurs d'vn discours pedan, demanderont
des poinctes en mes carmes Les autres diront que ie ne sçay representer qu'vn Cyprez,& comme Brouillôs & Chicaneurs,
feront dire à mes vers tout le contraire
de mon intention, corneront à diuerses
fois mes rimes à leurs oreilles, & s'ar-
restans sur vn pied de mousche, en tor-
dans le nez par desdain, prononceront
comme vn nouuel arrest contre tous mes
escrits, qu'ils condamneront aux flammes, ou bien à garder les espices. D'autres blasmeront mon dessein, & parauanture me iugeront aussi temeraire qu'Icare
ou Phaëton, voire que les Geants, ou
qu'vn Promethée, desquels le vol pour
tendre au ciel par trop d'audace, n'eust
enfin qu'vne confusion. D'autres estime-
ront ces souspirs du ciel hors de saison,
en ce temps orageux & calamiteux : &
comme s'il n'estoit pas permis au Chrestien à toute heure, & à tout moment, de
parler à Dieu à bouche ouuerte, & luy
descouurir nos pesées, diront, Cet homme n'auoit guiere à faire de s'arrester
maintenant aux vers, comme s'il estoit
deffendu de bien faire és iours d'oppres-
sion

PREFACE.

fion & d'affliction. D'autres raifonnerõt, que i'ay efté long temps à conceuoir cet enfant, & affeureront fans me cognoiftre, que ie n'ay fait toute ma vie autre chofe que rimaffer : comme fi la Poëfie depen-doit fimplemét & abfolument du labeur de l'homme, & n'eftoit pas vn don du ciel. D'autres me condamnerõt d'abord, fans prendre la peine de voir, ou de lire cette piece, & plus amoureux des fleurs de la terre, que des fruicts du ciel, de-manderont d'autres ornements à ce pe-tit ouurage : femblable à ces malades, qui ont le gouft peruerti, qui les empefche de pouuoir fauourer quelque viande profi-table:ou bien à ces petits enfans, qui s'ar-reftent pluftoft à manier vne poupée,qu'à quelque contentement folide. D'autres auffi defdaigneux, me confeilleront de facrifier aux Graces, & par vn defaut de charité, tourneront mes fincetes inten-tions en mocquerie. D'autres protefte-ront qu'on ne peut efcrire, ny dire aucu-ne chofe maintenant, qui defia n'ait efté dicte auparauant : comme fi toutes nos penfées eftoient efclaues de la parole. Auffi cette maxime eft abfurde & falla-cieufe : car par ce moyen on ne deuroit iamais rien efcrire, & la raifon de cela fe-roit, pource que tels, & tels ont defia dict ce que vous dites. Mais on m'accordera facilement, que l'homme peut auoir des conceptions diuerfes, & diftinctes de

¢

celles des Anciens, voire qui sont particulieres à luy seul: si bien que cela estant,
il peut faire ou dire quelque chose, que
d'autres n'ont point dict, car la parole
n'est point l'ame des ouurages de l'homme, ains seulement vn instrument, que
Dieu nous a donné pour exprimer &
faire entendre nos conceptions, par le
moyen de la langue. Ce qui nous oblige
à ne point iurer és paroles d'aucun Maistre, sinon à celles du Souuerain Docteur
Iesus Christ, qui sont inuariables, & aus-
quelles ame viuante ne peut, & ne doit
contredire. D'autres picquez d'Enuie, ou
de Ialousie s'efforceront, possible, à ren-
uerser par leurs escrits, tout ce que ie dis
en ce Liure. Mais l'assiette de la Verité
est bien forte, & son fondement est inesbranlable. D'autres blasmeront mes In-
uocations si frequentes au commencement de mes Iournées. Mais on ne peut
trop souuent souspirer au ciel, & on ne
doit point reprendre vn homme de bien
faire. D'autres rencontrans en vne page
de ce Liure vn mesme mot, par deux, ou
par trois fois, m'accuseront de repeti-
tiós, & de redictes importunes, sans considerer la force de la langue Françoise,
qui nous oblige d'vser à diuerses fois du
nom le plus propre, & significatif, & qui
represente mieux la chose, dont on parle:
Telles gens sont semblables à ces mau-
uaises mousches, qui s'attachent aux par-

ries raboteuses d'vn miroir, & ne peuuét se tenir sur les polies. D'autres (iugeans de la Poësie, comme les Aueugles des couleurs) affirmeront que ma plume tiét trop du Courtizan, & comme ces aragnées, qui conuertissent tout en fiel, ne trouueront rien, qui les contente en cet ouurage, pincetans, & les mots, & les syllabes de mes vers. Bref l'enuie, & la malice a tant de vogue, que mon pauure Liure aura bien de la peine à s'en garentir. Cependant cela ne m'a pas empesché de le publier, car qui voudroit s'arrester à tous les discours, que la Calomnie enfante en ce miserable siecle, seroit aussi simple, que ce Rustique d'Horace, qui couché les bras croisez, sur le bord d'vn fleuue, attendoit que toute l'eau fust escoulée, pour passer.

Ce sont les difficultez, qui nous doiuent rendre les hautes entreprises agreables, asseurez qu'vne bonne volonté (accompagnée de sainctes intentions) ne trouue rien impossible. Iamais on n'a si bié remarqué le courage d'Hector, qu'au milieu de ses ennemis : & la Vertu, comme la palme, plus elle est chargée, plus elle s'esleue contre haut. C'est pourquoy les Anciens nous ont representé le sejour des Muses sur vn mont, comme inaccessible à la commune, pour nous enseigner, qu'on n'y monte pas sans grandes difficultez. Aussi ay-ie appris de longue main,

Rusticus expectat dum deffluat amnis; at ille labitur, & labétur in omne volubilis aeuum. Horat. Epistolar.lib. I.Epist.II.

Hectora quis nosset foelix si Troia fuisset? Ouid.

qu'on n'a point en ce monde de contentement, qui ne porte auec sa douceur de
l'amertume. Ie n'ignore pas que les plus
beaux iours d'Esté, sont par fois ombragez, & obscurcis de nuages, & que la lumiere du Soleil, quoy que tres-pure, est
neantmoins en abomination aux chassieux. Ie sçay que les pourtraicts les plus
parfaicts parmi la pureté des couleurs,
portent aussi leurs ombrages : & que
beaucoup de gens ressemblent à la li-
masse, qui souïlle de sa baue tous les lieux,
où elle passe. Ie sçay que les chenilles s'attachent ordinairement sur les plus belles
fleurs, que les roses les plus odorantes,
naissent parmi les ronces, & que les vio-
lettes mesmes, qui tiennent de la couleur
du ciel, ne se peuuent cueillir qu'au milieu des espines, & bien souuent à la mor-
sure des Serpents. Mais comme les voya-
gers ne laissent de continuer leur chemin,
quoy qu'ils entendent croasser les corbeaux, & siffler les Serpents: Aussi les hurlements de l'ignorance, & de l'enuie, ne
retarderont point les accords de ma Muse, puis qu'elle faict gloire, de desplaire à
la mesdisance. Quand aux rimes de la
Poësie, ie confesse syncerement, qu'elles
ne sont pas si riches, que ie desireroy, &
que ie n'ay pû si bien faire, que ie n'aye
mis par fois, en mes rimes, vn composé
auec vn simple, contre l'opinion des Poetes de ce temps. Neantmoins ie les sup-

plie me donner la mesme liberté, & licence qu'à du Bartas, Gamon, Menard,
Maillier, & autres, qui s'en seruent à diuerses fois. Que si mes rimes sont rudes
pour leur delicatesse, qu'ils sçachent que
i'ay d'autres occupations, qui me sont
beaucoup plus precieuses, que la Poësie,
& que ie ne suis pas de ceux là qui de-
meureront deux ou trois mois à repeter
quatre vers, pour voir s'ils auront de la
grace, & s'ils matcheront par cadence à
mode. Ie me contente d'escrire naïuement, & sans fard, car la Verité, que i'embrasse, est ennemie des mondaines mi-
gnardises : suffit quand on parle intelligi-
blement, & vaut bien mieux escrire simplement, que par vn traict de gueule paroistre, ou blasphemateur, ou profane.
C'est vn vice qui a vogue en ce siecle, &
que nous deuons abhorrer mesme de la
pensée, puis que par iceluy on offence
non seulement le ciel, & les humains,
mais aussi par là on ouure la porte à la
Mesdisance, & à la Calomnie. Par là les
Sauatiers, & ceux qui ont salüé Minerue
d'vne lieuë, blasment la Poësie, estimans
qu'on ne peut estre bon Poëte, qu'on ne
soit tout ensemble profane. De là est venu que les Muses, (qui sont chastes, &
pures) sont maintenant employées aux
ordures du monde: Que les ames merce-
naires s'esloignent volontairement des
louanges du Createur, pour adorer la

Voy le pre-
mier iour de la
secöde Semai-
ne de Bartas
pour cet ef-
fett, & Ga-
mon au secöd
iour de sa Se-
maine, où tu
trouueras ces
vers entre
autres.
Souffriroit
violence im-
mortelle &
mortelle: mor-
telle au bas
plancher, au
plus haut im-
mortelle.
Menard en
ses vers Spi-
rituels, sonnet
douze en vse
ainsi,
Encores que
tu sois de na-
ture immor-
telle, tu deniés
tontesfois par
le peché mor-
telle.
Le Sieur
d'Aubigné
n'a peu s'en
abstenir en ses
Tragiques.

Qui nescit
versus tamen
audet fingere.
Horat. in Ar-
te.

creature, & mettre par deſſus tous le[s]
cieux vne Beauté de plaſtre, que la vieil[-]
leſſe doit ternir dans trois iours. De l[à]
vient qu'en France, la Poeſie, (qu'on met[-]
toit autrefois au rang des premiere[s]
ſciences) eſt maintenant eſtimée vne ma[-]
ladie d'eſprit : comme ſi la Philoſophi[e]
eſtoit meſpriſable, pource qu'il ſe troun[e]
des Sophiſtes, qui la corrompent:comme
ſi l'vſage legitime du vin eſtoit à con[-]
damner, parce que quelques hommes e[n]
abuſent:& comme ſi la poeſie eſtoit bla[ſ-]
mable, pource que quelques gés de mau[-]
uaiſe vie l'ont infectée. C'eſt donc à tor[t]
qu'on meſpriſe & la Poeſie,& les Poetes,
comme s'ils eſtoient depourueus de tou[t]
iugement,au lieu que nous deurions eſtr[e]
plus charitables en nos diſcours, pou[r]
rapporter toutes nos penſées, & nos eſ[-]
crits, aux loüanges des choſes ſainctes,
comme faiſoit Dauid.Ainſi Heſiode nous
teſmoigne, que de ſon temps, les Poetes
ne prenoient autre argument en Poeſi[e,]
que la Creation, tant ils eſtoient eſloi[-]
gnez des vices d'auiourd'huy.

Et certes Dieu deteſte les profanes,&
ne veut point qu'on approche de ſon
Sanctuaire, ſans auoir les mains lauées.
Pour cette cauſe le Poete Theodectes
ayant voulu fourrer en vne ſienne Tra[-]
gedie, quelques lignes deſrobées de l'Eſ[-]
criture Saincte, fut contrainct s'en abſte[-]
nir, par vn ſoudain obſcurciſſement d[e]

veuë. Ainsi Theopompus, voulant extrai-
re de la mesme Escriture, quelque recit
pour l'inserer en son histoire, fust frappé
d'vn estourdissement de teste, durant six
semaines. Mais la patience de Dieu tol-
lere ces vices auiourd'huy, attendant vn
amandemét des Mondains. Horace, tout
Payen qu'il estoit, se plaint de ce vice, qui
regnoit dés son temps, comme nous le li-
sons en son Art Poëtique,

> *—— Fuit hæc sapientia quondam*
> *Publica priuatis secernere, sacra profanis.*
> *Autrefois on souloit parmi nostre contrée,*
> *Separer du commun, toute chose sacrée.*

Or auant que clorre cette Preface, ie suis
obligé, Debonnaire Lecteur, de te donner encore quelques remarques, & aduertissements touchant la Poësie, afin que
si tu trouues en mes vers quelques rimes, qui te desagreent, tu sçaches au
moins, quelles sont mes raisons, & mes
excuses. Ie m'esloigneray donc vn peu
du suiect de mon Liure, pour t'entretenir
sur cette matiere. Le Sieur Deimier en
son Académie de l'Art Poëtique, donne
de bons preceptes pour les Parnassins.
Mais d'autant qu'en mon petit ouurage,
ie suis contrainct de m'esloigner par fois
de ses reigles trop exactes, i'ay pensé estre
de mon deuoir, de t'en dire quelque mot
en passant. I. Il reiette l'opinion de ceux

Imprimée à Paris par Iean de Bour- deaux, 1610.

I. Obseruatiõ.

PREFACE.

qui font rimer le milieu d'vn vers Alexandrin auec la fin, comme en cetuy-cy.

Les enfers odieux sont separez des cieux.

En la page 64. de son Academie.

Sa raison est, pource que la rencontre ainsi dans vn vers, fait sembler qu'il y en a deux, au lieu d'vn. Ie respons, que cette raison est trop foible, pour establir vne reigle generale, sans exception : Car encores qu'il semble à l'oreille du Liseur ou de l'Auditeur entendant vn tel vers qu'il y en ait deux, si est-ce que nostre entendement iuge le contraire, ne s'en rapportant pas à la seule ouye, & nos yeux mesme le lisant, sont suffisans pour nous faire cognoistre, que ce n'est qu'vn vers, si ce n'est qu'on veüille attribuer à l'oreille, ce qui appartient à l'entendement de l'homme. Aussi cette raison est si legere, qu'elle se destruit elle mesme, car pour paroistre, ou sembler à nos sens de telle, & telle façon, il ne s'ensuit pas pourtant que la chose soit telle en son essence, qu'elle paroist en sa semblance: pour exemple, il ne s'ensuit pas que le ciel soit tout iaune, ou de couleur de safran, pource qu'il semble tel à mes yeux, qui le regardent au trauers d'vn verre iaune. Ainsi vn baston à moitié dans l'eau, semble double, & tortu à ma veuë, bien qu'en effect l'vn & l'autre soit faux.

Sannazar, la fleur des Parnassins Italiens en vse ordinairemēt.

11. Il deffend de rimer *cieux* auec *audacieux*, *lieux* auec *victorieux*, *yeux* auec *ambitieux*, *mieux* auec *gracieux*, & autres mots,

En la page 325. du mesme Livre.

PREFACE.

mots, qui ont sur la fin des mesmes lettres la
prononciation bissyllabe : contre la practique
commune des Poetes de ce temps, desquels ie
ne veux point alleguer beaucoup d'exemples,
vn seul extraict des vers Spirituels de Menard
suffira pour le present, lequel parle ainsi en vn
sien discours,

> *Et que roy de mon cœur ie verray mes pensées*
> *Deuers mon doux Iesus sainctement eslancées,*
> *M'esleuer de la terre, & me porter aux cieux*
> *Epris de son amour tousiours victorieux.*

Voila *cieux*, qui riment auec *victorieux*, bien
que Menard ait escrit quatre ans apres Deimier. III. Il deffend d'vser de longs mots en
Poesie, qui occupent comme la moitié d'vn
vers, tels que sont ceux-cy, *Imagination, imper-*
fection, denonciation. Ce que ie confesse estre, à
desirer à quiconque le peut tousiours faire : &
neantmoins luy mesme oublieux de cette reigle, faict rimer sur la fin de son Liure *admira-*
tions auec *perfections.* IV. Il deffend aussi d'v-
ser en vers de ce mot *chantre*, d'autant, dit il,
qu'il n'est plus en vsage, & que par ce mot on
entend ordinairement vne personne affectée,
pour chanter aux offices de quelque Chappel-
le. Mais nous luy ferons veoir qu'il se trompe,
que ce mot *chantre* est encore en vsage auiour-
d'huy, & qu'il signifie autre chose qu'vn chantre d'Eglise. Theophile en ses dernieres pieces vse de ce mot, & contre l'aduis de Deimier, appelle les petits oyseaux des *chantres,*
en cette sorte,

> *Ces chantres si tost esueillez,*
> *Qui dorment tousiours habillez.*

III.
En la page
360. de son
Academie

En la piece
faite sur la
voix de Fe-
lise.

IV.
En la page
394.

Ode 7.

Mais ces significations estoient incogneuës au Sieur Deimier. V. Il blasme ces mots, *flot-flottant, sou-soufflant, porte-jour, chasse-ombre, chasse-nuict*. Sa raison est, pource que ces mots ont trop de fard, & d'artifice. Pour mon particulier i'estime le cótraire : car tát plus vn Poëme ha d'artifice, soit és mots, soit en l'inuention, tant plus il est loüable, & les termes les plus significatifs, sont les meilleurs pour la poësie, qu'on estime plus riche, quãd elle est ornée de bons epithetes, qui ne peuuent empescher la naïueté de nostre langue, quand ils sont François. Aussi Menard ne fait point de difficulté, d'vser de semblables termes, car és dernieres Stances de ses vers Spirituels, il appelle l'homme *embrasse-nuë*. Ainsi Ronsard se sert de tels termes,

> *Fier Aquilon, horreur de la Scythie,*
> *Le chasse-nuë, & l'esbranle-rocher.*

Et encores que cette façon de parler ne soit point familiaire aux Predicateurs, ni aux Aduocats, il ne s'ensuit pas pourtant qu'elle soit illicite aux Poëtes, dont le style est plus libre. I'aduoüe cependant qu'il sst bon d'en vser rarement. Ie suis contrainct de m'arrester pour le present, à ces choses qui semblent legeres, & de petite consequence, mais ie le fay pour me deffendre, & garentir de la Mesdisance. VI. il deffend d'vser d'anaphores renuersées, telles que sont celles-cy,

> *Honneur de l'vniuers, vniuers de l'honneur.*

Et luy mesme sur la fin de son Academie en vn Sonnet, pour vne Marguerite, contrarie ses preceptes, & n'a pas enuie qu'on le croye

PREFACE.

voicy la conclusion du Sonnet,

Puis qu'elle est en effect, aussi bien que de nom,
La merueille des fleurs, & la fleur des merueilles.

VII. Finalement en parlant de la foy, contre les raisons du Docte du Bartas, alleguées en son Triomphe de la Foy, il commet deux fautes assez grossieres, pour vn homme de reputation. La premiere, en ce qu'il reprend du Bartas, descriuant ainsi la foy, VII. Ex pages 570. & 571.

D'or, d'argent, de velours la foy n'est paint vestue,
Ny d'vn drap dedans Tyr en escarlate teint,
Et moins d'vn subtil fard desguise elle son teint,
Ains veut telle qu'elle est d'vn chacun estre veüe.

La façon de peindre ainsi la foy toute nuë est du tout erronée, (ce dict le Sieur Deimier) & sans aucun suject: car la foy n'est pas vn object aux yeux, & n'est point entretenuë par la veuë: ains elle se conçoit, & s'entretient par l'esprit, lors que de toute sa force il se donne à croire en Dieu. Ainsi du Bartas (à son conte) n'a point eu de raison d'escrire, que la foy est toute nuë, & que telle qu'elle est, elle veut estre veuë d'vn chacun: car elle est si diuine, & si lumineuse, que les yeux mortels ne la sçauroient comprendre, ny cognoistre. En cela le Sieur Deimier paroist plus versé en Poësie, qu'en Theologie: car luy, qui faict gloire, de reprendre à la volée, les personnes d'honneur, & de sçauoir, monstre par là qu'il n'a pas entendu les vers de Bartas, que nous venôs d'alleguer cy dessus: car l'intention de ce Poëte en cet endroict, est de representer la simplicité de la foy Chrestienne, à laquelle simplicité il oppose le fard, & tous les superbes orneméts du

I ij

monde, proteſtant qu'elle n'eſt point veſtuë de
tous ces vains habits, ains qu'elle eſt tout œil,
dont la force, & la lumiere, qui vient du ciel,
tranſperce les airs, & le firmament, pour contempler l'Eternel, comme aſſis en ſon throſne.
Ce qui deçoit le Sieur Deimier eſt, qu'il prend
à la lettre ce vers de Bartas,

Ains veut telle, qu'elle eſt, d'vn chacun eſtre veüe.
Comme ſi du Bartas entendoit, que la foy fuſt
l'obiect de l'œil du corps, ou que noſtre veüe
peut veoir la foy telle qu'elle eſt. Il deuoit ſça-
uoir qu'il y a trois ſortes d'yeux, l'œil du corps,
l'œil de la raiſon, & l'œil de la foy. C'eſt de ce
dernier, dont parle du Bartas, quand il dit, que
la foy veut eſtre veüe d'vn chacun, (ſousen-
tédez, qui a la vraye foy,) telle qu'elle eſt. Car
l'œil du corps, & celuy de la raiſon ne peuuent
comprendre, ny veoir vne choſe toute diuine,
& ſpirituelle, d'autant qu'il n'y a point de rela-
tion, ou proportion entre l'obiect, & la faculté
de la veüe. Vn ſeul exemple ſuffira, pour confirmer ce que ie dis. Abraham, (que l'Eſcriture
ſaincte appelle le pere des croyans, à cauſe de
ſa grande foy) ayant reçeu promeſſe de l'Eternel, qu'il beniroit ſa ſemence, & la feroit mul-
tiplier en auſſi grand nombre, que les eſtoiles
des cieux, & voyant que ce fils, qui luy eſtoit
promis, ne naiſſoit point, conſultant ſa raiſon
eſtoit en doubte : Il auoit bien la promeſſe de
Dieu, qui l'aſſeuroit: mais quand il conſideroit
que ſa femme eſtoit caſſée de vieilleſſe, & que
luy meſme auoit cent ans preſque paſſez, & par
conſequent comme ſans eſperance d'auoir li-
gnée: cela eſtoit capable d'eſbranler ſon attéte,

PREFACE.

puis qu'il voyoit toutes choses contraires aux
euenements de la promesse. Cependant estant
fortifié du ciel, par la force interieure de l'E-
sprit de Dieu, sa foy emporta le dessus, il creut
contre toute apparence, & comme dit l'Apostre outre, & comme par dessus les forces de
l'esperance, sçachant que celuy, qui luy auoit
promis, estoit puissant pour ce faire. Aussi la
foy n'est pas des choses qui se discernét à l'œil
du corps : car comme la lumiere est necessaire
aux yeux, pour voir les figures, & les couleurs,
& ponr discerner le blanc d'auec le noir : Ainsi
l'ame du Chrestien a besoing de la lumiere celeste de la foy, pour cognoistre, & discerner le
vray d'auec le faux , & les choses diuines &
eternelles, d'auec les terrestres, & perissables.
C'est pourquoy S. Paul dict 1. aux Corinth.
chap. 2. que l'homme animal, & sensuel (aidé
de ses facultez naturelles) ne comprend point
les choses, qui sont de l'Esprit de Dieu , & ne
les peut entendre, d'autant qu'elles se discer-
nent spirituellement : Mais l'homme spirituel,
doüé de la vraye foy , discerne toutes choses.
De là vient que ce mesme Apostre nous asseure, que la foy est vne demonstrance des choses
qu'on ne void point. Epist. aux Hebr. chap. 11.
pource qu'estant toute celeste , elle ne tombe
point en l'apprehension des sens, ains en l'entendement efficacieusement esclairé de la cognoissance de Dieu, qui nous donne cette vertu. La 2. faute, que commet le sieur Deimier,
est indigne de son Academie, car parlant de la
foy, il fait venir à son secours S. Paul, mais d'v-
ne mauuaise façon, d'autant qu'il cite *sa onzies-*

Epist. aux Rom. ch. 4

Ainsi A-braham a veu le iour du Sei-gneur, & s'en est es-iouy.

me Epistre *aux Hebrieux*, pour prouuer ce qu'il
veut dire. Cet erreur seroit pardonnable en vn
simple Eschollier, qui n'auroit iamais leu l'Escriture saincte, puis que tout le mõde sçait qu'il
n'y a qu'vne Epistre de S. Paul aux Hebrieux:
Mais en vn homme, qui donne ses labeurs au
public, cela tesmoigne vne grande nonchalance, si pour l'excuser nous ne disõs que l'Imprimeur a cõmis cette faute. VIII. Il deffend aussi
de fuir és poemes les transpositions de termes:
& luy mesme en ses Stances vers la fin de son
Liure vse de transposition, disant,

Rien que vous n'a mõ ame, & ne plaist à mes yeux.
Pour dire

Mon cœur n'a rien que vous, qui contente mes yeux:
Et plus haut en ses premieres Stances, il bron-
che assez inconsiderement en cette sorte,

Prouence heureux pais des plus royales villes,
Pour dire,

Prouence heureux pays des plus beaux de ce mõde.
Car on se mõqueroit d'vne personne, qui diroit, Cette terre est vn pays des plus royales
villes du monde, puis qu'il faut dire, des plus
beaux, ou aggreables du mõde, afin que le rapport y soit. Ie passe sous silence ses mots profanes, & plusieurs autres termes, dont il vse en

son Academie, qui ne sont pas François, comme pour inuention, il dit *inuentement.* Et pour
fauoriser, il dit *fauorir.* Et sur la fin de son Liure, en ses Stances, pour l'absence d'Alexãdre,
il vse de ce mot *possedement,* pour possession. Ce
que ie trouue estrange en luy, qui se plaist à reprendre inconsiderement du Bartas, Ronsard,
& autres, dont les escrits surpassent de beau-

PREFACE.

coup ceux du Sieur Deimier. Mais la maladie
de ce siecle emporte cela sur l'homme, qui est
aueugle en ses propres erreurs, & clair-voyant
és infirmitez d'autruy. De là viét qu'il ne trouue rien bon, que ce qu'il fait luy mesme, & que
les plus doctes escrits sont sujects à la dent de
la calomnie, qui porte ordinairement ces termes en la bouche, *Ces vers sont fort rudes, ce poëme est grossier, cette piece ne vaut rien.* A la verité
c'est chose aisée de reprédre, & controller toute sorte d'escrits, mais de faire, ou dire mieux
par vne plume bien fendüe, en cela gist le labeur, & la peine. Se trouuera des hommes auiourd'huy, qui feront les Philosophes sur l'o-
mission d'vn poinct, ou d'vne virgule, qui en
leur langage feront des solecismes. D'autres se
moqueront des escorcheurs de la langue La-
tiale, qui font à l'ordinaire des Barbarismes en
François. Et tout cela procede de ce que pour
lire les ouurages d'autruy, nous nous seruons
de lunettes, qui nous font voir les choses plus
grosses, qu'elles ne sont, prenans vne mousche,
pour vn Elephant: mais en nos propres labeurs
nous prenons celles qui diminuent les choses,
& qui les rendent plus petites à nostre veüe,
sans nous souuenir de ce prouerbe. Qu'il ne
faut point faire à autruy, ce que nous ne vou-
drions estre faict à nous mesmes. C'est le iugement charitable, que nous deuons aux escrits
d'autruy; & que ie te demande, de grace, pour
les miens, car i'ay appris de longue main, qu'il
n'y a point d'homme sous le ciel, qui ne soit
suject à faillir.

Or ie supplie tous ceux, entre les mains

Terent. in
Andria.
Le dégoût
de ce siec-
m'a obli-
à citer en
marge di-
uers Au-
theurs
Chrestien
& Payen

PREFACE.

defquels tomberont mes efcrits, de fupporter mes infirmitez, fçachāt bien que c'eſt le propre de l'homme, de brócher par fois. Neantmoins i'eſtime que les plus modeſtes, fe contenteront de ce petit labeur, & que les plus Doctes approuueront mon deſſein, par leur diſcretion, & charité ordinaire. Que ſi l'ouurier n'eſt admirable en vn ſi beau ſuiect, & ne fatisfaict à toute forte de perſonnes : il n'importe, ie recueilleray vn doux fruict de mes labeurs, ſi ie profite ſeulement à deux, ou trois, & ſi i'apprés que cette lumiere, qui viēt du ciel, a deſſillé les yeux à quelque ame enueloppée des tenebres d'Egypte. Finalement, i'auray ce contentemē en moy meſme, d'auoir le premier ietté la faucille en la moiſſon du Nouueau Teſtament, & d'auoir comme frayé le chemin aux Poëtes François, & à ceux qui viendront apres moy. Ie prie le Pere des Lumieres, qu'il fuſcite quelque plume plus riche que la mienne, pour marier ſes chants aux accords de l'Eſcriture ſaincte, & ſi ie ne puis te contéter pour le preſent, par ces premiers traicts de ma plume, qu'il te donne quelque ſuiect digne de ton contentement. Adieu.

Ne condamne point mon ouurage
Sans l'auoir leu premierement.
Vn eſprit confus & volage
Iuge de tout sans iugement.

IN DOMINI ARGENTEI

Plusquàm argenteam Septimanam

ELEGIA.

Dvm subit, auriflua tua nos facundia Musæ,
   Nostra repentinus pectora torpor habet:
Torpor habet sensus tua dum sermonibus aures
   Mellifluis captas carmina docta trahunt.
Solus enim Musas hac tempestate iacentes
   Lauriger extraxti sordibus ex mediis.
Non tua versiculos meditatur Musa prophanos
   Lasciuam memorat nec verecunda Deam
Non ita Parnassi stuprat venerabile numen,
   Sed mage Pierides relligiosa colit.
Hinc etiam procul insani deliria vatis,
   Et procul à sancto carmine vulgus iners:
Namque melos sacrum tantùm cecinisse iuuat te
   Carmina, & auratis sancta dedisse modis.
Carmine tu sacro recreans pia pectora, celsos
   Argutâ ad cœlos scandere voce doces.
Nec tamen hîc tua quis præconia digna referre
   Posse satis nostrum carmen inane putet.
Vix tantùm mihi polliceor, licèt almus Apollo
   Mille mihi linguas, mille vel ora daret.
Sed verbo tantùm dicam quod vulgo receptum,
   Concordare rei nomina sæpè sua.
Cuncta argentea sunt tua, sis cùm ARGENTEVS ipse
   Fallor: At hæc tua sunt aurea quin potiùs.
Fallor adhuc: Etenim multo preciosius auro
   Quis neget, & gemmis hoc melos esse tuum?
Sed tu Diuinus, tuaque est diuina poësis,
   Diuinum carmen, cunctaque plena Deo.

I. Le Sueur Picard, Bachel. en Theologie.

ō

A MONSIEVR D'ARGENT,

Sur sa Semaine d'Argent.

TA Semaine delicieuse
Me faict souuenir de jadis,
Quand la pensée bien heureuse
De l'homme auoit vn Paradis.
Lors le fer, la hayne, & la rage
Ne logeoit point dans le courage
D'vn mondain brusque, & furieux :
L'ame le matin, la serée
Parloit par la bouche sacrée,
Suiuoit le langage des cieux.
    L'âge d'or & d'argent sur terre
N'animoit au meurtre les mains,
Et le son d'vn bruyant tonnerre
N'estonnoit alors les humains.
Les mois, les ans, & les journées
Sous des heureuses destinées
Faisoient des *Semaines d'Argent.*
On reueroit le Dieu Supreme,
Et chacun content en soy mesme
Parloit comme toy mon D'Argent.

C. Garnier, Docteur en Medecine.

SVR LA SEMAINE DE
Monsieur d'Argent.

SONNET.

IE suis esmerueillé de ta docte Semaine
Nous faisant veoir à l'œil du premier vniuers,
En tes graues discours, en tes celestes vers,
Le restablissement par la main souueraine.
Tu nous as sur ta lyre esclatante & hautaine
Chanté du Precurseur du Createur des mers,
La naissance, les faicts, sa demeure és desers,
La cruauté d'Herode en la mort inhumaine.
En apres du Sauueur la Naissance, & les dicts,
Ses Miracles, sa Croix, le don du Paradis,
Et de l'enfer obscur tu pourtraicts vne idée,
Nous destournant du lieu le sejour des meschans
Au Iugement dernier. Ie conclus de tes Chans
D'Argent, que sur les cieux ta Muse fust guidée.

G. Godallier.

A MONSIEVR D'ARGENT
sur sa Muse celeste,
HVICTAIN.

TEs beaux vers eschellent les cieux,
Et d'vne audace genereuse
Ta Muse monte glorieuse,
Au Paradis delicieux.
Certes si tes ieunes escrits
Chantent desia tant de merueilles,
D'ores en là, par les oreilles
Tu rauiras tous nos esprits.
D. Liger Docteur és Loix.

SVR LA SEMAINE DE
Monsieur d'Argent.
QVATRAIN.

BArtas de l'vniuers dict l'enfance premiere
D'vne saincte fureur diuinement espris.
D'Argent de l'Euangil nous chante la Lumiere,
Et l'immortalité dans ses doctes escrits.
De la Rippe Docteur en Medecine.

A MONSIEVR D'ARGENT
sur sa Semaine,
QVATRAIN.

EStouffez vostre frenaisie
Rimasseurs de cet vniuers:
D'Argent remet la Poësie
En sa pureté par ses vers.
P. Pinette Gienois.

SVR LA SEMAINE DE
Monsieur d'Argent mon frere.
QVATRAIN.

IE suis ia rauy dans les cieux
Mon cher frere par ton langage,
Et tes escrits delicieux
Me font admirer ton ouurage.
Iean D'Argent.

SOVHAIT DE L'AVTHEVR,
SONNET.

Bartas graue Escriuain d'vne docte Semaine
A donné ce qu'on peut acquerir des neuf Sœurs:
Sa plume doux-coulante és celestes douceurs,
A puizé le nectar de sa faconde veine.
Gamon comme vn Soleil sur l'orizon rameine
Des Muses les attraicts, les graces, & les fleurs:
Quand il parle de Mars il abonde en horreurs,
Et quand d'vn doux repos sa veine n'est point vaine.
O braues Parnassins i'enuie vos escrits
Qui rendent eternels vos celestes esprits,
Et qui tirent vos noms des ombres de la tombe:
D'vn vol presque diuin i'irois au ciel vouté,
Si ma Muse pouuoit suiure ma volonté,
Mais d'vn si beau dessein, ieune Icare ie tombe.

Congé de l'Autheur à son Liure.

Ores va t'en par l'vniuers,
Ieune enfant de mes premiers vers,
Ie te remets à la chicane:
L'vn dira que tous tes discours
Sont grossiers, l'autre qu'ils sont lours,
Ressentans l'air d'vne cabane.
Respon leur, qu'à la verité,
Ton Maistre n'a iamais gousté
De cette source Castalide:
Qu'il se contente seulement
D'escrire ses vers simplement,
N'ayant point de Phœbus pour guide.
Que si les rimes de mes vers,
Marchent quelquesfois de trauers,
Ami Lecteur ne t'en estonne:
Cerche ce que i'ay proietté,
Dans mes escrits la Verité,
C'est ce que ma plume te donne.

I puer, atque meo citus hæc subscribe libello.

A

TRES-HAVT ET PVISSANT
PRINCE, MONSEIGNEVR
FREDERIC MAVRICE DE
LA TOVR DVC DE BOVILLON,
Prince souuerain de Sedan, &
Raucourt, Comte de
Montfort, &c.

ONSEIGNEVR,

I'offre aux pieds de vostre Excellence cette
Muse sacrée, afin que soubs l'ombre fauo-
rable de vostre Nom elle se puisse mettre
à l'abry de l'enuie, de la calomnie, & de
la mesdisance : Semblable à certains oyselets, qui pour prendre l'essor, se retirent
sous les ailes de l'Aigle. Aggréez, MON-
SEIGNEVR, & l'offrant & l'offrande, non

tant comme digne de vos yeux, que pour
vous estre offerte par vne personne, qui ne
respire que l'honneur de vostre seruice.
I'aduoüe que vous estimerez parauanture
ces fruicts de legere digestion, les jugeant
de prim' abord de mesme goust que les rimes de ce temps, qui infectent le ciel &
la terre. Mais quand vous considererez
que ma plume Chrestienne a recueilly ces
sainctes fleurs, non des parterres de ce monde, moins encore du verger des fabuleuses
Hesperides, ains du jardin sacré de l'Escriture saincte, dont les arbres plus dura-
bles que ceux d'Eden, sont pour la nour-
riture de nos ames, dont les diuins ruisseaux
sourdent des fontaines saillantes en vie eternelle: alors ie me promets que vostre pieté y
trouuera quelque contentement, & que par
fois lasse du bruit des armes vous ne desdai-
gnerez pas de recréer vos yeux de la lecture
de ce petit ouurage. Cependant ie prie le
Tout-puissant qu'il vous conserue en longue
& heureuse vie, pour l'aduancement du re-

gne de Iesus Christ, pour l'effroy de vos ennemis, & pour le bien de vos propres sujets
Pour moy ie feray gloire d'estre toute ma
vie,

Monseigneur,

De vostre Excellence

Le tres-humble, tres-obeyssant, &
affectionné seruiteur
A. D'ARGENT.

A Sedan le dernier
Auril 1629.

LA SEMAINE
D'ARGENT,

Contenant l'histoire de la seconde Creation, ou Restau-
ration du monde.

ARGVMENT DE LA
premiere Iournée.

EN ce premier iour nostre
Autheur commence à la
façon des Anciens par vne
inuocation de l'assistance
de Dieu : En apres il faict
vne brieue recapitulation de la creation,
entresemant quelques questions de la
predestination, & des causes de la cheute du premier homme : Puis tombant
sur les arrests eternels du Ciel, il descrit
comme de tout temps Dieu auoit annoncé la venuë de son Fils, duquel il

represente Iean Baptiste l'auantcoureur, faict vne description naïue de toute sa vie, rapportant les causes de sa
mort à la haine d'Herodias, qu'il dé-
peint sous l'habit d'vne courtisane. Finalement, il donne quelques traicts du
tombeau de Iean Baptiste esleué par ses
Disciples, & finit par son Epitaphe.

LA SEMAINE D'ARGENT,

Contenant l'histoire de la seconde Creation, ou Restaura-
tion du monde.

PREMIERE IOVRNEE.

Les Messages.

Toy qui guindes au ciel les souspirs
    de mon ame,
Esprit que tout esprit d'vn sainct
    estan reclame,
Grand Dieu qui fais mouuoir en
    contour les hauts cieux,
Escroulant à ta voix les enfers odieux:
Conduy les foibles traicts de ma plume tremblante,
Afin que de ton Fils les souffrances ie chante:
Comment il effaça par son sang nos pechez,
Les portant pour rançon sur sa croix attachez:
Comment il fut produict de semence benite
Pour immortaliser la semence maudite:
Fauorise ô grand Dieu mes debiles esprits,
Et benis mes labeurs pour ton los entrepris,
Esleue ô Tout-puissant sur les cieux ma pensée,
Afin que sous ton nom ma Semaine aduancée,
Finisse par mes vœux, qui laissans l'vniuers
Penetrent iusqu'à toy sur l'aile de mes vers.
    Auant qu'au firmament les planetes luisantes,
Eussent receu de Dieu des rondes tourneyantes,

Invocation.

Suiect de
tout ce liure.

Auāt propos
de la 1. crea-
tion.

Les vnes pour la nuict, les autres pour le iour,
Apportant aux humains la clarté tour à tour,
Auant dis-ie qu'on veid cette masse feconde
Enfanter les moyens qui conseruent le monde,
Auant qu'on veid vaguer les poissons dans les mers,
Autour du ciel les vents, les oiseaux dans les airs,
Que ce vaste Cahos eust sa forme difforme,
Dieu seul independant, Tout-puissant, Vniforme,
Estoit : Le sainct Esprit sur les eaux voletant,
De ce grand monde alloit l'enfance fomentant,
Assisté du Surjeon de la grace immortelle,
Trois personnes en vn d'vne essence eternelle,
O secret trois fois sainct, ô mystere sans fond !
Pour lequel contempler mon esprit se confond.
Si tost qu'il eust couué de ce monde la masse,
L'Eternel Tout-puissant œilladant de sa face
Ornée de rayons, ce Cahos entassé,
A peine par dessus son œil auoir passé
Disant, Le monde soit, qu'on veid que la matiere,
S'esloignant à l'instant de sa forme premiere,
En six iours produisit du monde l'ornement,
Les cieux, & les brandons de ce grand firmament.
Apres l'œuure parfaict d'vn si bel edifice,
Dieu forme, & crée Adam sans macule, & sans vice,
Inspire dans ses nerfs vn subtil mouuement,
Et pour guide à son corps souffle vn entendement:
En fin il le faict tel, que plus il ne luy reste,
Fors paruenir au pair d'vn citadin celeste.
Adam ainsi formé à l'image de Dieu,
Eust l'Eden pour palais, vn iardin pour son lieu,
Que l'artiste pouuoir de l'Autheur de nature,
Orna de mille fleurs de diuerse peinture,
D'arbres portans des fruicts, qui pouuoient sustenter
L'homme eternellement: Mais se mescontenter
De sa condition, est vn orgueil extreme,
Mal-heur de nos mal-heurs, voire le mal-heur mesme
*   Que nous serions heureux si content de ce bois,*
Aux murmures des eaux, aux gasouillantes voix
Des mignons oiselets, sous l'ombre & le ramage
De ce iardin sacré, Adam eust le langage

Marginal notes:

Creation du monde.

Tres persó-næ in vna es-sentia. Naturali ra-tione sancta Trinitas pro-bari non po-test, quia su-pra natutalé rationem est. Hinc est quodBernar-dus dicat. Scrutari hoc arcanum te-meritas est, credere pie-tas: nosse ve-rò est vita eterna.
Creation du 1. homme.
Gen. ch. 2.
Psal. 8.
Sa demeure.

Digressió sur l'heur qui eust accom-pagné Adam au 1. estat de son inno-cence.

De l'Eternel suiuy, sans infirme changer
Son estre bien-heureux pour la pomme manger:
Au printemps esmaillé d'eternelle verdure,
Aux regards lumineux du Pere de nature
Aux fleuues coulans laict, aux odorantes fleurs,
Nous eussions veu collez & nos corps, & nos cœurs.
Mais ce grand dragon roux, ce prince des tenebres,
Qui porte à ses costez les engeances funebres
Des pechez eternels, qui traisne quant & soy,
Le mensonge, l'horreur, le desespoir, l'effroy,
Qui marche enuironné d'vne troupe mauditte
Compagnons de son sort, faisant la chatte-mitte,
Trompeur persuada par termes inuentez
La compagne d'Adam, qu'ils sont bien empruntez
De viure, sans gouster de ce fruict desirable,
Pour-autant, disoit-il, que tu seras semblable
A l'Eternel ton Dieu, vous serez bien-heureux,
Vous viurez eternels, si ce fruict sauoureux
Entre en vostre estomach. Ainsi Eue imprudente
Pere Adam se perdant: Ainsi l'onde roulante
D'vn torrent tortueux, bouleuerse d'abord
L'innocent enfançon qui se iouë à son bord,
Et l'entraisne pauuret d'vne vistesse isnelle,
Dans les flots impiteux d'vne nuict eternelle.
Mais d'où vient, diras tu, ce mal-heureux desir,
Qui vint l'entendement de nos parents saisir?
Est-ce point l'appetit de gouster cette pomme,
Qui feist si lourdement pecher le premier homme?
Ou bien est-ce l'orgueil temeraire, odieux,
De se rendre pareil au Monarque des cieux?
Il semble que ce soit la mal-heureuse enuie,
D'eterniser leurs iours dans l'eternelle vie:
Ou bien c'est le desir de se rendre pareils,
Aux esclairs flamboyans du Soleil des Soleils,
Duquel comme parfaicts ils contemploient la face,
Dans le iardin d'Eden, sans voile, & sans surface,
Contents, & bien-heureux, si de leur volonté
Contre le Roy des Roys, ils n'eussent attenté.
Ainsi le villageois, qui se void dans vn temple,
Où son œil d'vn grand Roy, les ornements contemple,

A iij

L'esclat frappe ses yeux, ses yeux l'entendement,
Qui tire le desir de son lieu vistement,
Et l'enuoye aux obiects, que nostre esprit admire,
Dans l'extaze du bien, que par l'œil on desire:
Tel fut l'esprit d'Adam, qui parmi les rayons
Des celestes beautez, parmi les visions,
Dont heureux tous les iours il contentoit son ame,

Numerus finitus pro infinito.

Desira se parer de l'eternelle flamme
Que porte l'Eternel, cent fois plus esclatant,
Que le flambeau du iour sur l'horizon montant.

Nicolas Taurelle, en son Triomphe de la Philosophie.

Ie diray plus encor: la verdeur admirable
De l'arbre deffendu, la couleur desirable,
L'odeur qu'il eslançoit, la beauté qu'il auoit,
De nos premiers parents l'entendement mouuoit,
L'appetit ia gaigné d'vne veuë si belle

Ou incredulle.

Rendit Eue à son Dieu par soy mesme rebelle;
Excitez d'autre part, de gouster ces douceurs,
Que Satan enchanteur promettoit à leurs cœurs,
Lors qu'ils auroiët touché, des mains & de la bouche,
Ce fruict, qui de viuant le rendit vne souche.
O Sataniqué enuie! ô desirs tenebreux
Enfantez par la nuict, dessous le voile ombreux
D'vne eternelle horreur! Engeance diabolique!
Qui priue nos esprits de la vie Angelicque.

Regrets d'Adam apres sa faute.

　Quelle ame conceuroit l'angoisse, & les douleurs,
Qui presserent Adam: quand ignare des pleurs
(Indices asseurez d'vne infirme nature,)
Il veid qu'il auoit faict à son Seigneur iniure:

Belle similitude.

Comme l'oiseau craintif dans les ailes blessé,
Par vn traistre chasseur, se sent au vif pressé,
Ignore où se musser, tant sa playe mortelle,
Pauuret luy fait trainer contre terre son aisle,
Il ne peut plus voler aux riues des ruisseaux,
Ny chanter és forests entre les arbrisseaux,
Ains confus en son deüil, d'vne langueur extreme,
Il voudroit euiter l'horreur de la mort blesme:
Mais ses efforts sont vains, puis qu'en se desbattant,
De son aile il ba-bat la mort le surmontant:
Adam ainsi pressé de son mal qui l'accable,
Mortellement nauré par l'astuce du diable,

Ne ſçait où ſe cacher, ſon forfaict odieux
Se monſtre inceſſamment au deuant de ſes yeux,
Il n'oſe vers le ciel eſleuer ſa paupiere,
Il ne priſe rien moins, que de voir la lumiere.
Il eſt confus en ſoy, & le iour plus luiſant
Luy faict voir ſon peché encore tout cuiſant,
L'obſcurité luy plaiſt, & les nuicts les plus ſombres,
Semblent voiler ſon deüil, ſous l'aile de leurs ombres.
Toutesfois l'Eternel qui crea l'vniuers,
Tous les lambris du ciel, & l'abyſme des mers
D'vn riẽ, ne vouluſt pas, qu'Adã mort par ſoy meſme,
Fut priué pour iamais de la clarté ſupreme.

   Il enuoye ſon Fils dans les antres plus creux
Du monde, pour tirer des enfers tenebreux
Adam : l'ombreuſe nuict, & le parler tacite,
Sont campez en ce lieu, dedans vne guarite,
Où bourdonne le vent, où le murmure ſourd
Du torrent infernal, bou-boüillonnant parcourt
La campagne des morts : là paſſe vne riuiere
Qu'on appelle l'oubly : là iamais la lumiere
Du Soleil ne paroiſt, les ombres ſeulement,
Et les ſouſpirs des morts meſlez confuſement,
La paſleur, les ennuys, le chagrin, la triſteſſe,
La faim, l'horreur, le deüil, les ſoucis, la vieilleſſe,
Font leur ſombre ſeiour, & cet antre odieux,
Eſt le triſte palais de l'ennemy des cieux :
Ieſus Chriſt ſe monſtrant à la porte d'Auerne,
Le ſilence s'enfuit, & quitte ſa cauerne,
Les demons infernaux font vn murmure creux,
Et regardẽt tremblants Chriſt d'vn œil tout affreux,
Ils ſe pouſſent l'vn l'autre, & cerchent la nuict noire,
Ne pouuans ſupporter du Fils de Dieu la gloire :
Les ombres de la nuict aux rayons du Sauueur
S'eſcartent dans les airs, & par tout la lueur
Du Seigneur rayonnant, eſclaire & illumine
Ce val, où ſans ſon œil l'obſcurité chemine.
Adam à vn recoing giſoit tout eſtendu,
Ayant de ſes deux yeux vn torrent eſpandu,
Et panché ſur ſon bras, en deplorant ſa faute,
Il ſembloit implorer la puiſſance tres-haute.

Repentance
d'Adam.

Miſeris lumẽ
non eſt iu-
cundum, ſed
potiùs dolo-
res augere
videtur.

Belle fiction
de la miſere
d'Adã apres
ſa cheute, dé
laquelle I. C.
le tire.

Virg. 6. Æn.
Luctus & vl-
trices poſue-
re cubilia cu-
ræ
Pallenteſque
habitãt mor-
bi, triſtiſque
ſenectus : &
metus, & ma-
lẽ ſuada fa-
mes.

Le Sauueur l'œil adant propice, & plus qu'humain,
Le prend en le tançant doucement par la main,
Et le tire des lieux où regnent les mensonges,
La crainte, les langueurs, les fantosmes, les songes:
Il n'eust si tost laissé ce manoir monstrueux,
Que les ombres, la nuict, & le silence creux
Rentrent dans ce cachot, se poussans à la foule:
Mais le char du Soleil dans l'Ocean se roule,
Et mon vers s'esloignant de mon but entrepris,
Semble prendre vn suiect bien loin de mes esprits.

Soit que d'vn cœur deuot en moy ie considere,
L'estat du tout parfaict, de nostre premier pere,
Et sa faute en sa cheute, ou comme l'Eternel,
La tiré des enfers, par vn soin supernel,
Ce secret mon esprit esblouit de merueilles,
Et loge dans mon cœur des ioyes nompareilles:
Ie suiuray toutesfois la route de mon vers,
Pourueu que du Seigneur, qui conduit l'vniuers
L'esprit pur soit mon Phare, ô grand Dieu fauorise,
Les debiles efforts de ma saincte entreprise,
Verse dedans ma plume vn celeste discours,
Et fay qu'en escriuant i'apprenne tous les iours.

Dieu dans l'eternité de son conseil supreme,
N'ignoroit pas qu'Adam s'esloigneroit soy mesme
De ses commandements: sa cheute il sçauoit bien,
Cheute qui presageoit aux mortels le grand bien
De la mort du Sauueur, dont la saincte iustice
Desgage des enfers de l'homme la malice;
Comme il auoit promis dans le iardin sacré
(Où l'incredulle Adam fut premier consacré
Aux loix de l'Eternel) que l'homme, & sa semence,
Brizeroit du serpent la teste, & son engeance.

Mais pourquoy, diras-tu, Dieu n'empeschoit-il pas
Adam de tresbucher és filets du trespas?
La cause de cecy n'est que par trop notoire,
C'est afin que l'on veid les effects de sa gloire,
Qu'on cogneust la iustice, & que l'homme hebeté
Adorast les arrests de sa saincte bonté:
Sa gloire en ce reluit, (car pour la bien cognoistre
Il faut considerer ce qui l'a fait paroistre.)

LE

Les graces, & faueurs de l'Eternel ton Dieu,
Luisent diuersement tout en vn mesme lieu,
L'vn ressent sa douceur, & l'autre sa iustice,
Cependant son esprit est exempt d'iniustice.
Or nous estions tous morts, & plongez en l'horreur,
Par la faute d'Adam, par son premier erreur:
Maintenant l'Eternel si les vns il appelle,
Les autres delaissant en la fosse mortelle,
Le diras tu seuere, ains plustost sa bonté
Dans ces diuers effects monstre sa majesté,
De tous ces mal-heureux suiuant vne partie,
Pour l'enuoyer au ciel y tenir sa partie:
Ainsi d'vn Souuerain le prompt commandement
Est estimé des siens à leur contentement,
Quant de plusieurs captifs, qui pour vn malefice
Condamnez à mourir, il monstre sa iustice
Admirable aux mortels : les vns il met aux fers,
Vn autre en paradis, ou dedans les enfers,
A l'autre il faict pardon: Et pourtant sa memoire,
Est çà bas immortelle, aussi bien que sa gloire:
Ainsi de l'immortel, les effects immortels,
Sont bien plus excellents, que ceux la des mortels.
Or nous deuons sçauoir que Dieu a creé l'homme
Pour soy, pour son honeur, & pour sa gloire en somme,
S'il l'a creé pour soy, tu ne dois curieux
Fouiller son cabinet, en montant iusqu'aux cieux,
Et raisonnant chez toy dans ta philosophie
Escouter ta raison de vain orgueil bouffie,
Car comme le potier forme vn vase d'honneur,
L'autre il faict comme il veut seruir à deshonneur,
Et pourtant on ne dict, qu'il doit autrement faire,
(Car ce parler viendroit d'vn esprit temeraire)
Ainsi tu ne dois pas d'vn cœur audacieux
Courir de ton vouloir, contre l'arrest des cieux,
Demandant, Mais pourquoy Dieu faict il telles choses
Ainsi, d'autres ainsi? Presomptueux qui oses
Arraisonner ton Dieu, escoute seulement
Sa voix, car tu luy dois obeyr promptement?
*   Adam seroit heureux si parmi l'innocence,*
Il se fut conserué dedans l'obeyssance

Epist aux E-
phes. chap. 2.

Iustice & mi-
sericorde de
Dieu enuers
les hommes.

Curiosité
blasmable.
Epist. aux
Rom. ch. 9.

Modestie re-
quise en tou-
tes choses.
Ego Domine
hoc conside-
rans expauef-
co, & obstu-
pesco de alti-

B

tudine sapiē-
tiæ & sciētiæ
tuæ, ad quam
ego non per-
tingo:quoniã
ex eodem lu-
to alia facis
vasa in ho-
norem alia in
contumeliam
sempiternã.
S. August.
Tom. 9. lib.
Soliloquiórū
aur.ad Deum
cap.12.
Sorbe quod
ipse miscui-
sti.

Iean selon la
langue sain-
cte, signifie
grace, aussi
estoit il Mes-
sager & an-
nonciateur
de la grace
de Dieu.
Belle simili-
tude de l'Au-
rore à la ve-
nuë de Iean
Baptiste, auãt
coureur du
grand Soleil
de Iustice.

A la venuë
de nostre
Sauueur, les
ceremonies
de la Loy
sont tõbées.
Predestina-
tion.

Iurée à son Seigneur: Loing bien loing des douleurs,
Des soucis, des trauaux, des ennuis, & des pleurs
Qu'on ressent auiourd'huy, sa pensée celeste
Pour les thrésors mondains ne l'eust rendu moleste,
Tousiours, tousiours heureux. Mais le sort est ietté,
Et faut boire, dit-on, ce qu'on a proieité.
   L'homme ainsi deuallé dans la fosse des ombres,
Le Sauueur, ennemy des obscuritez sombres,
Descend vers les humains, pour apporter le iour
Aux nuicts de nos lãgueurs, par grace, & par amour.
Mais auant qu'esclairer de sa face brillante
Nostre orizon ombreux, l'Eternel se contente,
D'enuoyer aux mortels, Iean Baptiste prescher
A suiure son cher Fils, l'adorer, & cercher,
Pour iouyr quelque iour, sans trouble, & sans ennuie,
Des plaisirs eternels de l'eternelle vie.
Et comme au poinct du iour le lumineux Soleil,
Enuoyé par l'Aurore annoncer son resueil,
Les ombres de la nuict à cet obiect s'escartent,
Si tost que ses rayons sur les montagnes battent,
L'obscurité s'enfuit, & tout semble iaunir,
Iusqu'à tant que l'on void le Soleil reuenir,
Pompeux en ses rayons, sur vn grand char d'yuoire,
Tout entouré de rais, & de flambante gloire.
A son leuer doré, les restes de la nuict
Euitent son aspect, qui les chasse sans bruit,
En fin tout est au iour, car son œil qui redore
La face de la terre, offusque aussi l'Aurore.
Tout ainsi, du Sauueur le celeste pouuoir
Auant que se monstrer, voulut bien faire voir,
Par son auantcoureur (flambeau de sa lumiere)
Que la loy changeroit sa coustume premiere,
Que les voiles d'horreur qui couuroient l'vniuers
A l'aspect de son œil, tomberoient à l'enuers,
Que tout prendroit clarté, de sa clarté celeste,
Que tout seroit au iour, non dans la nuict funeste,
Et que de tant d'esprits, qui couroient à la mort,
Quelques vns bien-heureux paruiendroiẽt à bon port
Port où l'obscurité les ames ne deuore,
Port tousiours esclairé, non des rais de l'Aurore,

Mais de ce grand Soleil, qui darde dans les cieux,
Aussi bien que çà bas ses esclairs radieux.
C'est luy, qui par son œil tout esprit illumine,
C'est luy qui porte au ciel la pensée diuine,
Luy seul en moins de rien tous les cieux escroulant,
Brandit sur les mortels son tonnerre murlant,
Fait trembler l'vniuers d'vne telle secousse,
Que l'eau de l'Ocean en montagnes s'en pousse:
C'est luy qui paroissant dessus nostre orizon,
Feist perdre la lueur de l'humaine raison,
Qui prennit son prescheur pour le diuin Messie,
Comme si tu prenois pour Soleil la bougie:
C'est luy, en fin c'est luy, dont l'amour soucieux,
Nous desgageant d'enfer, nous donne gage aux cieux
De son sacré vouloir: puis qu'en sa bourgeoisie
Bening, il nous reçoit de pure courtoisie,
Et sauuant nostre esprit dans la mort eslancé,
Il pardonne au pecheur qui l'auoit offencé.

Iean Baptiste n'estoit l'Esprit donne lumiere
Du Seigneur commençant au monde sa carriere,
Ce n'estoit le flambeau qui deuoit esclairer
Nos sourcils tenebreux, (& si i'ose asseurer)
C'estoit tant seulement vne simple estincelle,
Vn rayon du Sauueur, dont l'œil tout renouuelle,
L'Aurore d'vn Soleil la lueur annonçant,
Bluette d'vn flambeau, qu'il alloit deuançant.
Ce Prophete nasquit, lors qu'Herode Tetrarque
En Iudée regnoit, commandant en Monarque,
Son pere Zacharie vn iour sacrifiant,
Fut saisi d'vne horreur qui le rend deffiant,
Vn Ange du haut ciel, en la terre deuallé,
Et se presente à luy, ia comme la mort pasle,
L'encensoir tombe bas, vne froide sueur
S'espandant par son corps, se glisse dans son cœur,
La crainte tient ses sens, sa voix dans le silence
N'ose frapper les airs: Tandis l'Ange deuance
Cet extase profond, Zacharie asseurant,
Par les graues propos, qu'il alloit proferant.
Zacharie, dit-il, tes vœux, & tes prieres
Ont penetré le ciel: Le pere des lumieres

B ij

A cognёu ta clameur, il exauce ta voix,
Et te promet vn fils, dont le sacré pauois
Doit parer tous les traicts, que l'humaine malice
Vn iour luy lancera pour le diuin seruice.
Il ne boira nul vin, ny de ceruoise aussi,
Car le vin oste au cœur le celeste soucy,
Que nous deuons porter empreint en nos pensées,
Plustost que les obiects des choses insensées.

Digressiõ sur l'yurongne-rie.

Le vin gaste le corps, aliene les sens,
Bouleuerse l'esprit des Princes plus puissans,
Il chasse la raison, & sa douce manie,
Engouffre dans l'oubly, tous ceux qu'elle manie,

Exemples de la saincte Escriture.

Tesmoing nous soit Noé, qui des douceurs surpris,
Que donnoit ce Nectar à ses foibles esprits,
Laissa voir à ses fils, (ô chose monstrueuse,)
La part que les mortels estiment plus honteuse.
Loth de ce mesme ius dans le lict escumant,
Inceste, se rendit de sa fille l'amant.

Exemples des Autheurs profanes.
Virgil. ii. Æneid.
Inuadunt vr-bem somno, vinóque se-pultam.

Holoferne l'horreur, & foudre de la guerre
Enyuré, rend son corps en dépost à la terre.
Troye la grand Cité celebre en l'Oriant
Enseuelie au vin, fut reduite à neant.
Alexandre infecta les vertus de sa gloire,
Et ses faicts genereux, pour s'addonner à boire.

Q. Curce.
Et Plutarque en la vie d'A-lexandre.

Tarquin de vin chargé Lucrece corrompit,
Et son sceptre Romain par malice rompit.
Les Anciens pour donner vne horreur de ce vice
A la posterité, ils prenoient vn calice

Plutarque, en la vie de Ly-curgus.

Plein de ce ius charmant : dont à diuerses fois,
Ils souloient engouffrer, comme dans les abbois
De la mort vn esclaue : & sur cette posture
Par la Cité conduict, on luy chantoit iniure.
Tous les enfans douez d'vn esprit vertueux,
Fuyoient, comme l'enfer, ce vice monstrueux,

Helottes es-claues des La-cedemoniés.
Erasme au 2. liure de ses Apoph. escrit Helotes.
Effects de l'y-urongnerie.

Quant ils voyoient au vif despeint en cet Helotte
Non d'vn homme les traicts, mais ceux d'vne pelotte
Qui se bouleuersant choaquoit les carrefours,
Harpentoit les chemins, par ses yures contours,
Tandis ce feint Morphée entoure de ses ombres,
L'esprit de ce danseur, vne face d'encombres.

Vn tas de vains esprits possede tout son corps,
Et croid void de l'enfer le dedans, & dehors;
Les songes infernaux, & plus qu'espouuantables,
Sont de ses facultez les obiects delectables,
Ses sens sont tous troublez, & presque la raison
Bannie de son cœur, a quitté sa maison:
Ce n'est plus vn mortel, ce n'est rien qu'vne souche,
Il ressemble vn rocher immobile à la touche,
Son maistre le matin le rappelle aux labeurs,
Mais pensant se leuer, il void mille terreurs
Vaguer deuant ses yeux, sa foible fantaisie
Des spectres de Bacchus alors estant saisie:
En fin il est contrainct se leuer promptement,
Accompagné de cris, & d'vn grand vrlement,
Il se traisne du lict, tout ainsi qu'vne beste
Frappant de cris le ciel, & le mur de sa teste,
On diroit à le voir qu'il sort d'entre les morts,
Ou qu'il vient d'entreuoir vn fantastique corps,
Ses bras sont assoupis, sa desmarche tremblante
L'esloigne du trauail, qui desia se presente,
Il ne peut rien ouurer, capable seulement
D'imiter les nageurs de l'humide element.

    Saincte sobrieté que mon ame t'honnore,
Et (si sans profaner, i'ose dire,) t'adore,
Tu nous loges au ciel, aupres des Anges saincts,
Tu nous fais contempler les brandons celestins,
Et loing du bruit mondain tu leues nos pensées,
Vers la part du grand Dieu promptement eslancées:
Aussi le Souuerain commandoit aux mortels,
(Quant chastes ils deuoient aborder ses autels,)
De s'abstenir de vin, pendant que leur office,
Au temple les tiroit, pour faire sacrifice,
Le mesme il enchargeoit aux Prestres Nazariens,
Amateurs de ses Loix, autant que de ses biens:
Mais comme l'œil chargé d'vne humeur vicieuse,
Ne peut pas discerner la couleur tenebreuse
D'entre la transparente: ainsi l'homme infecté,
Et des fortes liqueurs de Bacchus enchanté,
Ne peut rien conceuoir, qui ne sente la terre,
Car ses sens peruertis luy declarent la guerre,

B iij

Marginal notes (right column):

Vinolentia voluntaria insania, ait Seneca. Voy Theodoret, lib. 6. de prouidét. Truncóque simillimus Herme. Voy S. Basile au sermon qu'il a faict contre les yurongnes.

Telluris inutile pondus ait poëta. Apostrophe à la sobrieté.

Apud Ægyptios, olim nefas erat Sacerdotib. bibere vinũ, nè Deorum arcana reuelarent. Le vin estoit deffendu aux Sacrificateurs entrans au Sãctuaire. Leuit. ch. 10.

Le tourmentent de pres, le rendent furieux,
Iusques à despiter les hommes, & les cieux.
    Tandis que Zacharie escoute les merueilles,
Dont ce sainct Messager contentoit ses oreilles,
Il luy dict, Mais comment cognoistray-ie cecy?
Ma femme est fort âgée, & ie le suis aussi?
Le Seigneur donroit-il sur mes vieilles années
Vn enfant à son serf, loing de mes destinées?
Ie suis l'Ange du ciel, qui assiste, & qui sers,
Deuant la saincte ardeur, & les brillans esclairs
Du Seigneur Tout-puissant, qui veut que ie t'anonce,
Ce dont confusement tu m'as donné responce,

<table><tr><td>Tu seras
muet.</td><td>Voicy tu ne pourras tes deux leures ouurir
Pour parler, Tu seras long temps sans discourir?</td></tr></table>

D'autant que tu n'as creu ma parolle sans vice,
L'Eternel te punit de ce honteux supplice,
Iusqu'au terme ordonné que l'enfant gracieux
Naissant, voye le iour du Soleil radieux.
Il dict, & se leuant guindé dessur la nuë
Son despart aussi tost parest, que sa venuë,
Il laisse l'vniuers, & mesprisant ces lieux,
Il s'esleue de terre, & vole dans les cieux:

<table><tr><td>Zacharie
muet pour
son incredu-
lité.</td><td>Zacharie pendant sort du temple, & s'estonne,
De l'incommodité que sa langue luy donne,</td></tr></table>

Tout le peuple le void, mais pensant discourir,
Il sent naistre sa voix à l'instant & mourir,
Ses doigts, & ses deux mains luy seruent d'vn indice
Pour monstrer aux mortels, que durant son seruice
Vn message du ciel, a troublé ses esprits:
Or le iour que l'enfant deuoit voir le pourpris
Du plancher estoilé, des astres la carrolle,
S'approchant, on le sort de sa triste geolle.

<table><tr><td>La saincte Es-
criture.</td><td>Apres tous ses parents, selon les saincts deuis
Le menent circoncir dans le sacré paruis,</td></tr></table>

Ainsi qu'il est porté par le diuin seruice,

<table><tr><td>Tout masle
ouurât la ma-
trice, sera
sainct au Sei-
gneur.</td><td>Que tout masle sortant du fond de la matrice,
Seroit sainct au Seigneur, purgé de salletez,
Quintessence d'esprit, & veuf d'impuretez.
Au leuer des beaux iours de cette ame diuine,</td></tr></table>

<table><tr><td>Octauo   dio</td><td>Le Tout-puissant l'orna d'vne langue sucrine,</td></tr></table>

D'vn esprit celestin, d'vn iugement diuers,
A celuy des mortels qui sont en l'vniuers.
Bref son estre fut tel, & telle sa memoire,
Qu'il fut choisi de Dieu, pour organe à sa gloire;
Son geniteur muet sa naissance voyant,
D'vne mer de plaisirs son cœur alloit noyant,
Benissoit l'Eternel, honnoroit le messagé,
Qui ces iours à sa voix, auoit clos le passage,
Car en fin s'efforçant par vne saincte ardeur,
Sa langue se deslie, & sa voix, & son cœur.
Eternel Tout-puissant mon ame te reclame,
Eternel mon esprit ne vit que de ta flame.
Eternel puisses-tu me consoler tousiours,
Sur la tremblante fin de mes caducques iours,
Et tandis que mon fils, par ta vertu s'augmente,
Inspire luy ton los, qui mon ame contente,
Donne luy de pouuoir à veuë d'œil croissant
Croistre en ta pieté, en bonté paroissant,
Ainsi qu'au long des eaux sur vne verte riue,
Vn laurier verdoyant tout le riuage auiue;
Ainsi, ainsi Seigneur soit ton nom desormais
Celebre à nos nepueux, & chanté pour iamais.
Desia le char doré (qui poste autour du monde)
Auoit de diuers ans faict, & parfaict la ronde,
Quant ce sainct messager sortant de l'vniuers,
Contre l'espoir des siens, se confine aux deserts.
   Pres d'vn vaste rocher où le morne silence
Nourrisson de la nuict, sembloit auoir puissance
Sur les Zephirs mouuants le branchage des bois,
Sur les torrents grondans, sur la plaintiue voix
Du chanteur rossignol: habitoit Iean Baptiste,
Messager du Seigneur, son Prescheur, son Legiste,
Cet homme iuste, & sainct, n'auoit pour vestement,
Qu'vne robe de poil de chameaux seulement:
Tout autour de ses reins il portoit pour ceinture.
D'vn simple, & ferme cuir la souple ligature,
Pour son sobre manger tous les iours il auoit
Des locustes des champs, & du miel qu'on treuuoit
Dans les voutez ruchons de l'auette volage,
Miel doux, & sauoureux, combien qu'il fut sauuage.

puer circum-
cidebatur vt
ostenderetur
esse meditan-
dam carnis
mortificatio-
nem toto vi-
tæ huius præ-
sentis cursu
quæ 7. diebus
notatur, quia
continua 7.
dierum reuo-
lutione ab-
soluitur, do-
nec ad æter-
nam requiem
peruenia-
mus

Zacharie
ã doué l'Eter-
nel du cœur,
& de la bou-
che.
Priere eslan-
cée.

S. Luc & S.
Matth. chap.
1. 11.
Retraite de
Iean Baptiste
aux deserts.

Son veste-
ment.

Son manger.
Ad pœniten-
tiam etiam
hortabatur

ipso habitu.
vestem enim
lugubrem ge-
rebat. Theo-
philact.
In 3. cap. Mat.
Quidã dicunt
herbas esse
locustas, qui-
dam fructus
agrestes, mel
auté agreste
quod à feris
apib. confici-
tur, & in ar-
borib. ac pe-
tris inueni-
tur, Idem
ibidem.

Les Ethyo-
piens disent
que le Soleil
sort du milieu
de la mer
semblable à
vn charbon
enflambé, iet-
tant au loing
ses rais bril-
lants, ressem-
blant à vn
pilier ardant.
Diodo. lib. 3.

Iesus Christ
le vray miel
de nos
esprits.

Puissay-ie ô Tous-puissant à l'ombre des ormeaux,
Ainsi qu'vn bergerot, au couuert des hameaux,
Couler mes libres iours, & bien loing de l'enuie,
De ton sainct messager mener la douce vie,
Les arbres, & les fleurs mesme m'animeront
A penser au grand Dieu: les estoiles seront
Les pedagogues saincts, qui d'vn parler tacite,
Me diront qu'vn seul Dieu dessus les cieux habite,
Dont le bras lance-foudre escartelle les monts,
Et tonnant faict trembler les abysmes profonds.
O saincte solitude! Ainsi puisse ma gloire,
Enclose à vn recoing des riuages de Loire,
Esclater seulement en celestes chansons,
Pour loüer l'Eternel, du plus pur de mes sons:
Et lors qu'au beau matin la doux tombante orée,
D'vn fraischelet Zephire, emperlera la prée,
Et que l'Astre au front d'or brillant, & tout flãmeux
Sortira son beau chef de l'Ocean fumeux,
Fay Seigneur qu'imitant le mol, & tendre herbage,
De larmes d'vn contrit ie moüille mon visage,
Detestant mes pechez, & loing du Tentateur,
I'honnore tes autels comme ton seruiteur:
Apres conduy mes pas, en quelque saincte place,
Loing du bruit tonnerreux de la mortelle audace,
Où sous l'ombre des bois ie medite seulet,
Les moyens d'enseigner, ton sacré troupelet.
Tes cieux soient mon obiect, & ta celeste gloire,
Soit le contentement de ma pauure memoire,
Pour mon palais vn antre, & pour liure à mes yeux
Soit le branle diuers de l'armée des cieux:
Et si mon cœur est lent, infirme mon courage,
Sustente le Seigneur d'vn peu de miel sauuage
Aux mortels incogneu, mais cogneu seulement,
De ceux qui nuict, & iour vont ton œil reclamant.
　　Le miel de nos esprits, & de nostre ame encore,
Qui quintessence tout l'ennuy qui nous deuore,
Qui change le terrestre, en immortalité,
C'est le Fils sacré-sainct de la diuinité,
C'est le diuin Nectar qui redonne la vie
Desgageant nos esprits de l'infernalle enuie,

Le comble de nos biens, sans qui nul ne peut pas
Affranchir son esprit des ombres du trespas.
Iean Baptiste tenoit pour loix en son escholle,
D'enseigner aux mortels du grand Dieu la parolle,
Quand le peuple venoit vers luy deuotieux,
Il souloit luy monstrer le beau chemin des cieux,
Contraire à ces Docteurs, qui cachent par malice
Les Arrests eternels du celeste seruice.

Ia l'astre au front d'argent sombrement radieux
Auoit deux, ou trois fois par le contour des cieux
Promené ses courciers : Lors que la Renommée
Par cent postes diuers espandant sa fumée
Sur les ailes du vent, se fourre en la Cité,
D'vn lieu se glisse en l'autre, & la Societé
Iudaique entendant, que Iean d'autre caballe,
Ses riches dons du ciel, au commun peuple estalle:
Des Sacrificateurs elle enuoye à l'instant,
Qui sondent ce Pasteur, par ces mots le tentant,
Dy nous docte Prescheur, es tu quelque Prophete,
Ou bien es tu le Christ? Lors d'vne ame discrete,
Il respond humblement, Ie suis, ie suis la voix
D'vn simple messager, qui crie maintes fois,
Par les ombreux deserts, de ma sombre demeure,
Accoustrez le chemin du Seigneur : Voicy l'heure,
Voicy le temps, mortels, où les adorateurs
Du ciel se monstreront sinceres orateurs:
De boucs il ne veut plus, pour son sacré seruice,
Il ne demande plus de sanglant sacrifice,
Son Fils voulant porter sur son precieux Corps
La terreur de l'enfer, les horreurs de cent morts,
Et sainct Agneau pour nous souffrant mort violente,
Il a cassé les loix de l'Hostie sanglante.
    Tandis que Iean Baptiste enseigne pres d'vn bois
Le peuple : son renom paruint iusques aux Roys:
Herode en oyt le bruit, le veut voir, le demande,
Et que dans son palais on l'ameine, il commande:
Mais Iean sans s'estonner parle au Roy librement,
Luy monstre ses deffauts, & l'instruict sagement,
Et sur tout moderant l'ardeur de son courage,
Tu ne dois, disoit-il, te ioindre en mariage

C

Piété de Iean
Baptiste.

C'est à dire
en Ierusalem,
qu'on appel-
loit de ce
nom de Cité,
sur toutes les
autres Villes
de Iudée.

Modeste re-
spõse de Iean
Baptiste aux
Iuifs.
Hoc petitum
est à more
Gentium qui
quoties Re-
ges recipere
solerent, vias
illis sterne-
bant.
C'est à sça-
uoir le sacri-
fice sanglant
des Boucs,
ou des Tau-
reaux.

Iean va treu-
uer Herode,
auquel il par-
le librement.

Au sang de ton Germain, ô grand Roy, tu ne dois,
Vne garce adorant, aller contre les Loix
Du grand Dieu qui void tout: Sa dextre vengeresse
Te donneroit l'enfer, au lieu d'vne maistresse:
Luy seul sonde les reins, & tes dicts mensongers,
Auant qu'ils soient conceus par tes esprits legers.
Ainsi Iean repaissoit d'vne saincte parolle
Le cœur de ce Roy fol: mais son ame renuolle
Aussi tost vers l'obiect de ses salles amours,
Ce qu'il oit d'vne oreille, aux vents donne son cours,
En fin de rage épris, fasché que Iean Baptiste
Ne veut, ce dont son cœur amoureux fait eslite,
Dans vn sombre cachot, où la nuict fait sejour
Forcé d'abandonner le doux air de la Cour,
On le maine en prison, en la tour de Machere,
Pour n'auoir consenti la sœur prendre son frere.
Herodias pendant enflée de fureur,
Ne respire que sang, que meurtres, & qu'horreur,
Et le chef sacré-sainct de ce diuin Prophete,
Est ce qui peut souler son ame toute inceste,
Ialouse qu'vn seul homme eust son contentement
En tant & tant de iours dilayé sainctement.
Entre tous les Edicts d'vn antique volume,
Les grands de Palestine auoient cette coustume
De celebrer le iour bien-heureux, & fatal,
Iour premier de nos iours, iour surnommé natal,
Pourautant qu'il faict voir en la premiere enfance,
A nostre œil le Soleil, à nous nostre naissance,
Ce iour dis-ie natal d'Herode s'approchant,
Herodias inuente en son esprit meschant
Mille diuers desseins, & de rage, & d'enuie,
Attente de rauir à Iean l'ame, & la vie.
Elle se faict instruire à danser vn ballet,
A descoupper volage vn branle nouuellet,
Se forge les moyens d'encrouster son visage,
Renouster son sourcil, falsifier son âge,
Rehausser son tetin, & son front applanir,
Corriger ses couleurs, & ses rougeurs ternir;
Tous ces enseignements grauez en sa poictrine,
Elle apprend à bigler son œil de bonne mine,

Puis enuoye au Monarque vn Page sermonneur
Prier courtoisement, qu'on luy donne l'honneur
De venir saluer toute la compagnée,
Pour rêdre aux Dieux ses vœux de l'heureuse iournée
Qui mit Herode au monde. Ainsi veüillent les Dieux
O grand Roy bien-heurer tes desseins glorieux.
Ie le veux (dist le Roy, de façon, & de geste,)
Dy luy que son bel œil, qui mon esprit moleste,
Vienne tost eslancer ses rayons en ces lieux,
Puis que ie l'aime autant, comme ie fay mes Dieux.
A ces mots tant courtois, il faict la reuerence,
Sa Dame va treuuer, luy donne vne esperance
D'obtenir de ce Roy, par l'esclat de ses yeux,
(Si faire se pouuoit) les delices des cieux:
   Aussi tost elle prend le miroir de sa face,
Se contemple partout, s'admire dans la glace,
Tout ainsi que le Pan se mire en ses rondeaux,
Les Pages vont deuant, qui portent les flambeaux,
Se presentent au Roy d'vne façon altiere,
Herodias paroist en pompe la derniere.
Sur sa bouche est le ris, les douceurs en ses yeux,
Sur le blanc de son sein, vn desir soucieux
Qui gesne les esprits (que le Prince d'Erice,
Depuis deux, ou trois iours a pris à son seruice:)
Son œil donne-signal seme partout l'amour,
Son musc, & ses odeurs gaignent toute la Cour,
L'esclat des diamans brille parmi la salle,
Et, merueille, vn Soleil maiestueux estalle
De nuict, deuant vn Roy ses amoureux rayons,
Lançant l'enuie au cœur, & l'ardeur aux poulmons:
Bref elle paroissoit comme vn pin haute, & drette,
Et son geste lascif, la demonstroit doucette,
Aggreable à tout œil, voire & plus mille fois
Que n'est aux iours d'Esté, le doux ombre des bois.
Son ballet commencé d'vne démarche prompte
Enchantoit le Tyran, que ia l'amour surmonte,
La beauté le rauit, & les traicts de ses yeux,
Le rendent tantost lent, & tantost furieux:
Apres le bal finy, les instruments cesserent,
Et les grands Herodias iusques au ciel loüerent.

G iij

propre du diable de se desguiser pour trom-per quel-qu'vn.

Hyperbole.

Vanité d'Herodias.

Pan, ou le Paon.

Attraicts lascifs d'Hero-dias, qu'il faut rappor-ter à son fard.

Chrysost. dit que ce fut le Diable, qui fit que cette fille pleust à He-rodes en dan-sant.

Herode la salue, & d'elle tout espris,
Ie iure (luy dit-il) par le Roy des esprits
Par le Ciel flambloyant qui tournoye (sans cesse
Que tu rauis nos yeux d'amour, & de liesse,
Ta grace tout surmonte, & mesme les Lyons
S'ils voyent ton beau chef, reuerent tes rayons:
I'ay regret seulement, Princesse que i'adore,
(Pour toutes les faueurs dont ton œil nous honnore)
Que ie ne puis, mal-heur! te tesmoigner combien
Ie cheris ta vertu : Accepte de mon bien
Tout ce que tu voudras: quant mesme ma couronne
Tu me demanderois, ie l'offre à ta personne:
Vous Isis, & Pluton, vous tutelaires Dieux,
Vous ombres de là bas, vous Thetis, & vous cieux,
Ores, ores soyez, tesmoings de ma promesse,
Offerte maintenant aux yeux de ma noblesse :
Sa langue à peine auoit ce serment prononcé
Qu Herodias d'vn cœur brusquement insensé
Demande dans vn plat, le chef de Iean Baptiste,
Herode est tout confus, & d'vne œillade triste,
Tesmoigne qu'il est poind d'vn morne souuenir,
Il voudroit son serment à l'heure retenir.
Mais vn propos lasché de la bouche s'envolle,
Et iamais on ne veid retourner la parolle.
Ainsi le vieil Phœbus ses courcerots fumants
Remit à Phaëton, à cause des serments,
Qu'il auoit prononcé, par l'onde Stygiane,
Par les palus d'enfer, & par l'eau Phlegetane:
Aussi son fils receut pour sa temerité,
Le loyer mal-heureux qu'il auoit merité,
Mit tout son pere en pleurs, (& si l'on croid Ouide)
Le monde fut vn iour & sans iour, & sans guide.
Herode, donc forcé, mais volontairement,
Enuoye decoller Baptiste, promptement.
D'vn coutelas flambant le bourreau sa dextre armé,
Entre dans la prison, Iean Baptiste s'allarme,
Que veux-tu? luy dit-il, Docteur il faut mourir,
Despeschons, despeschons, que sert le discourir,
He mon ami, de grace, au moins permets encore,
Que i'inuoque mon Dieu, que mon esprit l'adore,

Discours ex-
trauagans du
Roy, amou-
reux d'Hero-
dias.
Les Payens
iuroient par
le fleuue Sty-
gieux.

Math. 14.
Marc 6.

Nescit [...]
[...]
[...]
Ouid.
Metamorph.
Nec dubites,
dabitur. Sty-
gias iuraui-
mus vndas.

Barbarie
d'Herode.
Ieronymus lib.
1. contra Io-
uinianum, &
lib. 3. de offic.
c. 11. parlant
du serment
d'Herode le
blasme, disat.

Que du creux alambic, de mes pensers plus saincts
L'exale iusqu'au ciel des souspirs tout diuins,
Que i'immole au Seigneur? Lors la veuë collée
Du costé d'Orient, vers la voute estoilée.
D'vne voix, & d'vn cœur sainct, & deuotieux,
Il commence à percer la cambreure des cieux.
Eternel Roule-ciel, qui m'as formé de terre:
Eternel Tout-puissant lance-foudre, & tonnerre,
Qui m'as au monde mis, sauué de mille mers,
Nourry parmi les bois, & parmy les desers,
Qui m'auois destiné, au leuant de mon âge,
De ton sacré surjeon le bien-heureux message:
Ton sainct commandement est accomply, mon Dieu,
I'ay presché ton grand nom plein de zele, en tout lieu:
Ma charge se finit, & d'vne cource isnelle
Ie m'en vay maintenant à la vie eternelle.
Reçoy, pere bening, mon ame entre tes mains,
Ne demande mon sang à ces pauures humains,
Ils sont tous aueuglez, dessille leur la veuë,
Oste d'entre le ciel, & la terre la nuë
Qui couure leur esprit: afin qu'en recourant
A ton cher Iesus Christ, ils viuent t'adorant.
   Or sus que tardes-tu, trempe en mon sang ta lame,
Vn sainct, & sacré feu brasille dans mon ame,
I'enten, i'enten là haut vn son harmonieux,
Ie contemple de l'œil les delices des cieux,
Et mon ame desia de liesse enyurée,
Voltige dans le ciel, par la lice atherée,
Adieu chetiue terre. O mon ame quel heur!
D'abandonner ces lieux, pour aller au Seigneur?
Alors l'executeur, saccant au cimeterre,
Chasse son ame au ciel: sa teste tombe à terre,
Et ses yeux, qui souloient serener les ennuis,
Se ferment languissans en des ombreuses nuicts.
Son sang iaillit aux cieux, & demande vengeance
De ce meurtre commis à l'immortelle essence.
Quelle peste vomit ce monstre des enfers,
Pour tuer l'innocent, mesme dedans ses fers?
Oses-tu du grand Dieu terracer le Prophete?
Et la voix estouffer de son ame parfaite?

Qui paissoit sainctement, au long des claires eaux
Du loing-coulant Iordain, du Seigneur les troupeaux.
O Monarque cruel, infidelle, ô pariure!
N'estois-tu pas content de sa prison obscure?
Où le silence ombreux, & la nuict se campoient,
Où les noirs vipereaux sur la terre rampoient,
Priué des doux regards de la clarté Solere,
Mais non du sainct aspect de son celeste Pere:
S'il estoit sans le iour, son diuin Oriant
Sans cesse l'œilladoit d'vn œil comme riant:
Si seulet, il auoit pourtant l'ame rauie
Et discours des esprits de l'eternelle vie:
Si triste, l'Eternel par ses prompts messagers
Soulageant ses langueurs, rendoit ses maux legers.
Non. Le Ciel le voulut, le Tout-puissant Monarque
Permist, qu'il fut liuré dans les rets de la parque:
Contemplez-le, mortels, voyez comme son corps,
Constant a surmonté de la mort les efforts,
Et braue champion du grand Roy darde-flame
Martyr sainct & sacré comment il rendist l'ame.

Les esleus
font plus su-
iets aux affli-
ctions que les
autres.

    Nous sommes tous suiets à ces tristes horreurs,
A la croix, au tourment, aux gesnes, aux fureurs:
D'autant que mesprisans la vanité, le vice,
Nous aimons seulement du grand Dieu le seruice.
Combien auons-nous veu de grondans glorieux
Blasphemans contre Dieu, (qui despitoient les cieux,)

Massacres de
nostre temps
aux Grisons,
& en autres
endroicts de
l'Europe.

Massacrer du Seigneur la nation eslite,
N'espargner aucun sexe, ains de rage maudite
Immoller à la mort, les foibles, & les forts,
A monceaux entasser les martyrizez corps.
O grand Dieu tu l'as veu, & ton bras, & t'à dextre,
Qui tuë, & sçait naurer, qui tire du non-estre
Ce qu'il te plaist, Seigneur, n'a point encore mis
Au tombeau ces forçats, au sac tes ennemis:
Mais ton courroux est prest: Il est, il est en voye,
Et tes auant-coureurs ia deuant il enuoye.
Que si tu veux encor esprouuer tous les tiens,
Les priuant de tes dons, autant que de tes biens,
Donne nous ton esprit, & que plustost sans ioye,
Sur les carreaux mourans tout nostre sang ondoye,

Qu'on nous voye fleschir seulement vne fois,
Nos genoux, ou nos mains deuant les Dieux de bois.

Iean Baptiste estant mort par l'humaine malice,
Le bourreau tout sanglant (messager d'iniustice)
Presente, ô ciel, ô terre! vne teste fumant,
Dont l'ame sur les cieux va son Dieu reclamant:
Le Roy de ce present, tout estonné frissonne,
Son sang estant troublé, dans ses veines bouillonne,
Il semble n'estre à soy, vne amere sueur
S'emparant de ses os, se campe dans son cœur:
Il ne manque pourtant d'accomplir sa promesse,
Donnant ce chef poudreux à sa fiere maistresse:
Elle d'aise rauie, esperant que le Roy
Seroit sans controlleur desormais tout à soy,
Porte dedans vn plat cette teste à sa mere,
Qui se soulant de sang abrege sa colere.

De Iean les sectateurs entomberent son corps,
Non és lieux, où les Iuifs enterroient tous les morts,
Ains d'vn sepulchre neuf ornent la triste biere,
Font sortir de leurs yeux le cours d'vne riuiere,
Leurs larmes espandans sur le cercueil glacé,
Pour l'office dernier de ce corps trespassé.
Adieu, sacré martyr, qui laissant ta memoire
Au Monde, laisse encor vn esclat de ta gloire,
A ceux qui t'ont suiuy: lors d'vn burin nouueau,
Le plus zelé d'entr'eux mist ce tiltre au tombeau.

Sous ce marbre glacé gist de corps d'vn Pro-
    phete,
Occis par vn tyran, pour sa vertu parfaite.
Toy passant qui le plains, essuye toy les yeux,
Côtemplant de l'esprit son ame dans les cieux.

Fin de la premiere Iournée.

ARGVMENT DE
LA II. IOVRNEE.

POVRSVIVANT son dessein, il descrit en ce second Liure la naissance du Redempteur du Monde, passant sous silence plusieurs questions Philosophiques qui se pouuoient faire sur ce suiect, representé l'apparition de l'Ange aux Bergers, leur salutation au Sauueur & à la Vierge, donne quelques traicts de l'enfance admirable de nostre Seigneur, descrit le voyage des Sages d'Orient qui vindrent saluer Iesus Christ, la fuite de Ioseph en Egypte : faict vne notable question sur l'estoile qui conduisoit les Sages; à laquelle ayant satisfaict, il finit par vne belle description de la mort des Innocens, cruellement occis par la rage d'Herode.

LI. IOVR.

SECONDE IOVRNEE
de la Semaine d'Argent.

LA LVMIERE.

 Endant que ie parcours de l'œil , & de
    la plume
Le mystere de Christ , dans le sacré vo-
    lume
Des Arrests du grand Dieu:que mon vers soucieux,
Transporte mon esprit ez saincts estans des cieux,
Fauorise mes vœux puis qu'à toy ie souspire,
Inspire mes desirs, & conduy mon nauire
Des vents de ta faueur:Eternel,Tout-puissant,   *Inuocation.*
Car ma Muse desia chancelle,balançant,
Sur les flots de la peur,qui l'heurtent au riuage,
Qui me feroient, sans toy, courre vn triste naufrage.
Si l'aile d'vn sainct vol m'esleue iusqu'aux cieux,
Ie crains l'ardeur du ciel, & l'esclat radieux
Du Soleil porte-rais : Si vers la mer ie vole,
I'abhorre les assauts des fantassins d'Æole,
Le milieu m'est plus seur, c'est le chemin battu,   *Medium re-*
Qui mene l'humble cœur, au temple de Vertu.   *nuere beati.*

    Es marches d'Orient, pres du lict de l'Aurore,
Se treuue vne Cité, que le Soleil redore
De ses jaunes rayons,sortant du sein des eaux,   *S. Matth. ii*
Quand son char flamboyant traisné par ses cheuaux   *chap.*
(Comme insensiblement) monte nostre Hemisphere,
La l'Eternel voulut que des humains le Pere
Nasquist,en Bethleem,vn lieu de pauureté,   *Naissance de*
Vn lieu de bergerots simplement habité,   *Iesus Christ*
Qui veilloiët leurs troupeaux,lors que la nuict obscure   *en Bethleem.*
Donnoit aux agnelets l'herbage pour pasture: *S. Luc ii.*
Ces innocens bergers couloient leurs douces nuicts,   *chap.*
A l'airte par les champs, & trompoient les ennuis

D

Que l'absence du iour peut engendrer en l'ame,
A chanter tour à tour, pleins de celeste flame;
Quelque nouue au Cantique, au trois fois Immortel,
N'auoient rien dans le cœur, qui sentist le mortel,
Esloignoient de l'esprit, comme de la pensée,
Les vains, & faux obiects d'vne ame peu sensée,
Et si de quelque amour leur cœur estoit attaint,
C'estoit l'amour du ciel, c'estoit vn amour sainct;
Libres de tous soucis de la vie ciuille,
Ils ne demandoient pas ce qu'on faict à la Ville,
Ains comblez de bon-heur, aux murmurãs ruisseaux,
Fauorisez du ciel, ils contoient les agneaux
Du plus riche berger, & cependant l'enuie
Ne troubloit leur repos, n'orageoit point leur vie:
Seuls, seuls bien fortunez, car le contentement
Vaut mieux, que les thresors de ce morne element,
Tantost prompts, & gaillards sur le verd de la prée,
En gracieux deuis ils passoient la serée,
Tantost l'vn racontoit les fureurs des mondains,
Les vices, les erreurs de tous les Citadins,
Et l'autre ores tirant du fond de sa memoire
Vn profond souuenir, recitoit vne histoire.
O bien-heureux bergers, tousiours, tousiours les cieux,
Arrozent vos esprits d'vn nectar precieux.
A tant l'obscurité, dans le Ciel taciturne,
Rouloit le char ombreux de sa Dame Nocturne,
Vn ius de pauot noir, endormant, oublieux,
Distillant de son char englue tous les yeux.
Le Cerf gist dans le bois estendu sur l'herbage,
Le Lyon assoupy ne semble plus sauuage;
Zephyre sur les eaux en paisibles sillons,
Regredille l'onderte en menus montillons,
Les oiseaux sont muets, le seul Rossignol veille,
Vous diriez que le ciel sur la terre sommeille
Le monde est en silence, & les fiers animaux,
Par le sommeil pesant, sont exempts de tous maux:
Nos bergers cependant estendus sur l'herbette,
Gardans leurs troupelets, estoient en eschauguette,
Quant l'Ange du Seigneur orné de mille esclairs
Chassant l'obscurité, brille parmi les airs.

Ainſi qu'aux courtes nuicts vne vapeur traiſnard
Dans le ciel brandillant ſa lueur treſmouſſarde,
Paroiſt, & diſparoiſt, naiſt, & meurt à l'inſtant,
Qu'on l'a veu par les cieux eſclairer voletant.
Les bergers fremiſſans tremblent à la venuë
De cet eſprit celeſte, effroyable à leur veuë.
Mais l'Ange parle ainſi. Bergers ne craignez rien,
Ma deſcente vers vous, n'eſt que pour voſtre bien,
Et ſi de mille rais mon chef flambant rayonne,
Ie n'engendre pourtant la terreur à perſonne:
Meſſager du grand Dieu des eſteux ſoucieux, (cieux,
Donne-amour, chaſſe-horreur, crouſle-monts, rouſle-
Ie vien vous annoncer nouuelle ère nouuelle,
Qui comblera vos cœurs d'vne joye eternelle.
Sſachez (Bergers cheris de la Diuinité,)
Qu'aujourd'huy vous eſt né en la ſaincte Cité
De Dauid, le Sauueur, & Seigneur des mortels,
Le Monarque du Ciel, le Roy des immortels,
Et pour vous aſſeurer de ma ſaincte parolle
Vous treuuerez l'enfant dedans vne augerolle,
Encore emmaillotté qui d'vn pleur innocent
Du ciel porte-brandons, la cappe va perçant:
Ce dict, d'vn prompt voler és nuës prend la ſuitte,
Emportant les eſclairs, qu'il auoit à ſa ſuitte,
Les bergers ont la nuict, car l'Ange radieux
Celeſte eſpouuantail, s'eſuanoüit aux cieux,
Ne laiſſant apres ſoy, que le ſilence, & l'ombre,
Qui reprend ſon quartier, amenant la nuict ſombre,
L'Ange au ciel retiré, vn air harmonieux,
Ie ne ſçay quel concert d'eſprits delicieux,
Qui rauiſſant les cœurs d'vne douce merueille,
Faict voler tous les ſens au tuyau de l'oreille,
Tout, tout eſt en ſilence, & l'ouyr ſeulement
Occupe le donjon de leur entendement:
Comme le roſſignol qui d'vne voix hardie,
D'vn bec ſiffle-chanſon faict vne melodie,
Qui charmant le paſſant, retentit dans le bois,
Ou comme le concert des muſicales voix,
Aux accords ſonoreux ioignent la Symphonie,
Et captiuant l'eſprit, nos facultez manie.

Vn meteore.

L'Eſprit de
Dieu nous
aſſeure en
nos craintes,
& frayeurs.

Augerolle
pour vne pe-
tite auge.

Deſpart de
l'Ange.

Le propre de
la Muſicque
eſt vn rauiſ-
ſement d'eſ-
prit par le
moyen de
l'ouye.

Ainsi parmi le ciel les sons doux & diuers,
Des esprits celestins resonnent par les airs,
Marient les fredons aux accords de la Lyre,
La Lyre rend vn son, qui semble aux bergers dire,

Cantique des saincts au ciel, apres le despart de l'Ange.

Gloire soit au grand Dieu en terre, commë aux cieux,
Esprits adorons le d'vn cœur deuotieux,
Chätons à sa grädeur maint air, & maint Cantique,
Formons de nos chansons vne saincte Musique,
Que son los sacré-sainct fredonné mille fois,
Sur la Lyre, & le Luth à ba nymphalle voix,
Soit par nous entonné, qu'au monde n'y ait place,
Depuis le Sud-ardent, iusqu'au Nort plein de glace,
Qui n'entende nos chants, & qui suiuant nos airs,
Ne die, Tu es Sainct grand Roy de l'vniuers,
Ta saincte volonté maintenant se descouure,
Le ciel, ton grand palais aux miserables s'ouure,
Abordez, ô mortels, son œil semé d'esclairs,
Asseurez qu'en sa paix vous domptez les enfers,

Meslanges de diuerses voix.

Ainsi l'on entendoit, pour refrin ces meslanges, (ges.
Sainct, sainct sainct l'Eternel, ce disoient tous les An-
Ce Cantique fini, les Bergers promptement
Executent de Dieu le sainct commandement,
Cerchent l'enfantillon, & rencontrans Marie,

Les bergers vont trouuer la Vierge.

L'arraisonnent ainsi: Vous dont le fils Marie
Nos esprits, & de plus des ennemis peruers,
Au Monarque Eternel, qui crea l'vniuers,
Dites nous, ô la fleur des femmes de nostre âge,

Ce n'est pas à nous de nous enquerir beaucoup cömet Christ est venu icy bas, dict S. Bernard.

Par quel secret pouuoir, par quel diuin langage,
Vos flancs, ores puceaux, conceurent vn enfant,
Monarque du haut ciel, des Ombres triomphant,

Serm. de nat. hum. Chr.

Desbrouillez nos esprits d'vne telle merueille,
Et nous contez comment on conçoit par l'oreille,
Bergerots, ce discours surmonte vostre esprit,

Sage respöse de la Vierge, reprenant la trop grande curiosité des Bergers.

Vous sçaurez seulement ce que l'Ange m'apprit,
Quant sur mille lueurs de la cambreure Astrée
Il vint pour visiter nostre pauure contrée,
Ioseph, mon cher Espoux, me vouloit delaisser,

S. Math. ch. 1.

Voyant mon ventre plein, & mon flanc se hausser,
Mais cet Ange volant à Ioseph se presente,
Et d'vn graue parler son esprit espouuante.

O Ioseph ne crain point de retourner aux yeux,
Dont ces iours tu faisois, & ton throsne, & tes cieux. *Hyperbole.*
Marie est toute chaste, & saincte est sa pensée,
Iamais d'aucun mortel elle ne fut pressée
Pour offenser tes vœux: mais du grand Dieu l'Esprit,
Ton Espouse enombrant, a conceu cet esprit,
Il leuera vos noms sur l'aile de la gloire,
Il fera que le ciel de vous aura memoire,
Et son peuple sauuant des enfers odieux,
Iesus sera son nom, le fils aisné des cieux. *Iesus vaut autant que Sauueur. S. Luc ch. 1.*
Mon espoux esloigné de l'amour insensée,
Qui vouloit s'emparer du fond de sa pensée.
Fust à l'instant changé, tant cet esprit aislé
Par ses discours sacrez, rend son œil desuoilé
De soupçon, & d'erreur. De vous dire vn mystere, *S. Ambroise lib. 1. de fide ad Gratian. dit, Il n'est pas loisible de recercher comment le Fils de Dieu est nay. Les personnes par trop curieuses sōt desagreables à Dieu.*
Eternel, sacré-sainct, non commun, non vulgaire:
Dieu mesme nous deffend de sonder curieux,
Ce que nul des mortels ne comprendra qu'aux cieux:
La terre aussi ne peut tenebreuse, & grossiere,
Percer les saincts secrets de si haute matiere.
Monstre-nous donc l'enfant, cet aimé Iesus-Christ,
Afin que l'adorions du cœur, & de l'esprit:
Bergerots, le voicy Voyez mes amourettes,
Mon tout, mon enfançon serré de bandelettes,
Voyez sur son beau front les œillets, & les ris,
Il semble vous parler d'vn tacite souris,
Admirez ces cheueux où le Zephyre vole,
Bref contemplez son œil, & croyez ma parole:
Elle finit ainsi, lors son bers branlottant,
Le plus vieil des Bergers parle ainsi tremblotant.

Clair Soleil des esprits, lampe vnique du monde, *Salutatiō des Bergers ano-stre Sauueur.*
Qui resides au ciel, qui presides sur l'onde,
Qui domines la terre, enfant sainct, & sacré,
Auant l'œil de nos iours à la mort consacré,
O diuin-mortel fils, mon ame te saluë,
Aggrées ô grand Dieu que ta celeste veuë,
Ne mesprise nos champs, nos hameaux, & nos bois,
Benisse de nos mains & l'ouurage, & les doigts:
Et quand dominant l'enfer ton ame goute, à goute,
Serue de prix sacré, Sauueur, Seigneur escoute.

D iij

Nos angoissez souspirs, quand dis-ie glorieux
Tu monteras au ciel, enleué de nos yeux,
Souuienne-toy Seigneur de nous, en ta Iustice,
Et jettes loing de toy nostre insigne malice,
Nos cœurs, & nos esprits de tes dons, remplissant.
Les Bergers lors s'en vont l'Eternel benissant,
Et parlans du Sauueur, & de sa pauure creche,

Le Sauueur a voulu côfondre les grandeurs de ce monde par les petites choses.

Ce penser dans leur cœur faict vne triste bresche,
Considerant combien le Fils du Tout-puissant,
Pour sauuer les mortels, se rendoit impuissant:
S'abaissant iusques là, qu'vne auge estoit sa couche,
Et le laict nourrissier la manne de sa bouche:
Encores ô grand Dieu, tu voulus que ses yeux
Verçassent, comme nous, vn torrent pluuieux,
Et que mesme ses pieds, & ses mains tendrelettes,
Sentissent, dans le bers, le nœud des bandelettes:
Presage qu'il auroit à dompter le peché,
Dont les nœuds douloureux le tiendroient attaché,
Nœuds qui feroient gemir son ame en amertume,
Comme le fer gemit martellé sur l'enclume.

Virgil. lib. 4. Æneid.

En ce temps le Renôm qui caquette tousiours,
Et d'vn parler d'airain du plus haut de ses tours
Dict le faux, & le vray, porta iusqu'à l'Aurore,
Du Sauueur des humains le iour naissant au Mor,
Les Sages admirans ce miracle nouueau,
Viennent pour l'adorer, conduicts par vn flambeau
De la voute du ciel. Dieu te gard flame saincte,
Chasse-ennuy, dône-paix, chasse-nuict, chasse-crainte,
Clair flambeau, Dieu te gard, qui flammeux t'esleuãt,

Apostrophe à l'estoile, conduisant les Sages d'Orient en Iudée.

Ces Mages esclairois, au partir du Leuant,
Qui luisois à leurs pas, iusqu'au seüil de la porte,
Où l'arrest eternel du Tout-puissant les porte:
Illumine mes yeux, rayonnant à mes pas,
Flamboye sur ma page, & m'aborde au trespas
Du Sauueur des mortels: fay moy voir son visage
De l'œil d'vn sainct desir, enflame mon courage,
Afin que descriuant sa naissance, & son bers,
Ie le suiue par tout à trauers les enfers,
Volant apres ses rais, comme au ciel faict l'haleine
Que tire le Soleil par vn sentier de laine.

Dy moy, ma chere sœur, ma Muse, mon soucy,
Quel estoit ce flambeau, qui rayonnoit ainsi
Aux Mages d'Orient, aux Sages dont l'adresse
Instruisoit les esprits de la ieune noblesse?
Depuis le firmament iusques à l'vniuers,
on donne à l'air mouuant trois estages diuers:
Le plus proche de nous, comme il est variable,
Ores se forme en glace, ore en manne aggreable,
Qui tombant le matin, emperle mille fleurs,
Fertilize les champs, donne espoir aux labeurs.
De l'estage second, vient la pluye, & l'orage,
Et quelques fois le fer ministre du carnage,
Ore il lance du sang, ores des animaux,
Qui iasent importuns, coassant sous les eaux,
En l'estage plus haut se forment les cometes,
Des guerres, & desbats, tacites interpretes,
Les astres loing volans, les dragons, les flambeaux,
Qui voltigeans au ciel, se perdent sous les eaux:
En cette region atherée, & supreme,
(La vapeur s'esleuant, partie de soy mesme,
Partie du Soleil, qui la terre eschaufant,
La monte dans les airs, sur les ailes du vent)
Se forment ces flambeaux à la face crineuse,
D'vne seche vapeur, espaisse, & tenebreuse,
Qui çà & là voguans, vaguent parmi les airs,
Comme on void sauteler sur le branle des mers
Vn ventolin folet, dont la courte furie,
L'emporte d'vne mer, en celle d'Iberie,
Ainsi volent au ciel ces cometes errans,
Ombreux espouuantaux des peuples ignorans.
Ce n'est pas toutesfois d'vne telle matiere,
Que ce brandon errant veid naistre sa lumiere,
La clarté qu'il auoit excessiue en lueur,
Son cours, son mouuement estouffe cet erreur:
Des celestes flambeaux la brigade escartée,
N'abandonne iamais l'escharpe tachetée
Tous suiuent la cadence, & le mouuement prompt,
Que le Soleil parfaict tous les iours en son rond,

Magi lingua Persica, nostra verò Sacerdos, diuinas, humanásque omnes excolebant disciplinas, cæli, naturéque scrutantes variantes vices. I], primogenito Regis filio (anno ætatis eius decimo quarto] quatuor è tota Persia selecti viri iungebantur, scilicet Sapiētissimus, Iustiss. Temperantiss. ac Fortiss. Primus eum magiā docebat. Secundus veritatem. Tertius à voluptatibus eum dehortabatur. Quartus impauidum, intrepidúmque Leonis animum ei inspirabat. Heurnius medici.

Discours sur l'estoile. I. region de l'air. II. ou moyēne region. III. ou supreme region.

de l'air. Magyrus en sa Physique. Voy Dolan en ses lieux Com. li. 5. ch. 23. Matiere des cometes. Il prouue par la lueur, par le cours, & mouuement

Mais cet Astre luisant loing de cette carriere
Estalloit les rayons de sa belle lumiere,
Aussi n'a t'il paru que pour guider le cours
Des Sages, recerchans du Sauueur le secours.
C'est donc vn vain erreur, de nommer ce comete
Vne estoile ordinaire, ou bien vne planette,
De iour le clair flambeau qui nous marque les iour
Nous soustraict la lueur de l'estoile & son cours:
Mais de nuict il ne peut dans le ciel taciturne
Nous cacher la lueur des enfans de la Lune.
Depuis que ce flambeau aux rayons precieux
En Orient luisit sur la voute des cieux,
Ny du ciel les nuaux, ny de Phœbus la torche
N'ont voilé sa clarté, de ce monde assez proche,
Soit de nuict, soit de iour cet Astre gracieux
Esclairoit en chemin de ces Mages les yeux,
Les conduisoit marchans, puis finit sa lumiere
En marquant le logis du Sauueur debonnaire.

Les estoiles iamais ne changent de grandeur.
Elles gardent sans cesse vne mesme splendeur:
Cet Astre rayonnant passoit outre mesure,
En grandeur & splendeur l'estoilée figure:
Le planette a son cours dans l'escharpe des cieux.
Cett' estoile plus haut eust son cours gracieux,
Aussi d'vn lieu plus haut, il prenoit sa lumiere,
Du grand Moteur du ciel, de la cause premiere,
Qui son fils, destinant victime à nos autels,
Se seruit de moyens incogneus aux mortels,
Pour vn si beau suiet incompris de nature
Il vouloit resrener l'ordinaire murmure,
Du mortel, qui mesure à l'aune de ses sens
Du trois fois Eternel, les effects tout-puissans,
Arriere vains esprits dont le scauoir souspire
Apres la fausseté, audacieux Porphyre,
Et toy dont le scauoir combat la vanité,
Arriere, & loing d'icy docte profanité,
Qui dis, que ce flambeau n'estoit rien qu'vn Soleil
Les Sages conduisant en vne terre estrange,
Et toy qui vas niant, que ce fut vn flambeau
Créé par l'Eternel, pour vn suiet nouueau.

Qu'auant quatre cens ans on veid ce nouuel astre
Dans le ciel annoncer vn monde de desastre,
Impudent imposteur, sur ton sçauoir branlant
Oses-tu bien fonder ce mensonge roulant?
Car depuis le beau iour que parust sa lumiere
Seize siecles ont fait leur course toute entiere,
Sans que ce grand brandon aux rays presagieux
Soit iamais retourné par le vague des cieux:
Il ne pouuoit non plus estre vne intelligence,
Car le Cahier sacré desment ceste creance.
Donc ce fut vn flambeau formé du Tout-puissant,
Pour monstrer la grandeur de Iesus Christ naissant,
Pour ce mesme suiect vne chaste pucelle
Infanta le Sauueur, luy donna sa mamelle,
On veid ce grand flambeau conceuoir vn Soleil
Lumineux, flamboyant, eternel, nompareil
Les sages accourir des confins de l'Aurore,
Les Monarques trembler. Bref toute ame l'adore,
Puis que nous n'auons pas d'autre nom sous le ciel,
Qui puisse de nos cœurs desraciner le fiel,
Despoüiller nostre corps de vieilles immondices,
Et nous rendre les cieux à nos larmes propices.
    Quelques doctes esprits, toutesfois curieux
(Quand ce luisant flambeau brandilloit sur les cieux)
Disent que le Soleil estoit au Sagittaire,
Qu'en ce Signe Venus & Iupiter seuere
Furent conioincts ensemble, & qu'ainsi par ces trois
Le ciel nous promettoit le Sauueur Roy des Roys:
Le Soleil (disent-ils) signifie Iustice,
Iupiter la grandeur, Cypris l'haine du vice,
Aussi c'est vn grand Roy, tres-bon, iuste & clement,
Qui porte sur ses yeux nostre contentement,
En l'ombre de son bras la ioye sans limite,
L'appuy de nos esprits, l'amour tousiours licite,
Il asseure en nos cœurs des souspirs soucieux
Des graces qu'on reçoit és delices des cieux.

quette ou famine, mais le prochain salut du genre humain, auquel
comete pour sa rareté fust dressée vne statue. De là vient que Virgile
en sa 9. eclog. 4. en ces termes; Ecce Dionæi processit Cæsaris A-
strum.

Les Esleus cependant n'attachent point la grace
Aux signes naturels. Les voiles, la surface,
Les ombres de la Loy, tout, tout tombe à l'enuers
Au leuer sacré-sainct du Dompteur des peruers,
Le Seigneur Tout-puissant, & tout bon, & tout sage,
N'a point esté parfaict à cause d'vn presage,

Dieu agit par les causes secondes, mais sans suietion.

Les astres il domine, & soustient de sa main
Tout ce vaste vniuers, dont il est Souuerain,
Suiect il ne fut oncq à ces causes secondes,
Ce sont de faux erreurs, pris des sources immondes
Tracées par Satan. Mon ame allons aux cieux
Sur l'aile de la foy, montons deuotieux,
Par dessus les sentiers de la campagne astrée,
Approchons nos esprits de sa bouche sacrée,
Collons-nous à sa leure, & luy disons du cœur,
Seigneur nous n'osons pas aborder ton ardeur.

Si Dieu habite vne flame inaccessible, combien plus luy mesme sera-il inaccessible?

Si ton esprit habite vne flamme terrible,
Au moins tu l'as renduë à nos vœux accessible,
Nous cognoissons ton doigt, tes faicts, & ton pouuoir,
Mais de dire comment tu fais l'apperceuoir,
Seigneur ie ne puis pas le comprendre moy mesme
S'il ne nous est donné de ta bonté supreme,
Nous croyons, tu l'as dict, confirme nos esprits,
Fay nous donc adorer, non sonder tes escrits,

C'est le propre du fidelle de croire à la parolle de Dieu sans questionner. Hierosolyma, Hierusalem, Solyma & Salem, ide vt vult Eusebius. Herode a peur de la naissance de Iesus Christ. S. Matth. ch. 11. Response des Sages à Herode.

Les Sages esclairez par ce flambeau celeste,
Mais d'vne autre clarté, que celle du comete,
Abordent en Salem, demandent en quel lieu
Nasquist le Redempteur mortel & Fils de Dieu.
On leur monstre le toict. Lors Herode se trouble,
Et plus il pense en soy, plus sa crainte redouble,
Craignant qu'vn Souuerain luy rauisse ses droicts,
Le priuant de son sceptre, & du bandeau des Roys,
Il commande à ses gens qu'on amene les Sages,
Afin que par soy mesme il sçache leurs messages:
Dieu vous gard mes amis, quel Astre vous conduict
En ces lieux ombragez d'vne eternelle nuict?
Quel est ce Roy des Iuifs, dont le regne on publie,
Et pour lequel deuot l'homme sa terre oublie?
Sire, c'est vn grand Roy, qui sauue les humains,
Comme on nous a predict, des infernalles mains,

Nous auons recogneu par son flambeau celeste
Que le monde sans luy, seroit tousiours funeste,
Tout seroit sans clarté, si son œil radieux
Les tenebres chassant, ne nous monstroit les cieux:
Son regne sera grand, & sa force, & sa gloire
Grauera dans le ciel pour iamais sa memoire,
Nous venons l'adorer. Allez tost mes amis,
Et quant à ce grand Roy, vos cœurs seront soumis,
Retournez en ce lieu, afin que ma personne
Luy presente les vœux de mon humble couronne.

    Les Mages s'esloignans voyent deuant leurs yeux
Ce lumineux flambeau qui vole par les cieux,
Puis s'arreste à l'endroict où le Seigneur propice
Croissoit, en s'aduançant en force, & en iustice.
Prince du ciel roulant promis de mille voix,
Eternel qui voids tout, qui commandes aux Roys,
Reçoy de tes enfans cette myrrhe odorante,
Accepte ce pur or mon ame suppliante
Confite dans ses pleurs, presente à ta Grandeur
De mes souspirs ardens, & l'odeur, & l'ardeur,
De mes plains les plus purs, de mon ame la vie,
De ta seule bonté desia toute rauie,
Rend nous ton œil benin, car tu nous as promis
De rallier au ciel tes anciens ennemis.

    Apres mille souspirs immollez en offrande
Au Sauueur des humains, cette petite bande
Se remet en chemin: Mais comme sur le soir
Harassez & lassez, ils voulurent s'asseoir,
L'vn d'iceux demanda, s'ils n'iroient pas encore
Repasser vers ce Roy, commandant qu'on l'adore?
La nuict porte conseil: Chacun du repas sort,
On se donne au sommeil le germain de la mort,
Voicy sur la minuict vn tremblement terrible,
Vn tourbillon volant, qui leur sembloit horrible,
De loing cela paroist vne flame de feu,
Mais l'abord esloigna la flame peu à peu,
Puis vn grand homme ailé, plus blanc que n'est le cygne
Parle ainsi, L'Eternel ce chemin vous assigne,
Gardez bien de passer vers Herode craintifs,
Il dict puis vole au ciel parmi les airs plaintifs.

Finesse d'He-
rode pour
tuer Iesus
Christ.

Salutatiõ des
Sages à Iesus
Christ.
Presents des
Sages.
Les Mages
presenterent
à Iesus Christ
de l'or com-
me à vn Roy,
de la myrrhe
comme à vn
qui deuoit
mourir, & de
l'encés com-
me à celuy
qui est Dieu.
Origen cõtr.
Celsum.
In nocte con-
silium.
L'Ange du
Seigneur cõ-
mande aux
Sages de re-
tourner par
vn autre che-
min à cause
d'Herode.

Les Sages esueillez prennent vne autre route,
Herode estant trompé entre plus fort en doubte,
Il fremit, il marmonne, il menace les airs,
Et promet abysmer les Sages aux enfers,
Enfin il croid desia que son sceptre on attaque,
Qu'on le veut desthrosner du siege de Monarque,
Que bien tost il verra de ses credules yeux
Massacrer ses enfans, par quelques furieux:
Pour donques empescher ce fantastique orage,
Il forge dans son cœur vn horrible carnage.
O ciel quelle fureur! desgorger mal-heureux,
Tous les ieunes enfans de ce climat heureux,
Sus bourreaux, ce dit-il, allez par la Iudée,
Ie veux que d'auortons on la rende vuidée,
Qu'on les esgorge tous, qu'on mette tout à sang,
Faites des corps occis ruisseler vn estang,
Ie n'espargneray pas ceux mesme, que ma gloire
Deuroit contregarder de si triste memoire,
Massacrez, assommez ces nouueaux roitelets
En audace geants, en puissance valets.
Que mesme de mon fils l'ame encore innocente
Espreuue par vos bras ma iustice sanglante,
Estranglez, estouffez, liurez les au trespas,
Puis que sous ma grandeur ils ne flechissent pas?
Sire, nous esperons que nostre ardent courage
Vous donnera des fruicts de nostre prompt hommage,
Allez à la bonne heure, allez mes chers amis,
Desmembrez, deschirez mes naissans ennemis.
　Au momet qu'ils couroiet au meurtre & au carnage
Dieu qui garde les siens, faict voler vn message
Dans le toict de Ioseph en sursaut l'esueillant,
O Ioseph sus debout, pren l'enfant sommeillant,
Cours subit en Egypte, Herode sanguinaire
Cerchera le Sauueur pour le mettre au suaire,
Ne t'estonne pourtant, le trois fois Eternel
Aura tousiours des siens vn amour supernel,
Plus chers, il vous tiendra, que sa saincte prunelle,
Ioseph se leue alors son esprit se resueille,
Puis rend graces au ciel d'vne ardente ferueur
Du soing que l'Eternel prenoit en leur faueur.

A grand' peine ils auoient esloigné la Iudée,
Que les bourreaux du Roy de fureur desbordée
Entrent en la villotte où n'agueres le ciel
Nourrissoit Iesus Christ & de manne & de miel:
Le poil me dresse au chef. De quelles voix hardies
Oseray-ie esuenter ces sombres tragedies?
Paindray-ie sur ma charte vn million d'horreurs,
Crayonnant mon papier de ces tristes fureurs?
Las, helas il le faut, i'ay presté ma franchise,
Et ma plume au recit d'vne telle entreprise.

   Ces Barbares armez par la Ville s'en vont
Attaquer les logis d'vn effroyable front,
Ils desgondent les huis, portent au bras la rage,
Enfoncent tous les forts qui bouschent leur passage,
Engendrent la terreur, atterrent l'innocent,
Et treuuant son esprit le baignent en son sang,
Puis tastant iusqu'au cœur d'vne lame traistresse,
L'enuoyent acheuer dans le ciel sa tristesse.
Mourez traistres enfans, sus, sus allez là bas
Raconter mal-heureux vos langoureux trespas,
Esprits qui presidez aux eternelles ombres,
Aux tenebres nuitaux, aux horreurs les plus sombres,
Quels tragiques eslans, quels accents douloureux
Vomirent ces enfans, mortement langoureux?
L'vn soüillant son berceau supporte la colere
D'vn flamboyant acier qui le pousse à la biere,
L'autre d'vn œil larmeux embrasse les genoux
De son cher geniteur pour euiter les coups
Du glaiue carnassier. L'autre d'vne voix claire
Effrayé crie au ciel, mon Dieu, mon Dieu, ma mere,
Ma mere sauuez moy de ces gens, que le sort
Pousse en nostre logis pour me donner la mort,
Au secours mes amis, au meurtre, au sang, ô rage!
La mere heurle à son fils, & forcenée enrage
De voir son nourrisson encores s'esgayant,
Qui luy tend les deux bras, au secours begayant:
Mais l'horreur n'a point d'œil, la pitié point d'oreille
Au cœur de ces bourreaux l'humanité sommeille.
L'vn les yeux demi-clos se resueille pour voir
En vn moment le iour, la mort, & son manoir

L'vn trempé dans ſes pleurs à la voix begayant,
Inuoque ſon Papa d'vne crainte innocente,
Mignarde ces bourreaux, & papelard des bras,
Veut prendre pour joüet le meurtrier coutelas:
Tu l'auras (ce dit-il) auorton de ma peine,
Tien ie t'en fay preſent pour l'eternelle geſne,
Va pauuret folaſtrer vn eſprit plus humain,
Car ie n'ay pour tes ris, qu'vne ſanglante main.
L'autre encore endormy va faire ſes complaintes
Au ciel, où deuant Dieu il acheue ſes plaintes.
L'vn voulant ſouſpirer ſent finir ſes ſanglots,
Sa parolle glacer, la mort dedans ſes os.
L'autre perdant du iour l'aggreable lumiere,
Perd de ſon tendre cœur la vertu couſtumiere,
Son corps tombe ſur terre, ainſi que d'vn flambeau
La liqueur defaillant tombe ſous le tombeau,
Tout reſonne de cris, le poſtillon celeſte
N'oſe monſtrer ſon œil, comme au temps de Thyeſte,
Les confus hurlemens, les pleurs, & les horreurs
Rempliſſent les mortels de terreurs, & fureurs,
L'air mortement eſpais s'ammoncelle en tenebres,
Le iour voile ſes rais, de mille ombres funebres,
Les meres tout en ſang ſe deſchirent le chef,
S'arrachent les cheueux en ce triſte meſchef:
Le pere coleré veut repouſſer l'iniure
Par vn acier luiſant, dont s'effraye Nature:
Mais du Roy le pouuoir luy tient les bras croiſez
Si bien que ſeulement il dict, Las c'eſt aſſez.
Comme le vieil Troyen ſurmonté par la force
Des Gregeois furieux, void ſes enfans qu'on force
De paſſer à la mort, & toutesfois ſon bras
Ne les peut garantir du flambant coutelas:
Ainſi le pere void ſon enfant qui deſbonde
Sur la terre ſon ſang, il marmotonne, il gronde,
Tandis ſa force dort, la ſeule authorité
Lie tout ſon pouuoir, non ſon œil irrité.
Alors le deſeſpoir ſonge-creux, & farouche
Arrache mille horreurs, d'vne profane bouche,
Alors les maudiſſons volent de tous coſtez.
Et la langue eſt le fer contre les cruautez.

Au triste geniteur tout se monstre sinistre,
Il void deuant ses yeux l'ensanglanté ministre
De son fils massacré, & n'ose cependant
Alleger ses douleurs, que d'vn parler grondant.
Tel estoit autresfois l'Ausonien Monarque   Virgil. lib. 12.
Quãd il veid son Turnus dans les mains de la Parque,   Æneid.
D'vn esprit oppressé dãs l'angoisse, & les pleurs,
Il s'abouche à son fils couuert de tristes fleurs,
Puis d'vn profond sanglot en ces mots il s'eslance,
Ce ne sont pas Turnus les fruicts que ton enfance
Me promettoit vn iour, las mon fils ta valeur
Deuoit à tout le moins à la mort faire peur,
Mais le sort l'a voulu, & le destin celeste
Te rauissant au iour ma vieillesse moleste,
Adieu mon cher Turnus, ie ne te verray plus,
On ne chantera plus tes royalles vertus,
Ains, (ô triste penser qui bourrelle mon ame,)
Pour ton cher souuenir on monstrera la lame,
Le tombeau qui t'enserre, & pour contentement
En mes tristes mal-heurs, j'entendray seulement,
Icy de vostre fils, le corps faict sa retraicte,
Et dans le firmament dort son ame parfaicte.
Ainsi iadis Dauid de son fils Absalon   Au 11. liure
Souspiroit le trespas, & d'vn courroux felon   de Samuel,
Desiroit le départ de son ame angoissée,   chap. 18.
Las Absalon mon fils ta jeunesse est passée,
Mon fils, mon Absalon, comment m'as-tu quitté,
Disoit-il, & comment ta celeste beauté
Ornement de ton corps en vn moment est morte?
Le ciel pour tes pechez de la terre t'emporte.
Tout en ce mesme endroict vn autre plore ainsi
Euoquant les demons d'vn courage endurci:
Venez tristes esprits qui viuotez de larmes,   Les premiers
Qui sentez nuict & iour de Satan les allarmes,   mouuemens
Que le monde, l'enfer, la chair, & ses supports   ne sont pas
Ne peuuent abysmer és eternelles morts,   nostres.
Venez ioindre vos plains à mes cris effroyables,
Venez faire vn concert de nos voix lamentables,
N'apportez dans vos mains ny les lis, ny les fleurs,
Mais apportez vn cœur noyé dedans les pleurs,

Vne ame de sanglots tristement aggrauée,
Vne langue sans voix, la veuë au ciel leuée,
Puis couurez d'vn cyprez triste ornement des morts
De ces ieunes enfans les déplorables corps,
Implorez du grand Dieu la faueur, & la grace,
Suppliez-le humblement qu'il iette icy la face,
Et que son œil qui void le cœur de ces Bourreaux
Face finir nos pleurs, nos tourments, & nos maux.
Ainsi se lamentoit vne ame desastrée,
Plongée dans ses pleurs, & de tristesse outrée.
Plus loing par Bethleem, on n'entend qu'hurlémens,
Que souspirs angoisseux, que plains, qu'eslancemens,

Virgil. lib. 6.
Æneid.
Cōtinuò au-
ditæ voces
vagitus & in-
gens, infan-
túmque ani-
mæ flentes in
limine pri-
mo.

Tels que nous les despeint à l'entrée d'Auerne
Virgile, descriuant l'infernalle cauerne.
Bon Dieu que de malheurs: du fer le cliquetis
Estonne les plus grands, met à mort les petis,
Aux cris tristement doux qu'ils iettent dans les armes
L'air se fend, le ciel s'ouure, & se desbonde en larmes,
La mort en quelque part que l'on tournoye l'œil,
Ne presente que sang, que meurtres, & que deuil,
Au bruit des massacreurs, côme du bruit d'vn tonnerre

Hyperbole.
Hurlemens
confus des
mourans.
Pleurs des
meres.

La voix des innocens vole au ciel, de la terre,
Le vent cede aux souspirs, & la mort triomphant
N'empesche la Pitié de crier, mon enfant,
Helas mon cher enfant, vne cruelle lame
Perçant ton tendre cœur, outreperce mon ame,

Plutarque dit
qu'on esti-
moit mal-
heureux ceux
qui mouroiēt
sans auoir les
paupieres
fermées par
leur pere.

Tu t'en vas mon enfant dans le palais des cieux
Sans que ma triste main puisse clorre tes yeux,
O mere infortunée! ô meurtre detestable!
O iour marqué de noir! ô moment lamentable!
où ie souloy' mon fils de mes bras embrasser,
où ie souloy' mon fils de mes doigts caresser,
où d'vn geste mignon, & d'vne main folastre
Il m'estreignoit le col: là le plus noir desastre
Que la nuict ait formé, que l'enfer a produict
Clost l'œil à mon enfant d'vne eternelle nuict,
Où vas-tu pauure esprit, où vas tu ma chere ame?
Ie seray desormais comme vn feu sans sa flame,
Comme vn arbre priué de son doux aliment,
Comme vn cœur separé de son contentement.

Tenaillé

Tenaillée tousiours d'vne langueur amere,
Vefue de mon enfant, & du doux nom de mere,
Las, helas que feray-ie! ô terre, & vous ô cieux,
Que ne m'abifmez-vous en vos antres plus creux,
Pluftoft, pluftoft helas, qu'expofer à la proye
De ces barbares cœurs, mon enfant, & ma ioye.
Mais vous l'auez permis, ou bien l'Erebe ombreux
A vomi fes Plutons, ces efprits tenebreux
Pour tourmenter mon ame, & rendre ma penfée
Par la mort de mon fils, de deuote infenfée.
Et vous Bourreaux d'enfer, execrables mutins
De la terre enfantez, comme nouueaux Lutins,
Si dans le ciel doré la pieté domine,
Attendez, attendez la vengeance diuine,
Iamais ne puiffiez-vous contempler de vos yeux
Des cercles donne-iour les brandons radieux,
Qu'au mefme inftant l'horreur, le defefpoir, la rage,
Ne tenaille vos cœurs, vous rongeant le courage
Pour tant d'iniuftes faicts contre le ciel commis.
Si le fort quelque iour entre vos ennemis
Domptant vos cruautez faict tomber voftre vie,
Ie fupplie le ciel, qu'elle vous foit rauie,
Que vous foyez par tout attaquez du treffas,
Que l'horreur de l'enfer vous fuiue pas à pas:
Ou bien, fi refchappez de leurs mains par le monde
Vous errez vagabonds fur la terre, & fur l'onde,
Puiffiez-vous rencontrer dans le valon d'vn bois,
Quelque voleur bening aux foufpirs de ma voix,
Qui plantant en vos corps fa lame vengereffe
Allege mes ennuis, foulage ma trifteffe,
Vous faboule le chef contre les durs cailloux,
Vous creue l'eftomach par vn monde de coups,
Et tirant de vos corps vos ames tant iniques
Les place dans l'enfer és plaines Sataniques.
Mais Seigneur fouftien moy, retirez vous terreurs,
Loing, bien loing de mon cœur infernalles erreurs.
Il me femble ô grand Dieu fouhaitant en mon ame
Ces maux à ces Bourreaux, que i'abbrege ma trame,
Que ie mourray contente, & que mon trifte corps
En aura du foulas en la plaine des morts,

F

Vn cry a efté ouy en Rama, côplainte, pleur, & grand brayement, Rachel pleurant fes enfans, n'a voulu eftre confolée, pource qu'ils ne font plus. Ierem. 31. ch. Dij cælo fi qua eft pietas. Virgil. Æneid. li. 11.

Exemple d'vne belle conuerfion à l'Eternel.

Cependant Eternel ta Majesté i'offense,
Car tu deffends aux tiens la haine, & la vengeance,
Les murmures vomis contre ta volonté,
Les souhaits prononcez d'vn courage irrité,

Boussolle est vne carte marine.

Commandant à nos cœurs d'ensuiure ta parolle,
D'obeyr à ta voix, qui nous sert de Boussolle
Contre les tourbillons, & les orageux temps.
Mais de ta grace ô Dieu, cette faueur i'attends,
Toy seul me conduiras, & ta dextre diuine
Arrestera le cours de ma fureur mutine,
Tandis octroye moy de souspirer aux cieux
Mon mal, qui ne se peut lamenter par mes yeux,
Il faudroit vn Argus, encores ses prunelles

Centum luminibus cinctum caput Argus habebat. Ouid. lib. 1. Metamorph.

Ne pourroient desplorer mes douleurs eternelles,
Quand mesme il en auroit, tout autant, que les cieux
Portent sur leur lambris de brandons gracieux,
Ses yeux ne pourroient pas lamenter ma misere,
Crayonner mes malheurs, despeindre ma colere,
Puis qu'elle est infinie en ses commencemens,
En sa fin, en mes pleurs, en mes gemissemens.
Il croist vn certain fruict sur la riue d'vn fleuue,
Qui sous vn ciel nouueau, laue vne terre neuue,
Dont qui mange vne fois, iamais ne void perir
Les pleurs de ses deux yeux, qu'au moment du mourir
Pleust à Dieu que ces fruicts m'eussent rëply de larmes
Pour sans cesse pleurer les sanglantes allarmes
Qu'auiourd'huy mon esprit baigné de mille pleurs
A senty pour mon fils, occis par des fureurs:

Les Anciens apres la mort d'vn amy, & les funerailles parfaites, souloient à haute voix dire adieu par trois fois au defunct.

Adieu de mon amour la moitié ia rauie,
Adieu mon cher enfant, adieu ma douce vie.
Puisses-tu receuoir dans le palais des cieux,
La ioye, & le repos des esprits glorieux,
Contempler du grand Dieu la rayonnante face,
Sentir les doux effects de sa celeste grace,
Afin que mon esprit te ioignant à ce port
Soit eternellement esloigné de la mort.
Apres ces meurtres faicts par l'infernalle engeance
De ces ieunes martyrs la terre eust souuenance,
Le ciel en son grand sein ramassa leurs souspirs,
Leurs cris furent par tout emportez des Zephirs,

Chacun marqua ce iour d'vn crayon de tristesse
Le mit au nombre ombreux d'vne iuste destresse,
Car pour l'eterniser les mortels languissans,
L'appellerent depuis, Le iour des Innocens:
O iour le plus cruel que le flambeau du monde
Ait iamais enfanté, sortant du creux de l'onde,
O iour le plus maling qui parust sous les cieux !
Depuis que nostre ayeul fist seiour en ces lieux.
O iour! mais non pas iour, ains vne nuict affreuse,   Hyperbole.
Où flamboyoit d'enfer la torche tenebreuse,
Où les demons contans poussoient n'y pensant pas,
Et les ames au ciel, & les corps au trespas,
Que ie t'abhorre ô iour si sanglant & funeste,
Que mesme en y pensant mon ame se moleste,
Et voudroit te rayer triste iour de nos iours,
Te plongeant pour iamais aux oublieux contours
Du fleuue Lethean. Mais non, ie me rauise
Tousiours viura çà bas vne telle entreprise,
Tousiours de l'Eternel les Arrests eternels
Auront dedans nos cœurs des logis perennels.
Et tousiours on lira dans la doctrine saincte
Le pleur des innocens, & des Martyrs la plainte,
Afin que les mortels grauent en leurs esprits
L'amour de l'Eternel, du Monde le mespris:
Desdaignans genereux les tourments, & la rage,
Dont l'enuieux Satan attaque leur courage.
Il faut, il faut constant verser à grands randons
Pour Christ ton tiede sang. Morts & vifs nous rendons
A sa saincte grandeur, ce que luy pour toy mesme
Souffrit, estant outré d'vne douleur extreme,
Il a mis nos pechez sur son dos precieux.
A porté le courroux du Monarque des cieux,
D'infinies douleurs son ame fût outrée
Pour donner aux Esleus l'eternelle contrée:
Et nous sans l'imiter nous humons le poison
Des delices mondains, qui perdent la raison,
Au lieu de recercher en ce temps de tristesse
La face du Saueur but de nostre liesse.

F ij

C'est le chemin du ciel, estroict, & soucieux,
Que doiuent parcourir les Esleus en ces lieux,
Portant apres ses pas vne roüe d'angoisse,
Et la croix sur le dos, viuotans en tristesse,
Iusques à ce qu'vn iour essuyant de nos yeux
Et nos pleurs, & nos plains, il nous recueille aux cieux.

Fin de la seconde Iournée.

ARGVMENT DE
la troisiesme Iournée.

IL retourne maintenant à Ioseph, lequel attendoit patiemment en Egypte, le temps auquel l'Ange auoit promis le rappeller en Iudée, apres la mort d'Herode, & commençant ce Liure par vne naïue description de la nuict, il nous monstre en la personne de Ioseph que tous les Esleus doiuent attendre, auec constance & patience les promesses de Dieu, asseurez qu'elles sont infaillibles. En apres il recite quelques discours de la Vierge au Sauueur, comme d'vne mere idolastre de son fils. De là il passe à la tentation hardie, dont Satan osa attaquer nostre Sauueur au desert, laquelle Iesus Christ ayant surmontée, & par ce moyen vaincu tous les efforts du diable, il prend occasion de blasmer ceux qui cachent au peuple la parole de Dieu, pource que c'est le bouclier par lequel on repousse tous les dards enflammez du maling, à l'imitation de nostre Seigneur en cette tentation, de laquelle quelques esprits vainement subtils se forgent quelque doubte, les vns asseurant que cette tentation fut seulement en vision, les autres qu'elle fut en effect. Mais pour ne s'amuser à ces inutiles questions, il monstre qu'il n'y a point de danger de croire que nostre Sauueur a esté tenté en effect, toutesfois par sa volonté conforme à celle de son Pere. Finalement il entre au recit des Sermons, & des sainctes paroles que Iesus Christ prononça en la montagne des Oliuiers à ses Disciples, parmi lesquels Sermons il entrelace à propos l'histoire de l'Enfant prodigue, pour nous enseigner qu'il ne faut iuger de personne, encore qu'elle suiue le grand chemin du monde, c'est Dieu seul qui iuge de l'interieur, duquel les secrets & les conseils sont inscrutables.

TROISIESME IOVRNEE
de la Semaine d'Argent.

LES SERMONS.

La nuict à l'œil ombreux couuerte de
   ses voiles,
La lampe dans la main, parsemée
   d'estoiles,
Sur la teste vn Croissant, sur le front
   les Sereins,
Faisoit de ses pauots vn present aux humains,
Enuoyoit du sommet des montagnes ombreuses
Le silence, l'effroy, les horreurs tenebreuses,
Faisoit marcher l'Oubly, & sans aucun propos
Bauolarde souffloit sur le monde vn repos,
Dans les eaux, dans les airs, & mesme sur la terre,
Tout estoit à recoy, sans murmure, & sans guerre,
Ioseph tant seulement parmi l'obscurité
Absent de son foyer, mais de sa volonté,
Poind d'vn celeste amour, sommeillant sur sa couche
Souspiroit à son Dieu, par l'esprit de sa bouche,
Attendoit soucieux, en Egypte le iour,
Que l'Ange prescriroit pour son heureux retour:
Voicy comme il pensoit à ce temps aggreable,
Vn poste aux ailes d'or, au parler venerable,
Peint de lis, & de fleurs, rayonneux en esclairs
Comme vn orgue animé, faict souspirer les airs,
Trauerse le logis sans portier, & sans porte,
Et iusques à Ioseph, comme vn brandon se porte:
Tu sommeilles encore, ô Ioseph, sus allons,
Debout, debout marchez, les ennemis felons,
Et ceux qui demandoient à l'innocent la vie,
L'Eternel a permis qu'elle leur fust rauie,
Vn grincement de dents vassal du desespoir,
Les a chassez du monde, au tenebreux manoir,

Description
d'yne nuict
ombreuse.
Nox erat &
terras anima-
lia fessa per
omnes, ali-
tuum pecu-
dúmque ge-
nùs sopor al-
tus habebat.
Virgil. lib. 8.
Æneid.

L'Ange ad-
uertit Ioseph
de retourner
en Iudée He-
rode estant
mort.

S. Matth. ch.
II.

Auant, donc leues toy, pren l'enfant, & sa mere,
Marchez vers Israël, Dieu vous sera pour pere:
Il part à tire d'aile, & fust plustost és cieux,
Qu'apperceu disparoir dans l'ombre de leurs yeux.
Marie alors en soy d'vne extaze rauie
Parle à son cher espoux: Tu voids ma chere vie,
Comment Dieu Tout-puissant contregarde les siens,
Comme apres nos trauaux, il nous place en nos biens
Se sert de ses enfans foiblets en apparence,
Mais fermes asseurez par la saincte esperance

Discours ce-
leste de Ma-
rie à Ioseph.

De son contract promis, Vn iour, vn iour viendra,
Que l'Enfant pour nostre heur l'enfer debellera.
Alors les gonds du ciel crousleront, & la terre
Vomira plusieurs morts, vn marmonnant tonnerre
Du grand temple fendra le voile auec horreur,
Et frappera l'esprit des simples de terreur.
Mais sus partons d'icy, aussi tost que l'Aurore
Au chef d'or rayonnant, & de safran encore
Chassera la nuict sombre, & qui au ciel s'esleuant

C'est l'Al-
loüete, qui
chante le ma-
tin.

L'oiselet salura, le Soleil se leuant,
Marchons contre Salem, acheuons nostre course,
Nous ne pouuons errer ayant Dieu pour nostre ourse.
　　Comme ensemble ils parloient le Soleil donne iour
Sur vn char rousoyant amenoit à son tour
La lueur, aux mortels, & sa torche ordinaire
Esclairoit les mortels d'vn œil plus debonnaire:
Aussi pour le Sauueur qui descendit des cieux,
Sa torche se paroit de rayons gracieux,
Pour le suiure par tout, (car iadis sa lumiere
Emprunta sa lueur de la Clarté premiere)
Il frappe dans la salle, & tire lumineux
Du lict les moins hastez, & les plus matineux,

Diligence de
Ioseph pour
partir.
Priere de Io-
seph auāt son
despart.
Plinius Secū-
dus scribit
Christianos
Christo con-

Ioseph premier debout ses Chameaux haste & charge
Et deuant que partir à Dieu son cœur descharge.
Immuable Eternel, qui de la pasle horreur,
As gardé mon esprit, & mon ame d'erreur,
Guide encore mes pas en ceste foible route,
Asseure mon esprit, qui vacille, & qui doute,
Fay nous tost aborder sous l'Astre de tes yeux.
Ton fils, ton bien-aimé, au comble de nos vœux.

Loing

Loing d'Egypte esloignez, la brigade emplumée
Aux chants doux, & diuers, dans vn bois enfermée,
Sembloit fauoriser de l'œil, & de la voix,
Ce retour, annoncé par les diuines Loix.
Qui sur vn aubespin amoureux de l'Aurore,
Par vn accent plaintif son desastre deplore:
Qui sur vn chesne verd repete son tin-tin,
Qui iazard d'vn bon iour saluë le matin:
Qui dans vn antre obscur fredonne son ramage,
Qui sur le haut d'vn pin dicte vn nouueau langage
A quelque petit chantre, ou sous l'ombre ocieux,
Enseigne caquetard vn air delicieux,
Bref le ciel, & le temps appellent l'allegresse,
Bannissent le chagrin, exilent la tristesse,
La terre rit au monde, & les bois, & les champs
Font redire à l'echo mille diuers eslans.

Petits chantres ailez qui viuez de rapine,
Vos nouuelles chansons m'embrazent la poictrine,
Vous reschauffez mon cœur d'vn peser bien-heureux,
Ie regrette les iours, & le temps doucereux,
Où plein d'vn sainct amour sur l'aile de mon ame
I'esuentois à mon Dieu vne pudique flâme:
Au temple de Sion, sur le mont du Seigneur,
Perché deuant ses yeux, ie descouuroy' mon cœur,
De iour en iour i'alloy' d'vne ardeur eslancée
Offrir à l'Eternel quelque saincte pensée,
Ce temps ores n'est plus, toutesfois ô mon Dieu
I'espere t'inuoquer bien tost en ce sainct lieu,
I'y vay sous ton adueu, sous ton œil ie chemine,
Aussi tu m'as comblé de ta grace diuine.

Tandis que ces souspirs naissent diuersement
Dans l'esprit de Ioseph perçant le firmament,
Ils abordent lassez és confins de Iudée,
Mais craignans d'Archelas la rage desbordée,
Ils vont en Nazareth, & de Christ soucieux,
Obseruent ses discours, comme venans des cieux.
Marie plus deuote, en son cœur contregarde
Les propos du Sauueur, le talonne, & prend garde
En quelque part qu'il aille, où se portent ses pas,
Que la mort de son fils n'aduance le trespas.

sueuisse ca-
nere hymnos
antelucanos.
Sic Paulus &
Silas media
nocte hym-
nos Deo ca-
nebat. Actor.
cap 16.
Cela arriue
ordinaire-
mét au Prin-
temps.

Les chãts des
oiseaux es-
ueillent l'ame
de Ioseph au
souuenir des
chansons di-
uines qu'il
chantoit ia-
dis en Sion.

Tout le long
du chemin
Ioseph ne
cessa de prier
Dieu en son
ame.

Archelas
pour Arche-
laüs.

G

Et si de son vouloir par les champs il s'esgare,
Aussi tost la frayeur de son esprit s'empare,
Elle vole hastiue, & n'a point en son cœur
De ioye, qu'en treuuant son enfant, son bon-heur.
Comme le chaste amant esloigné de sa Dame
Solitaire en son deüil, semble viure sans ame,
Traisner à ses costez mille, & mille douleurs,
Portant au cœur l'ennuy, & dans l'ame les pleurs:
Ainsi la Vierge estoit saisie de tristesse,
Priuée de son bien, veufue de sa liesse,
Absente du Sauueur, sa vie est vne mort,
Et le perdant, la peur en son ame prend port,
Tant l'amour a d'attraicts, tant la force celeste
Dominant son esprit, son courage moleste,
Ainsi donc allarmée elle parle au Sauueur
Prononçant brusquement ces parolles du cœur.

Mon mignon, n'allez plus si loing de ma presence,
Vous trauaillez mon cœur de crainte & desfiance,
Demeurez auec-moy, que vostre œil desormais
N'abandonne le mien, que ie baize à iamais
Cette ioüe pourprette, & vostre ame diuine
Soit collée tousiours à ma chaste poictrine.
Ie ne refuse pas, nourrisse de mon corps,
De iouyr de vostre œil au logis, & dehors,
Ie desire sans cesse estre à vostre ceinture,

Ie n'improuue ce soing de vostre geniture,
Mais penetrez plus loing, Dieu du haut firmament
M'appelle aux durs trauaux de son commandement
Bien tost de vostre fils vous perdrez la lumiere,
Il vous faut supporter cette reigle seuere,
Le Ciel le veut ainsi. Adieu pour quelque temps,
Tandis viuez heureuse, attendant ce Printemps
Dont ie vous ay parlé, où l'amour, les delices
Fleuriront tour à tour, où mourront tous les vices,
Puis que le Tout-puissant benissant mes labeurs
Promet à vos esprits mille, & mille douceurs.
De mes maux vostre bien, de ma mort vostre vie,
Ma croix tire l'esprit de l'infernalle enuie.
La Vierge tend l'oreille à ces sacrez discours,
Les imprime en son cœur, mais elle craint tousiours

De son celeste enfant la douloureuse absence,
Elle ne peut sans pleurs esloigner sa presence.
Le Sauueur cependant pense souuentesfois
En son cœur, aux Arrests de l'immortelle voix,
Se prepare desia à la croix, aux supplices,
Qu'aux yeux de l'vniuers il souffrit pour nos vices.
Ia, ia son ame vole au celeste repos,
Vn transport tout diuin se glisse dans ses os,
Vn extaze d'enhaut saisissant sa belle ame
Le soustraict aux mortels, & son esprit renflamme
De l'amour supernel, qui le tire des lieux
Où de ses chers parens il contemploit les yeux:
L'Esprit de l'Eternel le rauissant au monde,
Par vn grand tourbillon le transporte sur l'onde,
De l'onde en vn desert, où le silence affreux
Bousche l'oreille au monde, & monstre à l'œil les cieux:
En ce lieu Iesus Christ par l'Esprit de la grace
Fust conduict pour s'orner d'vne nouuelle face,
Pour matter de Satan les assauts perilleux,
Pour vaincre de l'enfer le Monarque orgueilleux:
Aussi pour cet effect au monde il prit naissance,
Suiect mesme aux liens d'vne debille enfance.
  Comme il eust jeusné là quarante iours entiers,
Le Prince tenebreux, le Roy des noirs sentiers,
Ose impudent en soy d'vne audace terrible
Attaquer du Seigneur la puissance inuincible,
Luiter contre sa force, & d'vn tremblant pouuoir
Se prendre au Redempteur, dont il tient son auoir,
Qui lie quand il veut de chaines sa victoire,
Bornant des flots d'oubly, l'empire de sa gloire.
Si tu veux, luy dict-il, au mont des Oliuiers,
(Toy qui du Tout-puissant enseignes les sentiers)
Esloigner de ton corps la faim mal-suadante,
Change tous ces cailloux, par ta force puissante
En pain pour te nourrir. Arriere faux accords,
Retire toy d'icy inuenteur de discords:
Ce n'est pas seulement le pain qui donne vie,
C'est la vertu d'enhaut, dont mon ame est rauie,
La manne du grand Dieu, sa parolle, sa voix,
Qui nourrissoit iadis son peuple dans les bois.

G ij

procedantes de la bouche de Dieu.

Quand durant quarāte ans par les deserts du mond(e)
Assaillis, tourmentez sur la terre, & sur l'onde,
Au monde, mesprisez pour leur simplicité
Ils seruoient le grand Dieu ornez de pureté.

Moyse & Elie figures de Iesus Christ.

De ce pain celestin par quarante iournées
Moyse soustenu des sainctes destinées,
A vescu sans manger. Elie sur les monts,
Daniel en l'antre obscur des affamez Lyons.
O celeste vertu repais tousiours mon ame
Embrazant tout mon cœur de l'ardeur de ta flame.

Sur le pinacle du Temple, ou bien sur les creneaux. Voy les Euāgelistes. S. Luc ch. 4. Matth. 4. Marc 1.

Satan alors l'emporte en la saincte Cité,
Le colloque au plus haut du grand temple vouté,
Puis d'vn parler subtil tasche encore à surprendre
Christ qui le fist du ciel en l'abysme descendre;
Si tu es Fils de Dieu, descends au mesme instant
Du clocher contre bas en te precipitant,
Car l'Escriture dict, que la force celeste
Gardera ton esprit d'vne cheute funeste,
Les Anges t'aideront, te portans en leurs mains,
Pour te garder de choir, ainsi que les humains:
Iesus d'vn ferme cœur restenant son audace,
Luy commande à l'instant s'absenter de sa face,

Christ attaqué par l'Escriture, surmonte Satan par l'Escriture.

Retire toy d'icy Geant audacieux,
D'autant qu'il est escrit, au cahier precieux
De mon cher Geniteur, que ta force flexible
Ne doit point attaquer ma puissance inuincible,
Tu ne tenteras point ô Satan ton Seigneur,
Tu suiuras ses Arrests par crainte, & par honneur
Derechef le maling (par le vouloir supreme
Par le consentement de nostre Saueur mesme)

Le Diable ordinairement tasche à nous surprédre par l'esclat des richesses.

Le transporte volant sur vn mont orgueilleux,
Luy monstre en vn moment les thresors perilleux
Des enfans de Mammon, tout l'esclat & la gloire,
Qui d'vn auare esprit, peut blesser la memoire:
Tout cecy que tu voids, cette pompe, & grandeur
Des Royaumes mondains, cette belle splendeur
Qui rayonne à tes yeux, & mille & mille encores,
Ie te donray (dict-il) si humble tu m'adores:
Va maudit, va meschant, arriere de mes yeux,
Fuy t'en loing de mon chef ange malicieux.

Tu craindras l'Eternel, & sa face immortelle
Reuerée sera de ta morte prunelle,
Tu le recognoistras, car son œil tout voyant
Sonde le cœur impur, & l'esprit du croyant,
Satan estant confus à l'heure l'abandonne,
Et les Anges venans adoroient sa personne.

Seigneur qui de l'abysme au ciel des bien-heureux
Fais monter l'affligé, qui des cachots ombreux
Tires par ta vertu, la lueur ordinaire,
Donne moy d'estre ainsi vn flambant luminaire,
Rayonnant deuant toy, malgré tous les enfers,
Que i'attende constant le desbris de mes fers,
Que ie vainque Satan, luitant par ma constance
Contre les vains assauts de sa foible puissance,
Par ton sacré bouclier, ta parolle, ta voix,
Que ie le chasse au loing par deux, & par trois fois.
Puis abordant au port de la celeste grace,
Aupres de mon Sauueur ie treuueray ma place,
Tes esprits loing volans m'emporteront és cieux,
Ainsi que le Voyant sur vn char radieux,
Des postillons ailés la brigade essorée
Me suiura le matin, tout le iour, la serée.
Au iour sans le Soleil mon esprit se verra,
Auec les bien-heureux mon cœur te benira,
Mon ame iointe au ciel, & bien loing de la terre
Ne craindra plus l'abord de l'infernalle guerre,
Ie seray tout en toy, (comme le lumignon
Se perd dans les lueurs d'vn celeste brandon,)
Ie me transformeray moy mesme, en ton image,
Tu m'orneras Seigneur d'vn eternel langage,
D'vne voix Seraphique: ainsi viuant en toy,
Tu seras tout mon bien, mon amour, mon esmoy.

Fuyez loing de mes yeux vous qu'vne vaine gloire
Possede entierement, qui voulez faire accroire
Au simple, que s'il met sa fiance en autruy,
C'est assez pour auoir vn eternel appuy:
Qu'il laisse cependant des sainctes eaux la source,
Qu'il flotte sans flambeau, sans lumiere en sa course,
Il aura pour obiect des fantosmes de vents
Nuages d'Ixion, images deceuans:

Abysme se prend icy pour mort, pour vne misere ou affliction extreme.

C'est le Prophete Elie.

Qui croid en autruy, il aime par vn autre, & qui s'asseure en la foy de son ami, est en danger qu'vn autre n'aille pour luy en Paradis.

Sans cesse il branlera, ainsi qu'vne carraque,
Que la tempeste assaut, qu'vn tourbillon attaque.
Et parmi ces erreurs, si le maling subtil
Luy presente l'espieu : Dy moy que fera-t'il?
Certes sans fondement, sans support, & sans force,
Satan l'enleuera comme vne simple escorce
Emportée du vent. Mais ceux que l'Eternel
Nourrit en son cahier d'vn breuuage eternel,
Parmi les durs assauts de leur ame agitée,
Auront des Alcions en leur onde irritée,
Vn astre flamboyant sur les eaux de leurs maux
Serenera leur front, benira leur trauaux,
Puis moetes du combat, sauuez de la tourmente,
Le palais du grand Dieu, qui toute ame contente
Leur sera presenté, & d'vn couronnement
Ils seront guerdonnez là haut au firmament.
  Icy des curieux ie blasme la folie
Qui par les vains erreurs de leur melancholie
Demandent, si Iesus fust en effect tenté,
Ou s'il fust sommeillant par Satan tourmenté?
En effect (disent-ils) cela ne se peut faire,
Le pouuoir de Satan nous monstre le contraire,
Il est suiect à Dieu. Donques il ne peut pas
Marcher contre le Ciel, s'aduançant au trespas.
Comment agiroit-il par sa force branlante
Contre le Redempteur, qui de l'œil l'espouuante?
Dauantage Satan sur vn mont, comme en corps,
Ne pouuoit desmonstrer du monde les thresors,
Tant de regnes diuers, de grandeur incognuë
Se rendroient incompris, en ces lieux, à la veuë.
Moins encor le Sauueur, sur vn temple ocieux,
Ne veid onques leuer son corps tant precieux,
Sur le haut du clocher (s'il faut croire l'histoire
Dont encore auiourd'huy, nous reste le memoire)
Mille broches de fer, mille cruels poinçons
(Dans les nuaux du ciel leuans leur cornichons)
Furent plantez iadis si bien qu'vne arondelle
Ne sçauroit s'y percher pour replier son elle.

les logis ou galeries qui estoient à l'entour du Temple, selon la forme
que Salomon l'auoit basty.

Donques en vision le Seigneur fust tenté,
Non pas reellement contre sa volonté.
En ces diuersitez que l'apparence folle
Obiecte à nos esprits, croyons à la parolle
Qui dit qu'il fust porté (mais ce par son vouloir,
Car Satan ne le peut, par son tremblant pouuoir)
Sur vn mont esleué, sur le clocher du Temple,
C'est à trauers le ciel, que nostre œil le contemple.
Ie veux bien que Satan, en vision monstroit
Les terrestres thresors, quand Iesus il tentoit,
Mais de là se forger vn combat fantastique
C'est dementir la voix du cahier authentique,
Tirer d'vn faux principe vn erreur deceuant,
Bastir vn vain discours sur les ailes du vent,
Que la raison destruit, que la verité chassé,
Lors qu'elle monstre au iour la beauté de sa face.
Souuentesfois l'esprit du trois fois Immortel
Espreuue ses enfans par l'ennemi du ciel,
Tantost pour les garder d'vne cheute eternelle,
Tantost pour bien sonder leur constance fidelle,
Ores pour les bannir des delices mondains,
Pour exciter leur foy par orages soudains,
Ores il les conduit iusques sur la torture,
Ores dans les cachots d'vne prison obscure.
Toutesfois ces assauts viennent de son amour,
Car si nous esloignons le surceleste iour,
Nous tombons à l'instant, tant nostre ame vacille,
Mais son bras Tout-puissant renforce le debille.
Ainsi le Precepteur son enfant cherissant,
Porte sa tendre main dans le feu rougissant,
Afin qu'vne autre fois il prenne la coustume
D'euiter les ardeurs du feu, qui tout consume.
De mesme l'Eternel, nous conduict sur le bord
Des horreurs, de l'enfer, de l'eternelle mort,
Puis son bras paternel & sa main Tout-puissante,
Nous leue dans le ciel, bien loing de la tourmente.

Ioseph ne l'asseure pas, ains en parle par opinion. Brieue & courte res-ôse à toutes ces vaines obiectiôs faites cy dessus. Satan en cela accôplissoit les Arrests du Ciel contre sa volôté malicieuse, & ce par le vouloir. de Iesus Christ. Vn homme tres-docte dict qu'il n'y a point d'absurdité de croire que Iesus Christ par vne soumission volontaire & permission de Dieu, a esté tenté en effect, pourueu (dit-il) qu'on ne s'imagine pas qu'il ait souffert aucune illusion de Satan en son esprit, ou en son ame. L'Apostre aux Hebrieux chap. 4. nous dit la mesme chose, nous

asseurant que nostre souuerain Sacrificateur (assauoir Iesus Christ) a esté tenté de mesme que nous, en toutes choses horsmis peché.
Digression sur les afflictions des fidelles. Dieu humilie les siens, pour les esleuer: mais Satan esleue les hommes pour les precipiter.

Retour à son discours.

Apres ce dur combat de l'esprit tenebreux,
Apres ces vains assauts de Satan dangereux,
Iesus estant pressé par l'ignorant vulgaire
Se retire en vn lieu deserté, solitaire,

Suiuy parmi le ciel des Anges, & par terre de ses Disciples bien-aimez, Sermons de Iesus Christ à ses Disciples, & au peuple en la montagne. Matth. 5. Luc. 6.

Suiuy parmi les airs des sainctes legions,
Et des prescheurs deuots, qu'il eust pour compagnons,
Là pour mieux enseigner ses Disciples fidelles
Il s'assit, l'esprit plein de douceurs eternelles,
Puis sa bouche sacrée aux mysteres ouurant,
Aux siens le pain du ciel, il alloit descouurant.

Bien-heureux est l'esprit qu'vne dure tristesse
Esloigne bien souuent d'vne feinte liesse,
Bien que la pauureté accompagne ses maux,
Mon pere essuyera de son sang les grumeaux.

Bien-heureux les dolets, & ceux que mille allarme
Attaquent nuict & iour, qui viuent dans les larmes
Ils seront consolez, & verront à trauers
Les nuages du ciel, le Roy de l'vniuers.

Il y auoit iadis vn temple à Athenes dedié à la Misericorde, l'entrée duquel n'estoit permise à aucun, s'il n'estoit iugé par le Senat estre bening & misericordieux. Macrob.

Bien-heureux les benings, car des cieux l'estendue
Sera le doux obiect de leur celeste veuë.

Heureux les affamez de iustice, & d'amour,
Puis qu'ils seront soulez, dans le ciel quelque iour.

Heureux l'esprit porté à la misericorde,
Vn tel aux saincts Arrests diuinement s'accorde.

Bien-heureux l'esprit net, mon pere l'aimera,
Et dans le Paradis son ame placera.

Heureux l'esprit de paix, & ceux que le martyre
Espreuue par le fer, sans iamais contredire,
Aux tourmens de la chair, le Royaume des cieux
Sera de leurs trauaux, le prix delicieux.

Conuersion à ceux qui aimét les choses que Dieu deffend en sa parolle.

Mais malheur aux mortels qui cerchent les richesses,
La ioye, les plaisirs, qui fuyent les destresses.
Malheur à vous malings, luitons de l'Orque ombreux,
Vous aurez, pour loyer, l'antre des mal-heureux.
Malheur au ventre oisif, dont l'ame mercenaire
N'a plaisir qu'aux pechez, au bien ne se peut plaire.
Malheur à vous cruels, qui n'aimez que l'horreur,
N'aspirans qu'au trespas d'vn imbecille cœur.
Malheur à vous remplis d'vn amas d'immondices,
Puis que vous delaissez les celestes delices:

Ie vous annonce à tous vne eternelle mort,
Si d'vn esprit contrit vous ne tendez au port
De la saincte Salem, où l'ame a pour chandelles
Les esclairs, & lueurs des ioyes eternelles.
Et vous mes bien-aimez, vous serez bien-heureux, Il retourne à
Quãd le monde, & la chair vous tiêdra mal-heureux, ses Disciples.
Quand vous serez traisnez, tout en sang au supplice,
Percez, & transpercez pour mon sacré seruice,
Supportez constamment iusques à ce qu'au bord
Ma dextre vous tendant, vous surmontiez la mort:
Les Prophetes plus saincts ont suiuy cette voye,
Exposez aux tourments, supposez à la proye
Des sangliers de Satan, mais qui surmontera
La fureur de ces maux, qui constant domptera
Pour mon nom ces assauts, moy mesme qui guerdonne Le Paradis
Les meschans, & les bons, luy donray la couronne, est le guerdõ
Le prix des bien-heureux, puis d'vn œil tout benin, des Bons, &
Ie combleray son cœur d'vne ioye sans fin, l'Enfer le
Disant, Bon seruiteur, maintenant pour ton estre guerdon des
Possede ce Palais, où demeure ton maistre. Meschans.

　Vous estes des mortels le sel & le ciment, Marc 9.
C'est vous qui les gardez en ce triste element Luc 14.
Des griffes de la mort, comme aux vagues dans l'onde
La Remore affermit la nef au vent qui gronde, La Remore,
Faict voir d'vn œil serain les Æolins assauts, bien que fort
Soustient contre les vents, qui boursoufflent les naux. petite, retient
Aussi tandis que sains vous aurez dedans l'ame le Nauire, &
Quelque grain de ce sel, quelque ardeur de la flame l'empesche
Inspirée du ciel, aucune puanteur de flotter au
Ne pourra s'emparer du fort de vostre cœur gré de la tem-
Nulle corruption, nulle mort, nulle peine, peste.
N'occupera vos corps, esloignez de là gesne, Le sel pre-
Vostre esprit deuant Dieu vne odeur lancera, serue de cor-
Au ciel plein de repos, vostre corps se verra, ruption.
Sans craindre plus les flots d'vne mer estancée,
Vous viurez des obiects d'vne saincte pensée,
Es bien-heureux plaisirs, és delices sans fin, Les moder-
Vous aurez vn Soleil sans soir, & sans matin nes, & anciẽs
Comme dans les sablons de l'Arabie ardente Autheurs
Les corps, (dont le commun la Mumie nous vante) rapportét ce-
　　　　　　　　　　　　　　　　　　　　　　la de la Mu-
H　　　　　　　　　　　　　mie.

LES SERMONS.

58

Se conseruent tousiours sans putrefaction,
Ne sont iamais plongez en la corruption.
Le sel contregardant ces corps dessous l'arene,
Les presente aux mortels, aussi blancs que la laine:
Ainsi l'infection n'attaquera vos corps,
Quand mesme vous seriez aux Charontiques bords,
Par les bois, par les champs, és deserts, dessous l'onde,
Chastes, purs, & tout-saincts vous serez en ce monde,
Si vous auez au cœur ces celestes crayons,
Qui font tourner l'esprit, vers les Diuins rayons,
Ce caillou blanc du ciel, cet ayman qui fait naistre
Dans l'ame vn doux espoir, d'aspirer au bien estre,
Si vous auez ce sel, cet arrhe du grand Dieu,
Sa nuë vous suiura rayonnante en tout lieu,
Innocents deuant luy, en mon nom venerable,
Chacun vous benira d'vn langage honorable,
Lauez dans le torrent de la grace du ciel
Vos esprits immortels s'abbreuueront de miel:
Heureux dans les forests, és plaines, dans la ville,
Bien sur bien vous viendra, nulle crainte seruille
N'occupera vos sens, & le trespas frilleux,
Onques ne voilera la clarté de vos yeux.
Mais si de vostre gré vous mesprisez la grace
Du miroir eternel destournant vostre face,
Si les discours sacrez de mon cher Geniteur
N'ont quelque doux sejour au fonds de vostre cœur,
Vous serez mal-heureux, la dextre de mon Pere
Tournera contre vous l'ardeur de sa colere,
Maudits parmi les champs, maudits parmi les bois
Si de mon Geniteur vous n'escoutez la voix.
Vous estes des mortels l'excellente lumiere
Le pauois, le support, la clarté coustumiere,
La torche qui flambez aux enfans de la nuict,
La lueur qui chassez & l'angoisse, & l'ennuy:
Aussi l'on ne met pas la flammeuse chandelle
Sous vn boisseau creusé, sous quelque sombre vele,
Ains sur le chandellier brillantement lueux,
Pour garder de chopper les ieunes & les vieux:
Ainsi à tous mortels flamboye vostre face,
Annoncez, lumineux à tout esprit la grace,

Marchez en ce seiour comme deuant les cieux,
Afin que l'Eternel qui penetre des yeux
Dans l'ame des humains, augmente vostre gloire,
Et burine vos noms en son sacré memoire.

Esprits, du monde épris, qui viuez deceuant,
D'abus, tous les mondains, de parolles de vent,
Qui puizez és ruisseaux de la saincte fontaine,
Qui tastez du pur sang de la celeste veine,
Qui beuuez au doux cours des sources de Sion,
Qui suiuant les erreurs de vostre passion,
Aimez mieux dans l'oubly sous l'ombre, & le silence,
Voiler la verité pour farcir vostre pance,
Qu'oster la cataracte espaisse de vos yeux.
Pour monstrer aux mortels le Sauueur dans les cieux,
N'attendez pour loyer, que malheur, que destresse,
Que terreur, que fureur de la main vengeresse
Qui compassa ce tout: Attendez mal-heureux
Pour prix de vos forfaicts le loyer tenebreux,
Loyer que vous aurez propre à vostre malice,
Et conuenable aux fruicts d'vne feinte iustice.
Vous auez obscurcy la lumiere du ciel,
Donné à l'esprit simple vn breuuage de fiel,
Enseigné l'aconit, cachant sous les tenebres
La torche, nous priuant des angoisses funebres.
Aussi vous perirez: mais ie parle hardiment,
I'en laisse à l'Eternel le dernier jugement,
Ie moule mes desseins aux Arrests de sa grace,
Amoureux des rayons qui partent de sa face.

Ia desia le Soleil chasse-ombre, donne-iours,
Deux fois sept tournoyant auoit parfaict son cours,
Ramenant aux mortels la saison Printaniere,
Quand vn ieune cadet, voulant quitter son pere
Luy demande son bien, d'autant que mon ardeur,
Desire parcourir du monde la rondeur,
Furete tous les coings de cette large masse,
Ce faict, ie reuerray le doux air de ta face.
Son pere qui l'aimoit, ne laisse cependant,
De despartir ses biens à ce courage ardant,
Puis d'vn brusque parler, & d'vn amour extreme,
Arraisonne son fils, qui n'est plus à soy mesme:

H ij

Apostrophe aux faux Docteurs qui abusent le pauure peuple.

Iteratio seu Repetitio.

Histoire de l'enfant prodigue, conuenant à son propos. Luc 15.

Remonstrances du pere à l'enfant.

Où vas-tu mal-heureux, tu flottes à la mort,
Tu recerches volage vn miserable sort,
Tu crois tout ce qui vient, en ta folle pensée,
Semblable à tes enfans desquels l'ame blessée
Regarde par vn verre, au palais spacieux,
Aux lambris tremblotans, de la voute des cieux,
Iugeant tout estre jaune, & s'ils leuent la veue
Sans verre vers le ciel, ils cognoissent la nuë
Et la lampe du iour tout autre qu'au cristal:

Ouid. lib. 11.
Metamorph.

Fay de mesme mon fils, auant qu'vn iour fatal
Te conduise à la mort, recognoy ta folie,
Ne te laisse emporter à ta melancholie,
Il est encores temps d'abatre cet orgueil,
Auant que cheuaucher les coursiers du Soleil,
Tu penses que du ciel la rodante carrolle
Contourant l'vniuers, ensuiura ta parolle,

proprieté des
volages, treu-
uer tout fa-
cile.

Tu troues tout facile, & ton cœur indompté
Estime l'impossible estre en ta volonté.
Mon fils, mon cher enfant, obeis, obtempere,
Encore cette fois à la voix de ton pere,
Demeure en ma maison, tu pourras bien sçauoir
Que c'est du monde vn iour, & de son fol auoir.
Le jouuenceau touché de ces tristes parolles,
Ne desmord pas pourtant de ses pensées folles,
Ains se prosterne aux pieds de son cher geniteur,
Luy donne des souspirs, & des larmes au cœur,
Mon pere (ce dict-il) par l'amour filialle,
Par le ciel, par vos yeux, par l'ame maternalle,
Par ce que cherissez, en ce monde de plus,
Ne vieillez me combler d'vn funeste refus,
Aggreés ce despart, permettez moy mon pere

L'enfant pro-
digue obtient
vn congé par
force de son
pere, pour al-
ler par le
monde.

Que ie voyage vn peu, ie ne tarderay guere
A retourner vers vous: Dieu conduise tes pas,
Et te garde mon fils des ombres du trespas,
Il reçoit de bon cœur ces parolles forcées,
Que son pere en courroux a brusquement poussées,
Tandis il prend congé, puis monte tout ioyeux
Vn coursier qu'on luy donne, vn roussin allarmeux,
Sauté alaigre dessus, & maniant la bride,
S'en court à l'abandon du cheual qui le guide.

Comme on conte qu'Icare esleué sur les cieux
Par les volans cerceaux d'vn vol ambitieux,
Suiuoit des larges airs la campagne inconstante:
De mesme cet esprit suit la volage attente
D'vn faux contentement: Ainsi les mouscherons,
Si tost qu'ils ont commis au vent leurs ailerons,
Dans les brillans flambeaux de la claire chandelle
Se plongent, en perdant le battement de l'aile.
  Depuis qu'il eust quitté de l'œil, non de l'esprit
Le logis, où jeunet à parler il apprit,
Ia quelque repentir espoinçonnoit son ame,
Tacitement en soy il se tance, il se blasme,
Triste d'abandonner de son pere, les yeux,
Tout seiour luy desplaist, tout le rend ennuyeux:
Mais quoy le retourner luy semble difficille,
Et chacun (ce dit-il) s'en rira par la ville:
Donc il pousse plus outre, & passant dans vn bois,
Il entend souspirer vne plaintiue voix,
Descend de son cheual, l'ame de pensers plaine,
Se couche allangoury aux bords d'vne fontaine,
Où le sommeil pesant enueloppe son œil,
Le rauit aux mortels, luy faict voir le cercueil.
Apres se resueillant, sur sa guide il se lance,
Aborde en vn pays, où regne l'impudence,
Et cerchant vn logis superbe en la Cité,
Il contemple de l'œil, vne ieune beauté,
Qui luy faict oublier par nouuelle auanture
Toutes les douces loix de la sage Nature,
L'ombre de son foyer, le logis paternel,
Embrazé dans le cœur d'vn amour eternel:
Le voila tout en feu, & cet enfant sans charmes,
Qui n'agueres fondoit deuant son pere en larmes,
Subtil Chameleon ne vit que de souspirs,
N'esuente que braziers, n'aspire qu'aux plaisirs,
(Qu'vn cerueau mal-tymbré suggere à son amante,)
Ne parle que d'amour, c'est ce qui le contente,
Ses paroles sont feu, & ses plus beaux discours
Ne visent qu'aux rayons, ne buttët qu'aux beaux iours
Aux ioyes qu'il aura, quand couuert tout de flames
Il soulera son cœur és delices des Dames:

Ouid. lib. 8. Metamorph. & Virgil. 6. Æneid.

Nostre conscience, nous resueille tousiours.

Sotte conception de l'enfant prodigue.

Legereté de l'enfant prodigue.

Le Chameleon au recit des Naturalistes vit de l'air, & de vent.

Misere d'vn ieune esprit qui ne se peut conduire.

Bref pour le faire court, c'est l'amour mesmemem
Qui naissant de sa voix, parle par son serment.
Comme le moucheron, qui Rodomont bourdonne
Sur le temps Estiual autour d'vne personne,
Son bruit a quelque son, mais ce vain trompeteur
Pressé du bout du doigt perd la voix, & le cœur.
Ainsi ce iouuenceau par vn discours volage,
Et par la vanité de son braue courage,
Presume conquerir les plus rares esprits,
Qui se soient enrollez és bandes de Cypris:
Mais sondez-le de pres, c'est vne flammerole
Qui flotte sans arrest, & sans ailes s'enuole.

L'enfant prodigue se void sans argent, en estant desnué par les concubines.

    La saison s'aduançoit vers l'Automne vineux,
L'Esté se desuestoit de ses rais lumineux,
Les sourcils montagnards se couuroyent de nuages,
Et l'air nous menaçoit de sensibles orages,
Quand cet esprit follet, imprudent amoureux,
Veid finir son argent d'vn regard douloureux,
Il tourne son penser au logis de son pere,
Trop tard il se repent, de son vœu temeraire

Misere d'vn amant qui cognoist sa pauureté, & s'y plonge encore.

Desirant retourner: Mais pour l'heure vn obiect
Adoré du galand fist rompre son proiect,
Vn iardin où l'amour, le bon-heur, les delices,
Les Dames, les attraicts, les amoureuses lices,
Où tout estoit permis, attendoit nostre amant
Ia, desia refroidy, de ce contentement:
Moitié triste, & ioyeux, il aborde sa Dame,
Portant mille bourreaux au profond de son ame.

La conscience vaut mille tesmoings.

D'où vient ce changement, certes ce sont mes yeux,
Qui rendent à vostre œil ce lieu tant ennuyeux?
Ma Reine (ce dit-il) ce penser est sans force
En mon cœur, qui du tout à vous aimer s'efforce
Vn morne messager, de mon bien enuieux,
A changé mon esprit, & ma face, & mes yeux,
Ie vous diray le tout: Cependant ma Deesse,
Ie veux congedier de ce lieu ma tristesse.
Vostre chere beauté obiect de mes desirs,
Chasse ores loing de moy mes sombres desplaisirs,
Seez-vous pres de moy: Or sus ie vous resueille,

Discours impertinent de l'enfant prodigue.

Vous m'auez, iusqu'icy promis monts, & merueille

Ie vous contenteray ma Belle, seulement
Ma bonne volonté manque d'appointement,
Mon Laquais est allé au logis de mon pere,
Ie l'atten tous les iours en faisant pauure chere:
Cette fiere beauté, aux lubriques appas,
Ne repaist son esprit, d'vn si foible repas,
Ains voyant ce follet, voisin de la tristesse

La pauureté est vne espece de ladrerie.

Marcher à petits pas au sentier de ladresse,
S'imprime incontinent au ceruau le mespris
De ce ieune courrier des lices de Cypris.
Cependant plus discret, par sa propre misere,
Qu'il n'estoit se mocquant des propos de son pere,
Il borne ses desirs de sa chambre, où l'amour
Tire de ses deux yeux des larmes nuict, & iour.
Ariadne autrefois fust de mesme abusee

Plutarque en la vie de Thesée.

Par les trompeurs appas de l'inconstant Thesée,
Les regrets, les eslans, les helas, à tous pas,
Luy font à ioinctes mains implorer le trespas,
Il n'ose plus sortir de son hostel superbe,
Quand le Soleil paroist, il se couche sur l'herbe,
Importune le ciel de son vain repentir,

Serò sapiunt Phryges.

Faict l'air de ses souspirs, & les cieux retentir.
Mais si tost que la nuict donne-ombre, aime-silence,
Attelant ses Moreaux parmi le ciel s'aduance,
Sur le lict aggraué d'vne Lerne de maux,

Lerna malorum.

Il faict mille discours, il forge cent propos,
Las mon cher geniteur maintenant ie me blasme,
Ie cognoy que le ciel à bon droict me diffame,
Me rend mesme, aux mortels execrable, odieux,
Pour auoir blasphemé cent, & cent fois les cieux.
Dans les bras amoureux d'vne Dame lasciue
I'ay rendu mal-heureux ma liberté captiue,
I'ay tant faict de forfaicts, tant commis de pechez,
Que mes membres en sont ores tous dessechez.
Quel espoir maintenant reste encore à mon ame?
Quel bien m'est reuenu de l'amour d'vne Dame?
Sinon qu'vn vain regret, vne perte de iours,
Vn comble de malheurs pour mes sottes amours,

Belle repentance de l'enfant prodigue.

O grand Dieu i'ay peché. Et vous mon sage pere,
I'ay mesprisé vos dicts, pour suiure ma colere,

Las ſi vous regardiez voſtre enfant en ſes pleurs,
Tenaillé, trauaillé, bourrelé de douleurs,
Peut eſtre diriez-vous, que la dextre ſupreme
Authorizant vos dicts, m'a puny par moy meſme!
Ie le recognoy bien, pardonnez de bon cœur,
Eſloignez loing de moy voſtre iuſte rancœur.

Cependant qu'il ſe plaint, ſes amis, ſa maiſtreſſe,
Qui n'ont d'amour qu'au prix que marche la richeſſe,
Se tournent contre luy: chacun d'vn pas le ſuit
Plein d'orgueil, de courroux, tant de iour que de nuict,
Et ſi de ſon legis vn moment il s'eſlongne,
Ceux qui l'aimoient iadis, ores luy font la trongne,
Grimaſſent apres luy, l'affrontent en plein iour,
Tandis il paſſe honteux, contrefaiſant le ſourd:
Il rencontre plus loing deux hommes, qui le chaſſent,
Qui recerchent ſa mort, & du fer le menaſſent:
Bref, c'eſt le ſeul obiect de l'eſprit enuieux,
La butte, & le plaiſir des plus malicieux.

Outre tous ces malheurs, horreur vn monſtre encor
Qui mange, & ronge tout, qui meſme ſe deuore,
Pour engouffrer és maux d'vne cruelle mort
Cet amoureux tranſi, en la ville prend port:
La faim au dos troué, à l'œil hagard, & bleſme,
Enuieuſe de tout, vie, & mort de ſoy meſme,
Conſeillere de maux, au goſier creuaſſé,
Au cœur touſiours beant, à l'eſtomach percé,
Aux griffes de Renard, aux pattes de Lyonne,
Aux crochets de Satan, à la gorge gloutonne,
Aux deſirs eternels, aux appetits ſans fin,
Le monde enuahiſſant par les loix du deſtin,
Peuploit les carrefours, de fourmis diligentes,
D'eſprits de rage épris, de fureurs violentes:
Qui gratte ſon fumier, pour ſa faim aſſouuir
Qui bée apres le pain ſans en pouuoir iouyr,
Qui l'herbe tiraillant contre terre bourdonne,
Qui mordant vn caillou, void la mort qui l'adiourne
Qui ſe mange les bras, qui ſon teunet enfant
Engouffre en ſes boyaux, & fer entre en ſon flanc,
O grand Dieu quelle horreur! En ma natalle terre
Tandis qu'on foudroyoit de toſs coſtez Sancerre,

Vne mere non mere, ains Megere d'Enfer,
Assaillie de faim, assiegée du fer,
Ne sçachant où treuuer aliment à sa vie,
De son nourrisson mort se repaistre eust enuie:
Sa gourmande voisine excite ses desirs
A deuorer son fils, qui n'a plus de souspirs,
Ces deux gosiers d'enfer, en loppins le tronçonnent,
Le font cuire, & mangé, quoy que soules marmonnent.
O ciel quelles fureurs, & quels meurtres sans fin
Voyons-nous arriuer, par l'horreur de la faim!

In mortuos sæuire nefas.

    Parmi ces tristes maux, ces Plutons effroyables,
Qui tourmentent les corps de terreurs miserables,
Qui poinçonnent le cœur, de cent pensers diuers,
Nostre amant delaissé à la terre, & aux vers,
Des ongles amassoit l'innombrable poussiere,
S'emplissoit de grauier, se paissoit de fougiere,
A l'escart se plaignant du ciel, & des humains,
Combloit son cœur de vent, comme d'ombre ses mains.
Semblable au nautonnier qu'vne vague traistresse
Eschoüe sur l'arene, accable de tristesse,
Priue de tout secours, ne laissant à ses yeux
Qu'vn regret eternel de se voir mal-heureux.
Tout est sourd à sa voix tant, & tant sa misere
Semble rendre le ciel à ses larmes contraire.

Tellemét miserable, qu'il desiroit remplir son ventre de la viade des pourceaux.

    Combien mon pere a-t'il de valets glorieux,
Combien de serfs viuans d'vn vin delicieux,
Combien de manouuriers, qui viuoient de restes,
Qui contentent leur cœur de viandes doucettes,
Combien de gras pourceaux, qui se soulent de pain,
Bref combien de troupeaux esloignez de la faim:
Et moy son nourrisson descendu de sa hanche,
Ie n'ay pas seulement vne bouchée franche,
Ie meurs alangoury, sans qu'aucun aliment
Emplissans mes boyaux, bannisse mon tourment
Comme l'Agneau simplet, esgaré par la plaine
De sentier en sentier, faict vne course vaine,
Passe par les haliers, erre par les buissons,
Où sa laine se perd, tombante par floccons:
Si d'vn chemin battu il rencontre la trace
Il se lance dedans, & brusquement pourchasse

Il desire retourner à son pere.

Le toiĉt abandonné en fin ſes pas legers
Sous la faueur du ciel, l'amenent aux Bergers.
Ainſi ce ieune eſprit, eſgaré par le monde
Deteſtant à part ſoy ſa vie vagabonde,
Flottant au gré des vents, inconſtant en ſes vœux,
Se void du tout priué, de ſon or precieux,
Mais regardant au ciel à la voye ſacrée,
Il ſuit ce beau chemin de la voute etherée,
Puis alaigre, & diſpos aborde en ſa maiſon,
Où content il ioüit de tous biens à foiſon.
Les temps ſont ordonnez au cabinet celeſte
Pour bannir de nos cœurs toute choſe funeſte,
Dieu forme en nos eſprits ces eſlans gracieux,
Qui rauiſſent nos ſens, & nous montent aux cieux.

Repentance
de l'enfant
prodigue.

　Seigneur c'eſt à bon droiĉt, que tu punis mon ame
Qui couroit de ſon gré à l'impudique flame,
A rames, & à voile eſlancée à l'amour,
Aprés tant de malheurs, la ioye aura ſon tour:
Tu balances nos iours à tes Ediĉts ſupremes,
Et veux que nous viuions à toy, non pour nous meſme

Souſpirs au
ciel de l'en-
fant prodi-
gue.

Rend propice grand Dieu mon pere à mes erreurs,
Fay qu'il plonge en l'oubly mes premieres fureurs,
Qu'à bras, & cœur ouuert, me proſternant en terre,
Il me donne ſa paix, ſans craindre nulle guerre.
Ie m'en vay le treuuer, implorant ſa merci
Plein de pleurs, & de peurs l'adouciſſant ainſi.
Mon pere i'ay peché contre ta douce face
Contre les ſainĉts Decrets de l'eternelle grace,
Appaiſe ton courroux, ton enfant deſormais
Veut eſcoutant tes diĉts t'obeïr pour iamais.

L'enfant pro-
digue eſt re-
-ceu par ſon
pere.

Mon fils Dieu ſoit beny, qui par ſa faueur ſainĉte
Te rameine vers moy tenaillé d'vne crainte,
Que la mort n'euſt rauy de ton chef triomphant
A toy ta pauure vie, à moy mon cher enfant.
Embraſſe-moy mon fils, approche que ie ſerre
Ton corps, comme à l'ormeau s'enlace le Lyerre,
Seruiteurs bien-aimez, conuiez mes amis,
Oublions maintenant nos plus grands ennemis,
Cerchez par tous mes parcs la tendre Brebiette,
Deſpecez, aſſommez, faites flotter l'ondette

Du sang de mes agneaux, apprestez promptement,
Puis que i'ay deuant moy, tout mon contentement,
O bien-heureux enfant, ô couple bien-heureuse,
Heureux pere, heureux fils dont l'ame mal heureuse
Aprés tant de trauaux, vient en fin à bon port
Sauué par l'Eternel, des horreurs de la mort.

   Mais ma chere Clion, tu quittes ta carriere,
Retourne au doux sentier de ta voye premiere,
Escoute le Sauueur enseignant les esprits
Amoureux du nectar des celestes escrits.

   Vous auez entendu qu'il faut aimer son frere
D'vn cœur exempt de fard, d'vne amitié sintere.
Ie vous dy quant à moy, Aimez vos ennemis,
Benissez les meschans, caressez vos amis,
De vostre Geniteur, imitez la clemence,
Qui depart aux pecheurs sa tres-riche abondance,
Qui de son grand Palais lambrissé, spacieux,
Enuoye à tous mortels son Soleil radieux,
De l'Arsenal du Ciel les nuages desserre
Arrosant des malings, & des benins la terre.

   Gardez vains de monstrer vostre aumosne deuant
Le peuple mal instruict, à l'esprit deceuant,
Que nulle vanité en ces choses n'abonde,
C'est le propre suiect des amoureux du Monde:
Si tu voids l'indigent, presente luy du pain,
Ignore expressement ce que donne ta main,
Au pauure il faut offrir d'vne ame charitable,
Et non pas du surcroist qui tombe de ta table.

   Quãd d'vn cœur allarmé, & d'vn chef tout larmeux,
Tu feras voleter ton penser sur les cieux,
N'imites le simplet, qui marmonnant barbotte,
Ainsi qu'vn Perroquet, qui ne sçait qu'vne notte,
D'vn amas d'oraisons il infecte les airs,
Chante son formulaire à l'endroict, à l'enuers,
De cent mille propos interrompt sa priere,
Parle ensemble de Dieu, du pot, de la cueilliere,
Et ne laisse à l'instant de r'entrer en discours,
Ioignant la terre au ciel, & les ombres aux iours:
Toy donc quand tu priras l'Eternel plein de gloire
De la langue, & du cœur recite ce memoire.

I ij

Retour aux Sermons de Iesus Christ, qu'il auoit laissez au cõmencement de cette histoire. Matth. 5. Luc 6.

L'Oraison
Dominicale.
Luc 11.

O grand Dieu qui te sieds sur les cieux transparens,
Sur vn throsne entouré de braziers deuorans,
Pere doux, & benin, Ton nom soit authentique
Beny, sanctifié en ce mondain portique.
Ton regne vienne tost. Ta saincte volonté
S'accomplisse çà bas, comme au ciel argenté:
Donne-nous auiourd'huy nostre pain ordinaire,
Sois propice à nos vœux, à nos yeux debonnaire:
Pardonne nos pechez, comme nous pardonnons
Et à nos ennemis les forfaicts condonnons:
Ne tente nos esprits De la main Satanique.
Deliure-nous Seigneur. A toy la gloire vnique
Le regne, la puissance, & la force sans fin
Prend naissance, & sa source és loix de ton destin.

Digression.
Lyncée estoit
doüé d'vne
veuë tres-
subtile. & pe-
netrante.

Que i'aime ces esprits qui d'vne ame eslancée
Au ciel d'astres semé, plus subtils que Lyncée,
Loing du seiour mondain, sur l'aile de la foy,
Estans rauis en Dieu, se rauissent à soy,
Abordent courageux la splendeur, & la face
Du Seigneur haut-Tonnant, vont implorer sa grace,
Dans le char brillonneux du celeste Voyant
Portez vers le Soleil, vont à l'œil tout voyant,
Guindez par les eslans d'vne saincte priere,
Au Prince des hauts cieux ils content leur misere.

Antropopa-
thie.

Embrassent ses genoux, & d'vn cœur ennuyeux,
Font sortir ces sanglots de la langue, & des yeux.
O Seigneur me voicy prosterné sur ma face,
Desirant que ton œil mes tenebres deschasse,
Efface mes defauts, jette loing mes pechez,
Tien les dedans l'oubly pour tousiours attachez,
Pardon ô Tout-puissant, car mon cœur te reclame

Psal. 41.

Comme le Cerf fuyard apres les ondes brasme,
Donne moy qu'en tout temps ie puisse t'adorer,
Et de ta saincte ardeur le secours implorer,
Car ie n'ay pour obiect à ma foible prunelle,
Que les diuins regards de ta face eternelle,
Le monde me desplaist, mais le bleu firmament,
Est l'vnique suiect de mon contentement.

Retour aux
Sermons.

Ne soyez attachez aux thresors de la terre,
Qui n'ont rien d'apparent qu'vn faux esclat de verre

Touchez-les à la main, ils tombent à morceaux,
Multiplient en rien, deschéent en lambeaux.
Thesaurizez au ciel, où l'ame mercenaire
N'a pouuoir de vos biens quelque part vous souftraire,
Où la rongearde tigne, & la roüillure encor
N'abordera iamais l'ombre de ton thresor,
Dieu sera tout en toy, & tu seras sans crainte
Iouïssant des rayons de la Majesté saincte.
Tu ne sçaurois seruir à deux ensemblément
A mon Pere, à Mammon, au monde, au firmament,
Si tu portes au cœur le desir des richesses,
L'enuie des metaux traisne soing & destresses,
L'amour du ciel ne peut habiter en ton corps,
Estant violenté faut qu'il volle dehors,
Qu'il cerche un autre lieu, pour faire sa retraite,
Car il veut se loger dedans l'ame parfaicte.
   Ne soy point soucieux de ton boire, ou manger,
De superbes habits, de robes pour changer,
D'un viure delicat, d'un amas de blandices,
Ayes soing seulement des celestes delices,
De nourrir ton esprit du diuin aliment,
Dont viuent tous les saincts, loing de nostre element.
Voy les hostes des bois au peinturé plumage,
Qui sans soucy des biens desgoisent leur ramage,
Bricollent parmi l'air, voltigent, és ormeaux,
Et qui n'ont pour boisson que le cristal des eaux,
Pour viure que le grain semé par les campagnes,
Ietté dans les valons, espars sur les montagnes,
Cependant l'Eternel les alimente tous,
Combien plus tout bening aura-t'il soing de vous?
Les fleurs des bords d'Euphrat ondeux en son riuage,
Les narcis que l'on void, és apites d'un bocage,
Le lys iaunastre aimé de la pucelle main,
Autant chery de l'œil, comme il est Souuerain,
Les roses des vergers, l'œillet la violette,
La tulippe nymphale, & tout autre fleurette,
Que mon pere a douez d'un splendide ornement,
Ne sont-ils pas vestus d'un royal vestement?
Plus braues mille fois que n'estoit en sa gloire
Salomon, tant vanté par les fils de Memoire.

Luc 12.

Les lys des
champs.
Les choses
naturelles
sont plus ex-
cellentes que
les artificiel-
les.
Lilia superat
regis Salomo
nis ornatum

I iij

quia puriſſi-
ma: Salomon
verò non fuit
puriſſimus,
ſed à mulie-
ribus corru-
ptus.

Quærite pri-
mum Dei re-
gnum, & alia
omnia vobis
adiicientur.

Marc 4.
Luc 6.
Matth. 7.

C'eſt à dire,
de l'Eſcritu-
re ſaincte.

Priere eſlan-
cée.

Virgil. 6. Æ-
neid. Facilis
deſcenſus A-
uerni, noctes
atque dies
patet Atri ia-
nua Ditis.
Hercules.

Or ſi le Tout-puiſſant reueſt ainſi les fleurs
Enfans de vanité, delaiſſez vos erreurs,
Qu'vn chagrin maintenant vos eſprits ne deuore,
Mon Pere aura de vous, vn plus grand ſoing encore,
Cerchez d'vn cœur deuot le Royaume des cieux,
Auant que les threſors de ces terreſtres lieux,
Courez apres l'obiect de la ſaincte Iuſtice,
Employez vos labeurs au celeſte ſeruice,
Vous aurez de ſurplus les biens, & l'ornement,
Le viure, & le ſeiour du doré firmament.

   Ne iuges ton prochain, c'eſt vne extreme audace
De iuger vn mortel à l'obiect de ſa face,
Tirer de l'apparence vn arreſt deceuant
C'eſt fonder ſon penſer ſur vn ſable mouuant
Qui s'enfonce en la terre, alors que la lumiere
De la Saincte raiſon nous monſtre ſa paupiere.
Dieu ſeul moteur du ciel tient le ſceptre en ſes mains
Pour iuger droictement les infirmes humains,
Son œil perce nos cœurs, void les coings de noſtre ame,
Il cognoiſt les eſprits embrazez de ſa flame,
Iuge en dernier reſſort ſa puiſſance, & ſa voix,
Sa gloire, & ſon vouloir marchent tous à la fois.
O Monarque puiſſant, ô ſurceleſte Iuge,
Qui preſides bening, ſur les eaux du deluge,
Qui contemples nos faicts de ton palais vouté,
Qui ſoulages nos maux, par ta douce bonté,
Quand entouré d'eſclairs en ce moment horrible,
Au dernier iugement tu te ſerras terrible,
Partie, & Iuge enſemble, amenant à bon port
Les eſleus, deſchaſſant les damnez à la mort,
Oublie mes pechez, & par ton Fils efface
Mes defauts tenebreux, qui me voilent ta face,
Prends en gré mes ſouſpirs, reçoy mon repentir,
I'en feray iuſqu'au ciel ta gloire retentir.

   Entrez par l'huis eſtroict, c'eſt la voye Etheré
Qui guide nos eſprits en la voute ſacrée,
Laiſſez à l'abandon des cœurs malicieux
La porte de l'enfer au ſentier ſpacieux:
Iour & nuict s'ouure l'huis de l'ombreuſe demeure,
On y peut deualler dans le moment d'vne heure,

Facile en est le cours, mais remonter aux cieux
En ce gist le labeur. Vn nourrisson des Dieux
(Ie parle à la façon de la race Payenne
Qui ne peut s'allier à ma muse Chrestienne)
Triste errant par les bois, rencontre deux chemins,
A l'entrée vne vierge aux flambeaux plus qu'humains,
Sa robe estoit modeste, & son visage encore
Rayonnoit tout ainsi que le chef de l'Aurore,
Blanche comme le lys, (aussi ceste couleur,
Est la marque du ciel, & d'vne saincte fleur.)
De ce chemin battu, dont ton œil void la voye,   La vertu in-
Tout parsemé de fleurs, & tout riant de ioye,   struit Hercu-
Où tant d'esprits errants s'engouffrent mal-heureux,   les au bon
C'est le sentier, mon fils, de l'Orque tenebreux,   chemin.
Le chemin de la mort, la carriere panchante,
Qui conduit les mortels aux pieds de Rhadamante,
En ce lieu les fureurs tourmentent les esprits,
Qui çà bas ont cerché du grand Dieu le mespris:
Mais ce sentier estroict, où la ronce, & l'espine,
S'attachent aux habits, & percent la poictrine,
Au bout est le verger des Esprits bien-heureux,
Le seiour des Esleus, le palais sonoreux,
Regarde, si tu veux, ensuiure ceste voye,
Plustost qu'aux noirs demons donner ton cœur en proye:
Ce iouuenceau prudent, à l'œil iudicieux
Considerant les maux du sentier spacieux,
Et les biens eternels du chemin de la vie
Il se lance dedans, & d'vne saincte enuie
Desire couronner de Laurier ses labeurs,
Tirer d'oubly son nom, & son ame d'horreurs.

En ce mondain seiour où les hommes languissent,   Fallimur o-
D'ombre, & de vanité nos esprits se nourrissent,   stendat ni
Sans guide nous errons douteux, & ondoyans   Deus ipse
Lequel nous ensuiurons des chemins tournoyans,   viam. Alciat.
Mais l'esprit du grand Dieu qui dans nos cœurs rayõne in Emblema.
Parmi l'obscurité ses enfans n'abandonne,
Il nous donne la main, du ciel nous esclairant,
Par son Cahier sacré des ombres nous tirant,
Puis nous dicte tout bas: Cette ennuyeuse route
Semée de douleurs, ombragée de doute,

Où tant de saincts Martyrs triomphans de la mort
Ont senty les effects doucereux de mon sort,
C'est le sentier du ciel, pren courage, & t'eslance
A trauers ces halliers, ma celeste puissance
Sans cesse te suiura. Puisse-ie ô Eternel
Par les diuins transports de l'esprit supernel
M'esloigner des erreurs, des ombres, des tenebres,
Des sentiers de l'enfer, des malices funebres,
Et par les mouuements de ton œil recourir
Au sein de Iesus Christ sans craindre le mourir.

  Detestez des meschans la doctrine imparfaicte
Qui se vestent des peaux de l'humble brebiette,
Se coeffent de chaussons, s'empestrent de patins,
Abhorrez ces esprits comme nouueaux Luitins,
Ils vont à petits pas, n'ont rien de forme humaine,
Que l'hypocrite voix de leur gorge d'Hyene,
Doux ainsi qu'agnelets aux yeux de l'ignorant,
Mais leur gosier trompeur, est vn Loup deuorant.
Fuyez ces faux Docteurs, ces dangereux Prophetes,
Ces Myres complaisans aux parolles infectes,
Leur langue porte vn fiel, dont qui gouste vne fois,
Il desdaigne d'ouyr de mon Pere la voix,
Tombe de pente en pente, & d'vn gouffre en l'abysme
Où la mort, & l'horreur accompagne son crime.
Or quiconque entendra ce langage des cieux,
Et qui de l'obseruer en sera soucieux,
Ie l'accompareray au genereux Pilotte
Qui braue auanturier n'abandonne sa flotte
Attaquée des vents, oragée du nort,
Ore és nuës du ciel, ore à l'huis de la mort.
Qui morgue la tempeste, & surmonte les ondes,
Par les fermes piuots des anchres, & des sondes.
A l'homme, qui bastit son logis, és rochers,
Inesbranlable au choc des Æoles legers,
Que les torrents grondans, & la pluye, & l'orage,
Des hommes la fureur, & de l'enfer la rage
Ne peuuent eslocher, puis que son fondement
Vient du flammeux palais, du lueux firmament.
Dieu vous face cet heur, & cette grace encore,
De le seruir çà bas, comme au ciel on l'adore,

D'estr

Souhait de l'Autheur.

L'Hyene, au rapport des Naturalistes, appelle les passans, pour les deuorer.

Conclusion des Sermons.

D'estre de vrais rochers en constance, & en foy,
Pour viure en son Eden assis auprès de moy.
Mais ma Muse la nuict tombe ia des montagnes,
Et commence à voiler la face des campagnes,
Les bergerots des champs abandonnent les bois,
I'enten tous les agneaux qui beslent à la fois
Amoureux de leur toict. Et nous que la iournée
A comblé de trauaux depuis la matinée,
Faisons halte Clion, suiuons ces pastoureaux
Que les ombres du soir renferment és hameaux.

Fin de la troisiesme Iournée.

ARGVMENT DE
la quatriefme Iournée.

OMME les plus beaux rayons
du Soleil font bien fouuent
offufquez par les tenebres:ain-
fi les plus beaux traicts de la
verité font ordinairemét obfcurcis par le
menfonge , duquel les nuages peuuent
bien voiler la verité pour vn temps, mais
ne la peuuét iamais efteindre , puis qu'enfin fa force diffipe l'obfcurité , comme le
Soleil diffippe les ombres. C'eft ce que
nous enfeigne ce quatriefme Liure, commençant fon difcours par vne refutation
de la fauffe doctrine , qui nous faict accroire que les miracles font vne marque
certaine pour recognoiftre la vraye egli-
fe , puis que la doctrine de Iefus Chrift
ayant efté confirmée par les miracles
qu'il a faicts , c'eft vne abfurdité d'en demander encore d'autres pour la recon-
firmer , car vne lettre bien feellée & ca-
chetée par la main d'vn maiftre , n'a plus
befoing d'eftre recachetée. Apres cette
entrée, il recite les vrais miracles de Iefu-
Chrift , & vne grande partie des gueri-
fons excellentes qu'il a faites par fa prefence, & à fa feule parolle,donnant fanté
aux langoureux & à toute forte de mala-

des, la veuë aux aueugles, la vie aux
morts, comme à la fille de Iaïrus, & au
pauure Lazare, entreßemant l'histoire de
cet autre Lazare & du mauuais Riche
dont il est parlé en l'Euangile, auquel
propos il faict vne belle description de la
mort des fidelles en la personne de Lazare, & à l'opposite represente au naïf en la
personne du mauuais Riche, les horreurs
qui accompagnent les damnez au partir
de ce monde. Puis continuant son discours, poursuit les miracles de Iesus
Christ, descrit la resurrection miracu-
leuse de Lazare, le repas des cinq pains
& deux poissons, auec lesquels Iesus
Christ repeust cinq mille hommes, la
tempeste arriuée sur le lac de Genesare,
l'infirmité de sainct Pierre, qui douta de
la parolle de son maistre. Derechef apres
le denombrement des principaux miracles du Sauueur, il nous faict voir l'en-
durcissement des Iuifs, qui s'assemblent
& prennent conseil pour mettre à mort
Iesus Christ, duquel ils ne pouuoient
supporter les vertus, & la force de ses
miracles, qui estoient suffisans pour les
conuertir, si leurs yeux ne se fussent plustost delectez aux tenebres qu'à la lumiere. Finalement pour la closture de ce
Liure, il nous donne la transfiguration de
Christ en la montagne de Thabor, estant
auec ses Disciples en la presence de
Moyse & d'Elie.

QVATRIEME IOVRNEE
de la Semaine d'Argent.

LES MIRACLES.

CEs, ieunes enchanteurs dont la Muse faconde
Infecte l'vniuers, & charme tout le monde,
Qui gauchers au denoir, occupent leurs esprits
Aux folles vanitez des erreurs de Cypris,
Ressemblent aux enfans qui à course esgarée
Suiuent d'vn papillon l'aile teinte, & parée
D'vn faux or iaunissant: leurs volages discours
Sont les amuzemens des simples de nos iours,
Obiects fallacieux qui tourmentent vne ame
Par les trompeurs appas d'vne impudique flame:
Ie plore les desseins, la Muse, & les trauaux
De ces Paëtes vains, de ces Autheurs nouueaux,
Qui mesprisans du temps la course trop soudaine
Perdent tous les Lecteurs aux despens de leur peine.
Quant à moy si l'espoir d'estre dans l'vniuers
Quelque iour renommé par mes infirmes vers,
Ose au fond de mon cœur treuuer quelque retrette
Ie les offre au grand Dieu, dont la fureur secrette
Incite mes esprits au mespris de ces lieux,
Pour guinder ardemment mon vol iusques aux cieux.
Invocation à
Iesus Christ.
Sacré Surgeon du ciel qui conduis la parole
De tes saincts seruiteurs iusqu'au delà le pole,
Pere de l'vniuers, Redempteur des humains,
Guide ma voix, ma plume, & mes tremblantes mains,
Afin que mon esprit chargé de cet ouurage,
En forte à son repos, eschappant à la nage,
Que moëte de sueurs en fin i'aborde au port,
Où ie morgue de l'œil les horreurs de la mort.
Apostrophe
aux Muses.
Et vous mes cheres Sœurs, mes celestes compagnes,
Muses qui me suiuez és valons, és montagnes,

Ne m'abandonnez pas, fauorizez mes chans,
Ie vous ay consacré l'enfance de mes ans,
Car dés lors que ie vins en la fleur de ieunesse,
Ie iuray par le cours des ondes de Permesse
Que ie vous offriroy' les plus chastes douceurs
Que ie pourray' gouster de vous mes cheres Sœurs.

Vn iour seulet aux champs (si lors seul on peut dire   Fiction.
L'esprit qui sainctement à l'Eternel souspire)
Marchant demi-pensif sous les ombres d'vn bois,
I'entendis sourdement vne plaintiue voix:
Curieux de sçauoir d'où venoit ce langage
Ie me coule dispos en faueur de l'ombrage
Iusques sous vn rozier, où d'vn œil soucieux,
Ie contemplay long temps deux merueilles des cieux.
L'vne auoit vn maintien (ce me semble) adorable,
Vn œil semé de ris, vne robbe semblable
A celle de l'Aurore, vn monde de rayons
Brilloit dessur son chef, aux celestes crayons,
Vn Liure elle tenoit, où comblée de gloire
Elle alloit ruminant en sa saincte memoire
Les loix de l'Eternel: son nom c'est Verité
Splendeur, & lumignon de la Diuinité.
L'autre à demi tremblante, & troublée de crainte,
(Dont encor elle auoit toute la face peinte)
Embrassoit Verité, l'œil trempé dans ses pleurs,
Luy contant le suiect de ses tristes douleurs:
Ma Sœur (disoit la Paix) sous quelle roche ombreuse
Cercheray-ie à finir ma vie langoureuse?
Où fuiray-ie pauurette, en quel lieu de repos,
Pourray-ie sans frayeur esuenter mes propos?
L'Europe mon seiour m'exile de sa terre,
Le Monde me poursuit, chacun me fait la guerre:
Les enfans de la nuict s'esleuent contre moy,
L'enfer & l'Antechrist ne me laisse à recoy?
On n'aime que le sang, & tous ces faux Prophetes,
Par leurs miracles feincts, par leurs langues infectes,
Endorment les esprits des Princes, & des Roys,
C'est pour ce seul suiect que ie suis aux abbois?
On n'aime que le fard, car les ames synceres
Sont celles là ma Sœur, qu'on estime viperes,

k   iij

Quel ordre à ces malheurs? Alors la Verité
(Qui balance ses dicts au poids de l'equité)
Repart. Ma chere Sœur, & compagne fidelle,
Il faut tout supporter, ce n'est chose nouuelle
Si la terre nous hait, si l'air contagieux
Et les nuës d'enfer semblent voiler ces lieux,
Si tout est enyuré de la grande Paillarde,
Satan autour de nous dresse son corps de garde
Pour surprendre nos cœurs il a des messagers,
Sophistes, imposteurs, nocturnes, mensongers.
Qui changeant les Edicts de mes sacrez Oracles
Tirent du creux Auerne vn amas de miracles,
Enchantent l'ignorant, & par Edicts nouueaux
Brouillent d'vn faux discours les debiles cerueaux,
Sous ombre que le ciel ne s'accorde à leur pante,
Ils abbreuuent les cœurs d'erreur, & d'ignorance,
Ne t'en estonne plus, le temps à pas legers,
Vous sortira bien tost de ces sombres dangers:
Encore vn peu de iours, puis mon Pere celeste
Bannira loing de vous toute chose funeste,
Punissant par son bras ces fantasques mutins,
Ces Barbares esprits, ces brouillons, ces Lutins.
A tant la Verité finissant sa parolle
Rasseure ainsi la Paix, puis au ciel s'en reuolle.
　　Tant plus ie considere en mon entendement
Les dædales tortus de l'humain iugement,
Et de ces Clair-voyans la clarté vagabonde,
(Qui mesprisent le ciel, pour adorer le Monde,)
Ie ne puis empescher mes celestes fureurs
De vaincre en terraçant les terrestres erreurs.
C'est à vous beaux esprits dont la pensée est vaine,
Que i'eslance mon vers, & l'ardeur de ma veine,
A vous dis-ie inuenteurs de propos deuorants,
Forgeurs de nouueautez, deceueurs d'ignorants,
Qui le peuple abbreuuez d'vn nombre de miracles,
Contre les saincts Arrests des celestes Oracles:
Sophistes vous cerchez d'vn front audacieux
Des destours aux martels, pour les bannir des cieux,
Mais auant que passer plus auant en ma route,
Ie vous desancreray (possible) de ce doute.

LES MIRACLES. 79

L'esprit de l'Eternel dict qu'en ces derniers iours
Il nous faut estimer pour infernaux discours,
Tous les enseignements des forgeurs de miracles,
D'autant que l'Antechrist semant ses faux oracles
De son ius enchanteur les cœurs enyureroit,
Et s'il pouuoit encor les Esleus il prendroit.
Plusieurs au dernier iour imposteurs, & faussaires,
Profanes, & trompeurs, malings, & temeraires,
Diront à Iesus-Christ, n'auons-nous pas Seigneur?
En vertu de ton nom, & pour ton sainct honneur,
Ietté hors les demons, atterré leur puissance,
Sur la terre espandans ta celeste semence?
Mais Iesus respondra : Ie ne vous cognoy pas,
Descendez auortons és ombres du trespas,
Despartez vous de moy esprits pleins de malice,
Ouuriers d'iniquité, amateurs d'iniustice,
Allez, allez maudits és gouffres de l'enfer
Posseder les cachots de l'ombreux Lucifer,
Outre ces lieux sacrez qui battent en ruine
De ces graues Docteurs l'erronée doctrine,
Ie veux par des raisons palpables faire voir
Qu'ils fondent sur vn rien leur fantasque sçauoir.

   Ce que le sainct Esprit donne à l'Eglise saincte
Ne peut pas conuenir à celle qui est feinte,
Or l'Esprit du grand Dieu marque pour fausseté
Les miracles forgez contre sa verité.
Doncques c'est vn erreur de les prendre pour signe
De l'Amante de Christ, de son Espouse insigne,
Si les miracles sont vn signe plus qu'humain,
Pour preuuer qu'on ensuit le celeste chemin,
Dieu n'eust pas diffendu au peuple Israelite
Par miracles iuger de la doctrine escrite:
Mais il a commandé aux siens expressement
Des miracles iuger par le sainct document.
Doncques ils sont menteurs, & forgent à leur guise
Ces miracles pour seaux, & marques de l'Eglise.
La marque de l'Eglise a pour son ornement
Du Sauueur des mortels le seul commandement.

Passages for-
mels côtrai-
res à la fausse
doctrine.
2. Epist. aux
Thessal. ch. 2
v. 9.
Matth. ch. 24.
v. 23.
Matth. ch. 7.
v. 22.
Salmero Do-
ctiss. Iesuita
tom. 7. Tract.
3. Dicit non
amplius opus
esse miracu-
lis ad demo-
strandam ve-
ram doctri-
nã, & veram
Ecclesiã: sicut
enim cum lex
fuit promul-
gata tonitrua
& miracula
edita sunt: at
postea in re-
citatione le-
gis non facta
sunt: ita nunc
dicendum de
doctrina E-
uangelij. Hoc
ibi confirmat
multis simili-
bus.
I. Argument.
La majeur
est claire : la
mineur se
preuue par le
premier texte
allegué cy
dessus de la
2. Epist. aux
Thessal. ch. 2.
II.

Deuteron. ch. 13. v. 1. 2. 3. & 4. Isai. ch. 8. v. 19. Luc ch. 16. v. 29. Epist. aux
Galat. ch. 1. v. 8.   **III.**

Mais apres le doux temps des Apostres fidelles,
L'esprit ne nous predict que signes d'infidelles,
Que miracles forgez par l'humain iugement:
Doncques il nous faut croire au sainct cõmandement.
Si les miracles sont la marque essentielle
De l'Espouse de Christ, de l'Eglise fidelle,
L'Eglise de Satan sera confuzemẽt
Meslée & ioincte au ciel selon ce document,
Puis qu'en la fausse Eglise on forge des miracles,
On resueille les morts, on donne des Oracles,
On predict l'aduenir, on chasse les langueurs:
Mais cet enseignement apporte mille erreurs.
C'est donc vn fondement d'vne faussaire mise
Quand les miracles sont les seaux de quelque Eglise.
Le signe essentiel de l'Espouse de Christ
Discerne tous les siens de ceux de l'Antechrist,
Autrement il ne peut estre la vraye marque
Qui conuienne aux esleus, & proprement les marque
Mais les miracles sont marque de fausseté,
Ils ne peuuent donc pas marquer la verité.
Si les miracles sont pour confirmer au monde
D'vn nouueau document la nouueauté feconde,
Il s'ensuiura de là, qu'auiourd'huy seulement
Des miracles nouueaux, est né l'enseignement,
Contre ce qu'on obiecte à la Verité saincte
Qui porte sur son front de Dieu la marque empraintt
Or le premier est vray Doncques semblablement
Est nouuel à nos yeux le mondain document.

    Ie pourroy par l'ardeur de ma saincte Vranie
Confondre le discours de leur fausse harmonie,
Preuuer que maintenant les miracles sont vains,
Pour marquer les escrits, & sacrez, & diuins,
Puis que nostre Sauueur a rendu sa doctrine
Par signes eternelle, authentique, & diuine,
C'est en vain maintenant que pour la bien parer,
De miracles humains, on pense l'honnorer.
A tant d'hommes trompeurs, & forgeurs de merueilles,
Sophistes, importuns amateurs de nouuelles,
Faut respondre en suiuant les traces du Sauueur
Ces mots tant seulement de la bouche, & du cœur.

I V.

V.

VI.

Les miracles
sont pour cõ-
firmer vne
nouuelle do-
ctrine, & par
consequẽt la
doctrine des
mondains est
nouuelle, cõ-
tre ce qu'ils
nous obie-
ctent.

La nation meschante, estrangere, & peruerse,
Hypocrite, adultere, à la langue diuerse,
Demande quelque signe, ou miracle des cieux,
Pour contenter en vain ses incredules yeux:
Mais afin d'assouuir cette malice insigne,
Elle aura pour soulas de Ionas le seul signe.
Ces ombres dissipez, retournons rayonneux,
A la voye du ciel, aux sentiers lumineux,
Car pour bien embrasser la celeste doctrine,
Il faut des vains erreurs retrancher la racine,
Confondre le babil, laisser la vanité,
Et d'vn pas eternel suiure la Verité.
  Apres que Iesus Christ par sa bouche sacrée
Eust enseigné les siens iusques à la serée,
Il quitte les hauts lieux, pource que le Soleil
Sembloit en s'esloignant appeller le sommeil,
Le silence, & la nuict, (car l'ombre prend la place
Es lieux, où du Soleil ne rayonne la face)
Non pas que le Sauueur brillantement lueux
Eust besoing du flambeau qui flamboye à nos yeux,
Comme au commencement il crea la Lumiere
Aux eslans de sa voix, au clin de sa paupiere:
Tout de mesme il pouuoit rappeller les moments,
Et les postes du iour par ses commandemients:
Mais il se contentoit sous sa foible charnure
De suiure les esprits plus purs de la Nature,
De prendre son repos, quand le temps ocieux
Couure d'ombres ton œil, te desrobant les cieux.
Tandis que le Sauueur pas à pas se retire,
Vn ladre prosterné à ses pieds luy vint dire,
O Seigneur si tu veux, tu me peux nettoyer,
Et bien loing de mon corps mes langueurs enuoyer:
Iesus meu de pitié sa dextre luy presente,
Le touche sur le chef, & de lepre l'exempte.
La nuict vient cependant, & le silence creux
Espand son voile noir sur la terre, & les cieux,
Le Sauueur au sommeil ses membres abandonne,
Mais auant au grand Dieu ses pensées il donne.
Pere dont le vouloir, & le commandement
M'a faict descendre en bas du lieux firmament,

Matth. ch. 12.
v. 39.

Retour à son
discours.

Matth. 8.
Marc 1.
Luc 5.

Icy se peut
rapporter l'hi-
stoire de
Naaman le
Syrien.

Priere eslan-
cée de Iesus
Christ.

Qui m'as en ce seiour fait prendre ma charnure
Au ventre maternel, sans peché de nature:
Ie me dispose ô Dieu à tes saincts Mandements,
Tes Arrests sont l'obiect de mes contentements,
Les horreurs des Enfers & des hommes la rage,
N'espouuanteront point mon celeste courage,
A la Croix, aux douleurs voire aux indignitez,
Ie voüe ce mien corps, pour les meschancetez
Des humains nos haineux; Et tandis qu'on sommeille,
Mon Ame pour ce faict sans cesse se resueille:
Ie voy desia le iour où mon corps tout sanglant
Rendant l'Ame en tes bras d'vn sanglot violent
Brizera l'huis d'Enfer & toute sa puissance,
Pour remettre les tiens au iardin de plaisance,
En l'Eden eternel, d'où par infirmité
Adam se veid forclos, mais par sa lascheté.
Tandis que Iesus Christ à son Pere souspire,
Et du fonds de son cœur mille pensers il tire,
Ores pour maintenir les siens en fermeté,
Ores pour les garder de l'infidelité,
Le Delphicque flambeau à la tresse dorée,
Tiroit du sein des eaux, la lueur desiree
Des infirmes humains; ia paroissoit le iour
Commençant au galop son solaire contour,
Quand Iesus ennuyé de gesir sur la plume,
Se leua promptement ensuiuant sa coustume,
Pour marcher sainctement au chemin des labeurs
Que le ciel decreta, pour bannir nos malheurs:
Ses Disciples aymez, diligens, & fidelles,
Pour le suiure par tout semblent auoir des ailes,
Chacun autant qu'il peut imite du Saueur
Les trauaux, les sueurs & la saincte ferueur.
Ils vont d'vn pas leger vers les Capernaytes,
Et monstrent l'huis du ciel aux ames mal instruite,
Guairissent les langueurs, bannissent les tourmens,
Et comblent les mortels de vrays contentements,
Mais comme le Soleil lors qu'il monstre sa face,
Faict quitter à la nuict sa tenebreuse place,
Les tygres, les lyons, & les ours furieux,
En leurs antres obscurs se desrobent aux Cieux,

S. Iean Chri-
sostome.

Les voleurs, les larrons, se cachent ez montagnes,
Et le meurtre, & l'horreur delaisse les campagnes:
De mesme ce Soleil aux rayons eternels,
Ce celeste Orient aux esclairs supernels,
Par tout où de son œil luit la saincte lumiere,
La nuict, l'ombre, & l'horreur viste retourne arriere,
Satan fuit deuant luy, & les Demons craintifs
Se retirent au fonds de l'Auerne plaintifs,
Et tristes pour n'ozer retourner à la proye
La clarté du Saueur rend leur ame sans ioye,
Les ombres plus obscurs sont maintenant passez,
Et du tombeau glacé sortent les trespassez:
Tant d'Oracles predicts au desert Hammonicque,
En Epyre, en Delos, en Lycie, en Atticque,
Ez antres Sybillins, au trou Trophonien,
Et celuy tant vanté d'Apollon Pythien,
Bref ces esprits parleurs en parolles obliques
S'estoient tous retirez ez cachots Plutonicques:
Les vertus cependant chassees des pensers,
Reuiennent habiter le rond de l'Vniuers:
La Iustice, la Paix, & la Misericorde,
L'Esperance, l'Amour, la Bonté, la Concorde,
Et les cheres neuf Sœurs bannies de ces lieux,
Suiuoient lors Iesus-Christ descendues des Cieux:
Les fleurs naissent par tout où rayonne sa face,
La simple Verité fait horreur à l'audace,
La candeur marche apres, mais l'infidelité
Craint du Saueur diuin l'œil de sincerité.

   Comme insensiblement ils descouurent la ville,
Voicy vn Courtisan à la langue ciuille,
(Dont le Fils tourmenté gisoit en la maison
Attendant langoureux du Ciel sa guerison)
Qui se prosterne en terre, & parle en ceste sorte,
Seigneur mon pauure enfant void de la mort la porte,
Il est en mon logis rudement combattu
D'vne paralysie en son lict abattu:
Iesus dit, maintenant ie guairiray son ame.
Non Seigneur, le pauuret pressé du mal se pasme,
Dis le mot seulement, sa langueur cessera,
Et ton Commandement sa douleur chassera.

A la venuë
de Iesus-
Christ tous
les Oracles
des Payens
cesserent.

Math. ch. 8.
Luc. ch. 7.

Car ie ne suis pas digne, O Seigneur, que ta face
De mon toict angoissé occupe quelque place:
Iesus voyant sa foy luy dict, va triomphant,
Selon ton sainct espoir soit guairy ton enfant!
  Mais comme il prononçoit cette douce parole
Iairus tout en pleurs infirme se desole,
Fend le Ciel de souspirs, ne treuue aucun appas,
Qui de son cher enfant luy voile le trespas:
En ce monde il n'auoit qu'vne pucelle vnicque,
Belle, sage, & discrette autant comme pudique,
C'estoit tout son desir, il l'aymoit ardemment
Comme le seul espoir de son contentement:
Ce Pere demy mort entendant la venuë
Du Sauueur des mortels se presente à sa veuë,
Se prosterne à ses pieds, & luy baisant les mains
Dict, O Restaurateur des infirmes humains,
(Qui du Ciel descendis pour effacer la faute,
Dont Adam offença ta Majesté tres-haute,
Qui de ton œil benin viens redorer ces lieux,
Pour chasser les langueurs des esprits vicieux)
Ma fillette est au lict extremement outrée
D'vne triste douleur: son œil void la contrée
Des manes de la mort, & son cœur affoibly,
Ia desia flotte aux bords du fleuue de l'Oubly,
Seigneur viens promptement, & que ceste heure mesme
Serue à la guairison de sa langueur extreme,
Allons (dit le Sauueur) elle ne mourra pas,
Ie l'a puis deliurer des ombres du trespas.
Tandis que Iesus-Christ s'approche en diligence
Du logis tout remply de pleurs & doleance,
Vn homme effarouché tout pantelant d'effroy
Aborde Iayrus, qui n'estoit plus à soy,
Et d'vn brusque parler luy dit, Ta fille est morte,
Tu verras le grand deuil qu'on meine sur la porte,
Comme dans ta maison ta femme fond en pleurs,
Desia sur son cercueil on espanche des fleurs,
Non non, dit le Sauueur, que ta foy ne chancelle,
Ie la deliureray de l'ombreuse nacelle.
Cependant du logis ils abordent le seuil,
Ils voyent les parents qui se couurent de deuil.

Et mesme les flusteurs, & les chantres funestes,
Entonnoient des souspirs funeraux, & molestes,
(Car iadis on souloit d'vn son harmonieux
Conduire des mourans l'ame dedans les Cieux,
Estimans que l'esprit estant vne harmonie
Deuoit en s'en allant l'auoir pour compagnie)
Iesus meu de ces pleurs, commande promptement
Qu'on feist cesser les sons du funeste instrument,
Puis menant auec soy Iayrus qui souspire,
Prend l'enfant par la main, & de la mort le tire:
O fille sus debout, sors des ombreux nuaux
Retourne contempler les celestes flambeaux
La fille alors sentant ses membres se reprendre
Sort d'vn profond sommeil, & sa voix fist entendre.
Ainsi nous estions morts, & dans la pasle horreur,
Dans les antres nuitaux, pleins d'ombre, & de terreur
Par la cheute d'Adam : nostre ame sans ressourse
D'vne eternelle mort eust limité sa course:
Mais ce grand Dieu bening, & propice à nos yeux,
Pour nous tirer d'Enfer est descendu des Cieux,
Est venu souz nos toicts, & dans nos maisons mesme,
Il a voulu monstrer sa puissance supréme,
Nous a tendu la main, rappellant nos esprits
Des cachots de la mort, où nous estions proscrits.
Ainsi Iesus alloit par toutes les bourgades,
Par toutes les citez guairissant les malades,
Paissant d'vn pain sacré les esprits des mortels,
Et renuersant à bas des faux Dieux les Autels.
   Prez de Capernaüm le lac de Genezare
D'vne vaste largeur, & d'vne longueur rare,
Rouloit a pas dormans le cristal de ses eaux,
Fertilisant les monts, les valons, les costaux
Tout autour de ses bords les bourgades plantées
Rendoient de ce grand lac les riues habitées,
Salubre estoit son eau, & d'vn goust gracieux,
(S'il faut croire aux escrits des plus iudicieux)
Iesus voulant passer d'vn bord à l'autre riue
Pour donner guairison à toute ame captiue
Des langueurs de la mort: aborde promptement
Les eaux de Genezar, s'embarque vistement,

L iij

Scribit Ma-
crobius mor-
tuos ad se-
pulturam cũ
cantu prose-
qui, quo-
niam animas
ipsas post
corporis vin
cula ad ori-
ginem dulce
dinis musicę,
hoc est, ad
cœlum ip-
sum redire
creditum est
Antiquis.

Allusion au
bannissemẽt
des Romains.

Autour du
Lac de Gene
sar estoient
situées six
villes ou
bourgades,
sçauoir Er-
non, Tiberia-
de, Magda,
Bethsayda,
Capernaüm,
& Chorasin
au recit des
Geographes.

Et prenant seulement vne forte nacelle
Flotte souz la saueur de la rame, & du vele:
Voicy comme ils voguoient sur le branle des eaux,
Le Saueur tout lassé de ses humains trauaux,
Sur le banc du batteau s'estendant se repose,
Et au sein du sommeil ses labeurs il dépose,
Non que la Deité fust subiecte au repos,
(Qui conuient seulement à nos infirmes os)
Car tout ainsi qu'en Christ son essence diuine
Simple, & sans accident, est toute celestine:
Aussi nostre Saueur sommeillant au batteau,
Ne laissoit de veiller son celeste troupeau,
Les gardoit d'enfondrer dessouz les eaux profondes,
Comme Pilote expert rendoit seures les ondes
Contre les tourbillons de l'orage, & des vents,
Puis qu'il comande au Ciel tout ainsi qu'aux torrens.
Tandis la Deité (qui iamais ne repose)
S'occupe incessamment à former quelque chose
Opere en l'vniuers maintenant, & tousiours
Sans peine, & sans labeur par son diuin discours.
Que si de tous les siens la saincte compagnie,
S'est veue quelques fois en extreme agonie,
Es faux-bourgs de la mort: C'est l'incredulité
Qui nous porte à ce mal, non pas la Deité.
A peine loing du bord la nacelle élancée
Fendant l'air, & les eaux sur les vagues poussée
Perdoit terre de l'œil, quand le Ciel se troublant
Commence à menasser le Matelot tremblant
D'vn orage subit. Ia mugle le tonnerre,
I'al air se monstre obscur, & fait peur à la terre:
Bref tout en vn instant l'ombre succede aux iours,
A la clarté l'horreur de mourir sans secours.
L'autan plombe les airs, ia l'onde vagabonde:
Faict que l'on crie en vain, à la sonde, à la sonde:
Les vents tourbillonneux sifflantement felons,
Cracquetans contre l'aix, brizent les auirons:
L'Enfer se monstre au iour, l'onde se tourne-boule,
La vague à flots rompuz sur Genezar se roule,
Grondant, heurlant, sifflant, tournoyant à l'enuers
Ainsi qu'en l'Ocean l'estendue des mers,

Vn murmure auerneux de mainte & mainte corde,
Vn cry de Matelots crians misericorde
Bourdonne, cependant que l'horreur qui les suit
Leur desrobant le iour, les engouffre en la nuict:
Le flot flotte tousiours, & l'orageux Neptune
Abisme l'onde en l'eau, l'onde monte à la Lune,
Puis tournant, & roulant les gonds de l'Vniuers,
Precipite la nef de ce lac aux Enfers.
Les Disciples tremblans au milieu de l'orage,
S'escrient, sauue-nous, sauue-nous du naufrage,
Seigneur nous perissons, si ton bras promptement
Ne nous tire des flots de l'humide element.
Alors le Fils Aisné de l'eternelle gloire,
(Ayant tousiours des siens vne saincte memoire)
Se resueille à la voix de leur estonnement,
Il iette son œil sainct sur l'ondeux element,
Puis void plusieurs vaisseaux, brigantins, & nacelles,
Qui chancellent sur l'eau sans rames, & sans veles,
Esparces çà & là, qui flottent à la mort,
Si son secours diuin ne les meine à bon port:
Cet obiect de pitié faict qu'aux mers il commande,
Tançant ainsi les vents liguez en vne bande.
Quelle audace vous meut enfans de l'air plaintifs?
A sortir marmonnans de vos antres chetifs?
A venir sur ces eaux, mettre tout en alarmes,
Par le souffle ronflard de vos legers gens-darmes?
Retournez mouscherons en vos nuaux ombreux?
Retournez és cachots auortons malheureux?
Il dit; Et à l'instant les tourbillons cesserent,
L'onde fust à repos, les orages quitterent
Ce lieu tout promptement, & la serenité
Ramena du Soleil la celeste clarté,
Tout, tout fust à recoy, par la saincte parole
De Christ qui lasche & tient les bourrasques d'Aeole.
　L'Eglise en l'Vniuers est vn petit basteau,
Choqué de tous costez de l'orage de l'eau,
Le monde, l'Antechrist, & de Satan la rage,
S'efforce à la pousser à son dernier naufrage,
Par ses Pyrates prompts qui veulent l'abysmer
Aux gouffres eternels d'vne eternelle mer.

ge, comme
la Colombe
sur les eaux;
comme Da-
niel en la fos-
se des lyons.

Mais de Dieu les enfans en sa seure nacelle
Ont pour Ourse le Ciel, & la Bible pour vele,
Pour Gouuernail l'Esprit, pour Patron le Sauueur
Qui s'esueille aux eslans & cris de leur ferueur
Qui lance bas l'Enfer, fracassant contre terre
Tous ceux qui font aux siens vne maligne guerre,
Il les soustient tousiours, puis qu'apres leurs trauaux
D'vn Soleil eternel il dissippe leurs maux,
Les loge dans le Ciel, à l'ombre de sa grace,
Où bien-heureux sans cesse ils contemplent sa face,
   Iesus voyant les siens bien loing de la frayeur
(Qui naguerès tenoit le donjon de leur cœur)
Les reprend doucement, & par sa voix propice
Leur enioinct d'obseruer son celeste seruice,
De ne point vaciller ainsi que les ormeaux,
Qui tremblent aux souspirs des premiers Zephyreaux
Ains de garder constans en l'ame sa parole,
Elle vous seruira d'vne ferme boussole
Contre tous les assauts de ce monde chetif,
Pourueu que vostre esprit ne se monstre craintif
En la tentation: car la saincte esperance
N'abandonne iamais le cœur plein d'asseurance.
Doncques ne doutez plus, gens de petite foy?
I'exileray tousiours de vos ames l'effroy,
Ie vous conserueray en la mort, en la vie,
Tousiours vous preseruant de l'infernale enuie.
   A peine Iesus-Christ acheuoit son discours
Qu'ils amarrent au bord, par son diuin secours,
Descendans du batteau deux hommes effroyables,
Au chef tousiours hideux, aux yeux espouuantables
Blafards, & tous noircis de boue & d'excremens,
Qui sombres seiournoient au creux des monumens
Où l'Ange de l'Enfer pour assouuir sa rage
Les nourrissoit d'horreur, de fureur, de carnage,
(Car l'obiect de Satan le plus delicieux
Consiste à separer tous les hommes des Cieux,
Les repaistre de sang, & par malice extréme,
Il tasche à nous voiler la Maiesté supréme:
Mais il se trompe enfin, la Diuine Splendeur
Fait briller sa clarté mesme aux bords de l'ardeur

Deux Demo-
niaques.
Math. ch. 8.

Et l'horreur de l'Enfer : par les Cieux elle esclaire
Sur vn Throsne luisant comme vn Iuge seuere,
Rigoureux aux meschans, mais aux siens par amour,
Il darde ses rayons de l'Eternel seiour :
Chez Pluton vray Minos, loing du Ciel de sa grace
Il bannit les meschans, (& leur voile sa face)
Ces deux dis-ie sortans de leur repaire ombreux,
Plus noirs que le charbon de l'enfer tenebreux,
Desrompant leurs habits à Iesus se presentent,
Et tous les assistans de leur voix espouuantent.
O Seigneur fils de Dieu, qui t'ennoye en ces lieux
Pour gesner nos esprits, qui te sont odieux,
Viens-tu nous tourmenter auant la destinée
Que tu nous as prescript, en l'extréme iournée
Où l'air sera d'airin, le Ciel sera de fer,
Où nos meschancetez habiteront l'Enfer :
Las ! helas laisse-nous, Seigneur ie te supplie ?
Que ton œil doucereux aux bien-heureux saillie ?
Ne nous commande pas en ce mesme moment
D'aller au fonds d'Enfer, dans le tournoyement
Del'estang ensoufré, du cauerneux abisme,
Où l'eternelle horreur accompagne le crime,
Des damnez malheureux : où l'ame est sans confort,
Où le iour est sans iour, immortelle la mort,
Où nul ne peut souffrir qu'vne rage, vn orage,
Où nul ne peut croupir qu'il n'enrage de rage :
Où les ris sont des cris, les plaisirs des horreurs,
La ioye vn desespoir, les obiects des terreurs :
Où l'esprit vit mourant, où tout corps sent la peine,
Et les tourments sans fin d'vne eternelle gesne :
Ne nous commande, dis-ie, O Seigneur de ce pas
Descendre au creux seiour de l'infernal trespas ?
Comme au milieu des airs la vapeur enfermée
Bourdonne en tournoyant son espaisse fumée,
Ne sçait où se musser pressee promptement
D'esclatter sur le chef du terrestre element,
Iusques à tant qu'en fin le gron-grondant tonnerre
Dissipant les nuaux, canonne sur la terre :
Ainsi ces deux demons marmonnent dans les corps
Contraints par Iesus Christ de s'enuoler dehors,

M

Apprehendent craintifs de tomber en l'Auerne,
Grommellent comme vn vent au fonds d'vne cauerne,
Mais pressez du Sauueur ils sortent brusquement,
Vne obscure vapeur, vn hideux sifflement
Murmure à leur despart, le monde s'en estonne,
Et l'air en s'escartant en soy-mesme frissonne
Ces hommes deschargez des tenebreux esprits,
Contemplent d'vn sainct œil les celestes lambris,
Rendent graces à Dieu, exaltent sa puissance,
Et vont preschant par tout leur belle deliurance.
  En ce triste seiour nous viuons escartez
De la viue splendeur des diuines clartez,
Vn bien petit rayon flamboye à nos foiblesses,
Puis que nous languissons en nos mornes tristesses,
Nous errons çà, & là, dans les bois, ez valons,
Ez confins de l'Enfer, ez plaines sur les monts,
Et mesme bien souuent les ames sepulcralles
Les malices de l'air, les ombres infernalles,
Taschent à deschirer & nos corps, & nos cœurs,
Raudent autour de nous, & par mille terreurs,
S'efforcent à gaigner le donjon de nostre ame
Pour suiure leur destin en l'eternelle flame:
Mais de nostre Sauueur l'inuincible pouuoir
Esloigne nos esprits du monstrueux manoir,
Escarte les Demons & l'ombreuse manie
Par son esprit sacré de nostre compagnie,
Humilie nos cœurs, mais il ne laisse pas
Enfondrer ses enfans en l'eternel trespas.
  Iesus partant de là, passe par Samarie,
Pour aller visiter & Lazare, & Marie,
Menant par tout la paix, & la tranquillité,
Car l'ombre de son corps mesme donnoit santé.
En ce lieu de langueur (qu'on nommoit Bethanie)
Lazare comme aux bords d'vne triste manie,
Vlceré par son corps, vulneré dans son cœur,
Des sanglots douloureux d'vne mortelle horreur,
Languide seiournoit, visuottant des largesses
Ou il pouuoit ramasser des celestes richesses:
Là mesme demeuroit vn riche fort contant,
Couuert de soye, & d'or, & d'vn pourpre esclattant,

Qui nourrissoit son corps, & son ame en delices,
Pillant les orphelins par ses fausses blandices:
A l'vn il rauissoit son terroir precieux,
A l'autre l'vsufruict d'vn pré delicieux:
Tantost d'vne maison, & tantost d'vne grange
Deceuant son prochain, il faisoit vn eschange.
Ce riche vicieux ore à l'ombre d'vn bois,
Charmé par le concert des musicales voix,
Sur vn coussin lascif enchanté par l'oreille
Au son harmonieux de la harpe sommeille:
Ores aux petits flots d'vn ruisselet parlant
Loing du tumulte sourd, & du bruit violent,
Comblé d'vn vain repos, Vn tas de concubines
Au parler cacquetard, aux gorges albastrines,
Nües comme le doigt, d'vn baume precieux
Oignent sortant du bain, cet homme vicieux.
Ores dans vn verger lassé de ses Charites
(Aux lices de Cypris de longue main instruictes)
Il se faict dorlotter comme vn enfançillon,
Couché sur le tapis d'vn riche pauillon:
L'vne des muscardins luy iette dans la bouche,
L'autre le mignardant sur ses leures s'abouche,
L'autre d'vn vin sucré, d'vn nectar doucereux
Contente l'estomach de ce vieil amoureux,
Et l'autre pour charmer ce monstre dauantage
Luy diste par son Luth de son ame la rage:
Bref, le monde est pour luy, & les contentemens,
Le soulas les transports, & les chatouillemens,
Qu'on peut s'imaginer, l'accompagnent sans cesse,
Iamais dans son logis ne loge la tristesse,
Tout regorge de biens, & le Soleil montant
Sur son char ianté d'or, en rayons esclatant,
Semble recommencer tous les iours sa carriere
Pour le contentement de cette ame sorciere:
La Lune aux rais ombreux luy donne mille appas,
Sans qu'il pense iamais au chemin du trespas,
Tant il est letargic, & tant l'ombre du monde
Enfondre ses desirs en vn bourbier immonde.
Comme vn caillou roulant d'vn mont encontre bas
Tourne-boule tousiours, & ne s'arreste pas,

Ad strepitum
cytharæ ces-
satum ducere
curâ. Horat.
Epist. lib. 1.
Epist. 2.
Tumultus
surdus voci-
tatur ab ef-
fectu.

Description
des delices
mondaines.

Ains d'vn cours eslancé descend en la valée,
Où flotte à petits bonds la campagne salée,
Là sa force se perd, & tout son mouuement
Se noye dans les eaux de ce vaste element.
De mesme le peché depuis qu'il se desbande

Synecdoche,
pars pro toto.

Contre les saincts Arrests de la celeste bande,
Tombe du haut en bas, roule, roule, toujours,
Tous les miracles sont vains pour arrester son cours,
Vne fois esbranlé il va de pente, en pente,
Iusqu'à tant que l'enfer limite sa descente:
Là l'oubly tenebreux d'vne onde aux plis retors
Le reçoit pour iamais en la plaine des morts.
Mais voicy le malheur que parmi ces delices,
Parmi ce grand repos, & parmi ces blandices,
Cet homme au cœur peruers, du ciel peu desireux
Se mocque ouuertement des pauures langoureux,
Lazare cependant sur le seüil de sa porte
Void les mets delicats que le valet emporte,
Il en hume l'odeur, & iandis il n'a pas
Dequoy pouuoir seulet faire vn chiche repas:
Du pain au nom de Dieu à la porte il mandie,
Les valets cependant morguent sa maladie,
Tout le monde le chasse à grands coups de bastons,
Il se void assailly d'vn tas de marmitons,
Qui acharnent les chiens sur sa pauure charnure,
Ou pour le desmembrer, ou pour luy faire iniure,
Mais ces chiẽs plus humains que ces traistres bourrẽ
De ce pauure affligé vont leschant les lambeaux,
Ses playes, & son corps ont plus de courtoisie
Des chiens, que des mortels ennemis de sa vie:
O bon Dieu quelle horreur, & quelle cruauté,
Le ciel ne veid iamais telle inhumanité!
Outre tous ces forfaicts, la mezure estant plaine

Figure de la
mort des mef
chans tour-
mentez par le
diable.

Ce riche au cœur bouffy de malice, & de haine,
Saisi par les destins du grand Dieu Tout-puissant
Tombe au lict de la mort qui le rend languissant:
Satan debusque alors du creux de sa cauerne,
Et s'en vient l'attaquer suiuy de tout l'Auerne.
Voicy le desespoir, la pasleur, la frayeur,
De ce Riche meschant occupe tout le cœur,

Son ame bourrelée au dedans le tourmente,
Son peché tenebreux à ses yeux se presente,
Troupe à troupe il le void execrable, odieux,
Dont il n'oze œillader l'estenduë des cieux:
Satan pour estonner son ame effarouchée
Tient la voye du ciel par sa force, bouschée,
Luy monstre un parchemin, où sont tous les forfaicts,
Et les pechez hideux qu'en ce monde il a faicts.
Cet impie pressé par l'infernalle ronde,
Accuzé deuant Dieu par la terre, & par l'onde,
Tenaillé dans le cœur de cent pensers diuers,
Sent l'ire du grand Dieu qui poursuit les peruers:
Par tout où de son œil il leue la paupiere
La constance, & l'espoir sont loing de sa misere,
En son ame il cognoist toute sa laschet é,
Il se void enfondré dedans l'iniquité
Qui l'attire en enfer: Sa triste conscience
L'empesche de penser à l'eternelle Essence,
Prezage de sa fin, car l'ame sans repos
Voizine le chemin de l'autre d'Atropos:
D'autre part il sçait bien que Satan le domine,
Qu'il est priué des rais de la clarté diuine
Ce qui le faict heurler, & bugler tristement,
Despitant tout le ciel en son entendement.
Mais tandis que ses dents cracquettent effroyables,
Et qu'il est aux abbois des damnez miserables,
Satan le vient charger pour la derniere fois,
Luy tenant ce discours. Cesse meschante voix
De penser desormais desguizer ta malice,
Dieu te liure en mes mains, pour faire sa iustice.
Ce dict d'un coup de poing sa poictrine il perça,
Puis d'un dard Lethean son ame trauersa,
Le liurant aux Demons qui viuent de torture,
Et qui n'ont pour seiour qu'une cauerne obscure:
Là ce riche emporté grince les dents d'horreur,
Sanglotte dans l'estang plein d'ombre, & de terreur,
Où ses souspirs confus se ioignent à la presse
Des mânes monstrueux de l'eternelle angoisse.

En ce temps que la mort esloigna des hauts cieux
Cet enfant de l'enfer, se riche furieux,

M iij

Conscia mês vt cuique sua est, ita concipit intra pectora pro meritis, spémque metúmque suis. Hoc agnouit Plato, quamuis Ethnicus lib. i. de Rep Quando aliquis vicinus morti videtur, inuadit ipsum subito metus quidã, & cura coru de quibus antea non cógitauit, & sermones qui feruntur de inferis, nempe quod illi qui hic alios læserint, illic pœnas luere debeant. Conscientia turbata & à cœlo amota, horrédas inferorum vias perquirit. Stridor dentium Reproború assecla.

Manes sic dicuntur per antiphrasim quod nunquàm maneát, sed huc & illuc veluti discurrant ac volitent.

Lazare aussi mourut, mais d'vne ame constante,
D'vn œil ferme, & contant, exempt de la tourmente,
Et des tristes souspirs mortement funeraux,
Que lancent les mourans és sentiers infernaux:
Comme il se veid pressé de son heure derniere,
Il leue vers le ciel sa celeste paupiere,

Offrant à Dieu son cœur, & son ame, & ses vœux
Par le merite sainct de son Fils precieux.
Eternel i'ay vescu ainsi qu'vne bouffée
Au matin s'esleuant, sur le soir estouffée,
Comme vn ombre çà bas qui meurt au mesme instant
Qu'elle void sa pasteur parmi les airs montant.
Comme vn rozeau cassé ma vie langoureuse
A senti tous les traicts d'vne ame mal-heureuse,

En ce monde chetif i'ay vescu de douleurs,
Ie me suis dans mon lict abbreuué de mes pleurs:
Sans secours, en ces lieux que de ta dextre saincte,
I'ay poussé iusqu'au ciel ma sanglotante plainte,
I'ay nourry mes ennuis au profond de mes os
Bref de iour, & de nuict i'ay vescu sans repos:
Mais ie n'ay pas pourtant abandonné la voye
Qui meine nos esprits, à l'eternelle ioye.
Comme vn flambeau fumant priué de sa liqueur,
Ne laisse d'eslancer tousiours quelque lueur,
Encores qu'affoibly de ma douleur extreme
I'ay leué mes pensers, vers toy mon Dieu supreme.
Maintenant d'vn œil gay i'abandonne ces lieux,
Pour cercher mon seiour en la salle des cieux,
Où pres de mon Sauueur mon ame triomphante
D'vn eternel repos tousiours sera contante,
Tousiours dans les douceurs, & tousiours desormais
Es plaisirs eternels ie viuray pour iamais.

L'escadre du haut ciel contemplant la constance
De Lazare entouré d'vne saincte esperance
Lancent vn cry de ioye, & d'vn vol soucieux
Plus viste qu'vn traict d'arc descendirent des cieux
Puis viennent tout autour de Lazare fidelle,
L'vn luy parle des biens de la vie eternelle,
L'vn de mille douceurs son ame va charmant
Le renforce au mespris du plus lourd element:

Et l'autre tout deuot de geste, & de parole
Appuyé sur son lict son ame ainsi console.
Courage Athlette sainct du trois fois Tout-puissant,
Il faut ores poser ce sthelet impuissant,
Et suiuant de nos voix les chansons eternelles
Venir au ciel gouster vers les ames fidelles
Les saincts contentements, & les plaisirs sans fin,
Promis à ton esprit du celeste destin:
Allons, allons au ciel, quittons ores la terre,
Pour seruir bien-heureux au Dieu lance-tonnerre?
Ce dict D'un vol diuin ils montent vers les cieux,
Portans sur leur cerceaux sainctement precieux
Lazare bien-heureux, dont l'ame celestine
Accompagne les chants de la troupe diuine.
Dans le sein gracieux d'Abraham ces esprits
Emporterent Lazare au celeste pourpris,
Où de biens eternels son cœur se rassasie
Auallant à longs traicts l'Angelique ambrosie.
   Du gouffre tenebreux ce riche apperceuant
Lazare en Paradis, comme vn Soleil leuant
Tout brillant de clarté, il sanglotte, il souspire,
Il marmonne grondant sous le fais de son ire:
Comme le criminel dans le creux des prisons
Tenaillé, tiraillé de funestes frissons,
En son obscurité, si du ciel la lumiere,
Par quelque petit trou luy monstre sa paupiere,
Il pantelle d'effroy, & soudain palissant
Il deteste la mort de l'œil le menassant,
Croyant que du Bourreau la presence odieuse
Parest, pour le tirer de sa prison ombreuse:
Ce riche tout ainsi de son cachot soulphreux,
De son antre où le feu est tousiours tenebreux,
Void comme par vn voile esclatter en la face
De cet Esprit diuin la lumiere de grace,
A ce brillant obiect il fremit de terreur,
Il iette des regards d'une morte fureur,
Et fremissant d'horreur à la clarté celeste
Il sent en son esprit les furies d'Oreste,
Voyant incessamment les eternels bourreaux,
Il regrette le iour des celestes flambeaux.

Puis d'enuie rongé n'estant plus à soy mesme
Il pousse ces sanglots vers la voute supreme.
Abraham pere doux des croyans bien-heureux,
Qui me voids tourmenté en ce val douloureux,
Ayes pitié de moy, & de grace m'accorde
Quelque soulagement par ta misericorde.
Fay descendre Lazare en ce lieu plein d'effroy,
Pour garantir mon cœur de l'infernal esmoy,
Pour rafraischir mon ame en l'estang tourmentée
Et des tristes Bourreaux dans l'enfer agitée,
Qu'il vienne de son doigt mouiller tant seulemen
Ma langue tout en feu de l'eternel tourment.
Las i'enrage d'horreur, & la flame eternelle
De son ardeur sans fin me brusle, & me bourrelle.
Abraham luy repart. Souuien-toy mal-heureux
Que tu as eu là bas vn repos doucereux,
Sans trouble iouyssant de tes mortes richesses,
Et Lazare au contraire entouré de destresses
Chetif mouroit de faim, deuant toy languissant,
Et la terre, & les cieux de ses cris remplissant,
Ores il a son tour comblé d'heur & de ioye,
Ton ame cependant est de Satan la proye.
Mais outre tout cecy, vn grand abysme ombreux,
A l'air tousiours espais, tristement tenebreux
Nous separe de toy : si bien que nulle trace
N'est ouuerte en ces lieux, pour voler à ta place,
Demeure donc au gouffre, & que tousiours l'horreu
Des Demons de l'enfer te tiraille le cœur.
    Iesus Christ rezidant au Bourg de Bethanie
Entendit que Lazare auoit laissé la vie,
(Mais c'estoit vn Lazare aggraué de douleurs
Different à celuy, dont i'ay tracé les pleurs.)
Ses sœurs toutes en deüil sombrement desolées,
Accablées d'ennuy, à la face v[...]
Eniendant que Iesus seiournoi[...] en ces lieux,
Se presentent à luy d'vn cœur deuocieux,
Et de geste, & de voix pleines de doleance
Regrettoyent du Sauueur l'infortunée absence.

Seigneur si ton sainct œil eust icy rayonné
La vie n'eust iamais Lazare abandonné,
Il viuroit maintenant, & ma plainte syncere
N'offenceroit le ciel, pour la mort de mon frere.
Iesus meu de leurs pleurs fremissant en son cœur,   *Iean 11.*
Sent poindre son esprit d'vne triste douleur:
Il demande en quel lieu Lazare estoit en terre,
On s'en va pour le voir. Vn antre faict de pierre,   *Description*
Obscur, & tenebreux, (ou desia plusieurs morts   *du sepulcre*
Volans au ciel d'azur auoient laissé leur corps)   *de Lazare.*
De Lazare cachoit la charnure puante,
La depuis quatre iours en la tombe relante.
Vn rocher escorné la cauerne bouschoit,
Qui de ce triste lieu la Lumiere chassoit,
Iesus le faict rouler, & pendant qu'il s'aduance,
Chacun comme estonné attend la deliurance
De Lazare assoupy des pauots de la mort,
Pour voir s'il reuiendroit du mortuaire bord.
Iesus alors lançant sa celeste priere
Iusqu'au flambant palais du Pere de lumiere,   *Iesus ressus-*
Parle en cette façon : Lazare sors dehors,   *cite Lazare.*
Et retourne animer les membres de ton corps:
Lazare incontinent ressuscité des ombres,   *Diuina &*
Se resueille lié d'haillons obscurs & sombres,   *humana na-*
A le voir on eust dict, que de terre il sortoit,   *tura vno mo-*
Tant sa face d'vn mort les enseignes portoit.   *mento simul*
Son esprit retournant en son corps le manie,   *operabantur.*
Christ le prend par la main, puis vont en Bethanie:
Chacun s'en esmerueille, & le peuple inconstant
Va par tout de Iesus les vertus racontant.
   Tandis le Iuif esmeu des celestes miracles
Que Christ mettoit au iour, (contre les faux Oracles
De leur secte profane) abomine des yeux
Le renom loing volant du fils aisné des cieux.
Si nous laissons monter (disoit il) la memoire
Des faicts de ce Iesus, nous n'aurons plus de gloire
Parmi la nation : Les Romains valeureux   *Endurcisse-*
Viendront exterminer les Scribes mal-heureux: *ment des*
Et lors nostre puissance encore assez cogneuë   *Iuifs aux mi-*
S'exhalera dans l'air tout ainsi qu'vne nuë.   *racles de*
                                      Christ.

N

Nous serons sans nos Loix, sans Temple, sans Cité,
Bannis par l'Vniuers à perpetuité.
Mais tandis qu'en nos mains nous auons le remede
Contre tous ces malheurs: que nostre crainte cede
A l'espoir d'estre mieux, que le bien de nos iours
Nous fasse mespriser les dangereux discours
De ce Prophete feint. Allons à l'assemblée
De nos sages Rabins: Là nostre ame troublée
Entendra prononcer en dernier iugement
L'exil de Iesus Christ à mon contentement,
Il dict: & s'en allant il void la populace
Qui s'aduance au palais sur l'aile de l'audace.

Vn porticque doré aux piliers yuoirins
(où Phœbus augmentoit ses rayons ætherins)
S'esleuoit au milieu des grands murs de la Ville
(Vaine gloire des Iuifs, & de la tourbe vile)
Là le siege pompeux du Prestre souuerain
Couuert de lames d'or, & d'vn brillant airain,
Surhaussé paroissoit superbe, & magnifitque
(Pour le Iuge annuel du peuple Iudaïque.)
Là les Iuifs auolans destinerent aux morts
Du Sauueur des humains le sainct & sacré corps,
Pource que leurs esprits meschantement faussaires
(Aux arrests eternels incessamment contraires)
Ne pouuoient supporter les miracles diuins
Dont Iesus rauissoit les Prestres, & Deuins.
Comme le chassieux (dont la foible paupiere
N'oze tant seulement œillader la Lumiere
Du pere de nos iours) boursouffle dans son cœur,
Souhaitant d'obscurcir la Solaire lueur,
Mais tous ses vains efforts s'enuollent en fumée,
Phœbus portant au poing sa grand torche allumée
Ainsi les Iuifs peruers, plus malings qu'enuieux
Ne pouuants supporter la lumiere des cieux,
Dont Christ alloit chassant les ombres de la vie,
Les œuures de Satan, & l'infernale enuie,
Taschent à supprimer les celestes rayons
Benits, & rebenits de toutes nations:
Mais on a beau cercher moyen de les atteindre,
Ce qui descend du ciel l'homme ne peut l'esteindre.

Encores que les Iuifs n'aiment point ce Soleil
Il monstrera par tout la force de son œil,
Les vents ne peuuent pas destourner la lumiere
Qui faict iournellement par les cieux sa carriere:
Tout de mesme les Iuifs encores que peruers,
N'empeschent que Iesus esclaire en l'vniuers,
Seulement pour complaire à son celeste Pere
Auquel son pur esprit nuict & iour obtempere,
Il delaisse Solyme, & bien loing des peruers,
Son esprit exiloit Satan de l'vniuers.

  Vn iour fuyant les mains du mutin populaire
Seulet il se retire en vn lieu solitaire,
Où son ame pensifue en œilladant les cieux,
Offroit à l'Eternel ses pensers precieux:
Depuis l'aube au crin d'or iusques à la serée,   *Pieté de Ié-*
Il colla son esprit à la voute sacrée,   *sus Christ.*
Et mesme tous les siens (qui recerchoient ses pas
Amoureux de son œil aux celestes appas)
Le treuuerent encor souspirant à son pere
Pour garder les humains d'eternel vitupere.

  Les troupes cependant (qu'il auoit autresfois
Repeües par le pain de sa celeste voix,)
Regrettans de son œil la deplorable absence
Vindrent en ce dezert, pour reuoir sa presence:
Là de mille discours diuinement coulans
(Comme des ruisseaux d'or de sa bouche roulans)
Il alloit nourrissant cette troupe innocente,
Au desdaing genereux de la terre inconstante.
Nocturne aux noirs cheuaux tandis traisne la nuict   *Noctiuago*
Sur vn char estoilé que le murmure fuit,   *Phœbe me-*
Ia le iour disparoist, & de la terre l'ombre   *dium volita-*
Veut voiler tout le ciel d'vn crespe morne, & sombre,   *bat Olym-*
Quand Christ voyant errer du costé du leuant   *pum.*
Le peuple, comme agneaux à la guide du vent,   *Matth. 14.*
Meu de compassion, feist asseoir par rangées   *Marc 6.*
Les troupes, dés l'Aurore à la faim engagées: *Luc 9.*
Cinq fois mille ils estoient sur l'herbette estendus   *Christ repaist*
Sans les petits enfans par la troupe espandus,   *cinq mille*
Et sans conter encor les femmes babillardes,   *hommes de*
Et tous ceux qui portoient les turbulentes hardes   *cinq pains &*

Cependant le Sauueur les alimenta tous
De cinq pains, deux poissons, & d'un breuuage doux,
Breuuage non commun, ains plustost ambrosie,
Sainct restaurant du ciel, diuine maluoysie,
O pain des bien-heureux, dont les petits loppins
Presentez à plusieurs, multiplient ès mains,
Pain vie de toute ame, alme repas des Anges,
Qui renforces l'esprit, & iamais ne te changes.
Ainsi en Sarephta le Prophete sacré
(D'un celeste chagrin ayant le cœur outré)
Vescut à diuers iours d'un cophin de farine,
La veufue, & son enfant par la vertu diuine.
Aussi du Tout-puissant les faueurs, & les dons,
Ressemblent au leuer ces celestes brandons
Dont la flame est petite au poinct de sa naissance,
Mais tousiours s'aduançant prend nouuelle croissan[ce]
Ainsi du clair Soleil les rayons radieux
(Bien qu'espars plaisamment par le vague des cieux,
Pour nous seruir de tour:) sont tousiours vniformes,
Car changeans d'orizon ils ne changent de formes.
Ainsi d'un mesme lieu mille petits ruisseaux
Sourdent à menus bonds, font vne source d'eaux,
Dont tous les oyselets aux ailes bigarrées,
Et les bestes des champs, des forests, & des prées,
Boiuent iournellement, sans qu'on voye tarir
Et la source des eaux, & le sourdon tarir.
Ainsi le Tout-puissant nous paist de ses richesses,
Sans qu'on voye assecher la mer de ses largesses.
    Apres que Iesus Christ eust nourry ces esprits,
De ce pain eternel du celeste pourpris
Chacun se retira. Lors le Sauueur commande
A ses saincts seruiteurs, à sa sacrée bande,
De passer deuant luy à l'autre bord ondeux
Tandis que tout seulet il prendroit congé d'eux.
Le Soleil ia desia delaissoit sa carriere,
Et chez les Antictons emportoit sa lumiere,
Quand Iesus seul monta sur un mont ocieux
Pour monter son esprit plus haut que tous les cieux.
En ce triste seiour il leue sa parolle
Par dessus tous les gonds de l'istrée carrolle,

Rend les airs de souspirs, perce le firmament,
Par le langage sainct de son entendement:
Desia se disposant à cette mort affreuse,
Horrible, à l'œil hagard, & sombrement hideuse,
Mort soufferte pour nous, & pour nos laschetez,
Mort le doux payement de nos iniquitez.
Tandis que Iesus Christ loing du bruit, & murmure,
A son pere bening ouure son ame pure,
La tempeste, & l'effroy liguez, ensemblement,
Les vents tourbillonneux sur l'humide element
Font vn brouillis confus, les aquilons bourdonnent,   *Christ exerce*
Et ses Disciples ia l'auiron abandonnent,   *les siens par*
S'escriant, Au secours, Seigneur nous perissons,   *allarmes cõ-*
Seigneur dans ce grand Lac desia nous enfonçons,   *tinuelles.*
Si ta dextre d'enhaut ne commande à l'orage,
Et si ta voix, des vents ne refrene la rage.
Iesus alors parest, cheminant sur les eaux,
Les siens estimans voir des fantosmes nouueaux
Redoublerent leur peur: Mais Iesus Christ s'aduance,
Bon courage, c'est moy, reuerez ma presence:
O Seigneur si c'est toy (dict son Disciple alors)
Permets que ie t'aborde, & que mon foible corps
Par ton commandement marche sur la marine,   *S. Pierre che-*
L'eau me soit vn sentier sur lequel ie chemine: *mine sur les*
Sainct Pierre par l'adueu de la celeste voix,   *eaux.*
Chemine dessur l'eau, comme sur vn pauois,
Mais les foudres grondans estonnans son courage,
Font chanceler sa foy au milieu de l'orage.   *Deffiance de*
Desia l'onde roulant ce Disciple poussoit,   *S. Pierre.*
Et la tempeste ia son corps engloutissoit,
Quand Pierre s'escriant, ô Seigneur ie me noye:
Fust remis par Iesus en sa premiere voye.
En ce monde peruers l'orage suit nos pas,
Nous sommes assaillis des horreurs du trespas,
La tourmente est tousiours autour de la nasselle
De l'eternel troupeau, de l'Espouse fidelle:
Ores vn tourbillon, ore vn brusque reuers,
Du Monde, ou de Satan, nous veut mettre à l'enuers:
L'enfer est contre nous, l'Antechrist, & sa rage,
Il nous faut cependant auoir vn grand courage.

Vne constante foy, vn eternel espoir,
Pour retenir nos cœurs dans les loix du deuoir,
Afin que nostre esprit se monstre inesbranlable
Contre tous les assauts de l'enfer, & du diable.
Le Sauueur Tout-puissant ne nous quittera pas,
Il nous desgagera des craintes du trespas,
Des frayeurs de la mort, (mort douce, & desirable,
Mort qui nous faict passer d'vn estat miserable
Au iour des bien-heureux, mort le port de repos,
Mort dont l'homme Chrestien arme tous ses propos,
Puis qu'elle n'est plus mort, ains passage à la vie
A ceux dont l'Eternel tient ia l'ame rauie)
Les ombres sont passez, & les fantosmes vains,
Doiuent estre bannis du courage des Saincts.

    Iesus Christ passant outre, aborde en Bethsaide
Rencontre vn languissant (mené par vne guide)
Ses yeux estoient fermez à la belle clarté
Du Soleil rayonneux, n'ayant qu'obscurité:
Vn noir aueuglement resserroit sa paupiere,
Aux rayons lumineux de la claire Lumiere.
Iesus prenant sa main hors du Bourg le conduict,
Puis crachant sur ses yeux, il deschasse la nuitt
Hostesse de son chef, & remet en leur place
Deux beaux brandons luizans exilez de sa face.
Que voids-tu mon ami? Il me semble, ô grand Dieu
Que les hommes marchants me font peur en ce lieu,
Ils sont grands comme vn chesne, & leur teste branle
Ressemble au tremble gay à la rame tremblante.
Derechef Iesus Christ mist la main sur ses yeux
Qui veirent clairement l'estendue des cieux.
Tout ainsi le Soleil commençant sa carriere
N'eslance tout d'vn coup les rais de sa lumiere,
Ains par diuers degrez montant en l'orizon,
Il despart aux mortels de son or le frizon,
Iusqu'à tant qu'esleué au plus haut de sa cource
Il darde tout à plein la clarté de sa source:
Ainsi le Tout-puissant plus Soleil que Phebus,
N'enuoye tout à coup ses diuines vertus
Aux enfans des mortels, son esprit s'accommode
A nostre infirmité, & mesme à nostre mode.

Marc 8.
Non dubium quin Christus saliuâ oculis illitâ cæco visum restituens, tacitè innuerit, id demùm quod ex ipsius ore egreditur illuminare mentes, & discutere tenebras naturalis ignorantiæ
Il n'y a en l'Escriture saincte que ce seul exemple de cure corporelle que Iesus Christ ait fait à reprises & par degrez, Toutes les autres cures miraculeuses ont esté faites en vn moment.

Il begaye auec nous, comme vn bon geniteur
Parle à son nourrisson de la langue, & du cœur.
Aussi pour mieux dicter ce qu'il veut faire entendre,
Il parle comme nous, pour nous faire comprendre
Les secrets du haut ciel selon nostre pouuoir,
Sans luy nous ne pouuons ny voir, ny conceuoir.
Les pas de ses faueurs, & de sa saincte grace
Sont lents, & bien souuent tardifs à nostre face.
En nostre saincteté, & nouueau changement,
Dieu desbroüille les nuicts de nostre entendement,
Premierement chassant les tenebres ombreuses
Qui nous bouschent du ciel les clartez radieuses.
Comme au commencement de ce grand vniuers
Il tira du Cahos, & du brouillis diuers,
L'ornement de ce Tout, cette belle Lumiere
La vie de nos iours, des beautez la premiere:
Il faict de mesme encor au profond de nos cœurs,
Exilant loing de nous les vices, les erreurs,
Les pechez aux yeux noirs, & par sainctes parcelles
De nos pauures esprits le fond tu renouuelles,
Iusqu'à tant que logeant ton esprit en nos cœurs
Nous iouyssions là haut des celestes douceurs.
  Cependant le Sauueur qui contemple à toute heure
Du palais du grand Dieu la diuine demeure,
Qui void desia sa mort, & son triste trespas,
Sage moule les siens au celeste compas,
Aux arrests eternels du ciel porte-lumiere,
Les instruict, leur faict voir ja son corps en la biere,
Et par des saincts discours les enseigne comment
Il place les esleus au lieux firmament,
Car nul de tels secrets ne peut prendre l'idée
Si son ame du ciel n'est sainctement guidée.
Vn iour voulant monstrer aux siens quelques crayons
De la gloire eternelle aux eternels rayons,
Il emmeine à part soy Iacques, & Ieann, & Pierre,
Sur vn mont de beaucoup esleué sur la terre:
En ce lieu le Sauueur au ciel leue ses mains
Pour le sacré salut des infirmes humains,
Souspire à l'Eternel, & de son ame eslance
Mille & mille pensers, iusques au ciel s'aduance

Transfigura-
tion de Iesus
Christ en la
montagne de
Thabor.
Matth 17.
Marc 9.
Luc 9.

Epiphanius.
Gloriam illam dicit fuisse visibilem splendorem in facie Christi à Deitate effectum, quo refulsit facies ipsius Christi.

Par les plains de sa voix. Son pere l'escoutant
Rasserene son chef, & rend son cœur contant.
Voicy comme il prioit sa face vint lueuse
Ainsi que le Soleil claire & majestueuse,
Son vestement plus blanc que la mesme lueur
Surpassoit les esclats de tout' autre couleur,
Plus brillant mille fois que la lampe du monde
Lors que ses rais ardens se plongent dedans l'onde.
Moyse aussi parut, & ce sainct seruiteur
Qu'vn char tout enflambé rendit au ciel dúrieus
Du monde, & de l'enfer. Sainct Pierre en cette glo...
Ne peut souler ses yeux son esprit, sa memoire,
Il est en soy rauy des celestes beautez
Qu'il void dessur ce mont brillonner en clartez.
O Seigneur (ce dit-il) quelles voix, quels oracles
Demeurons en ce lieu, faisons trois tabernacles
Vn pour toy, pour Moyse, vn pour Elie encor,
Les iours sur ce beau mont sont comme vn siecle d...
    Cett' extaze est vne ombre, vne image, & figure
De nostre changement en la gloire future,
Nous serons plus luisans que le mesme Soleil,
Plus blācs que la blancheur, plus voyans qu'aucun...
Dans le sang de l'Agneau nos robbes seront teintes,
Des crayons du grand Dieu nos faces seront peintes
Tout brillans de clarté, purs seront nos esprits,
Parfaicts, & tout contans au celeste pourpris.

Priere eslancée.

Seigneur tire mon ame à l'amour de ta gloire,
Enflame tout mon cœur de ta saincte memoire,
Donne moy ton esprit, inspire en moy ta voix,
Afin que de ton Fils les celestines loix
S'impriment en mon chef, & que toute ma vie
Mon ame t'adorant soit toute en toy rauie:
Que là tousiours mon cœur, & les nuicts, & les iours
Pense, & repense encor, qu'il medite tousiours
Cet heritage sainct, cette gloire eternelle
Palais des Seraphins, de la vie immortelle.
Puisse ipse mon esprit s'enueler sur les cieux
Pour iouyr en mon Dieu des biens delicieux.

Fin de la quatriesme Iournée.

ARGVMENT DE LA CINQVIESME IOVRNEE.

OICY la principale piece de cet ouurage, à sçauoir la mort & passion du Redempteur du monde, enrichie de diuerses descriptions, entre autres de celle du desespoir de Iudas, De la repentance de S. Pierre, & d'autres belles fleurs, accompagnées de diuerses histoires, comme de celle de Spera Docteur Italien, de celle de l'Egyptien Thamos, extraicte du Traicté de Plutarque de la cessation des Oracles, de l'histoire du Philosophe Calanus recitée par Q. Curse au Liure 10. Le tout distinctement, & suiuant le fil de son discours, descriuant les signes antecedents cette mort, les Adioincts, & les Consequents, tirez mesme de la bouche des Payens. A cette matiere il pouuoit joindre l'institution de l'Eucharistie ordonnée par Iesus Christ auant sa mort: Mais pource que plusieurs hommes Doctes de ce temps ont traicté de ces choses solidement, l'Autheur de cet œuure a iugé qu'il n'estoit pas necessaire d'en parler apres tant de clarté estalée aux yeux de tout le monde. En apres il sa-

tisfaict à quelques questions sur la paf-
sion de Christ, asseurant que l'eclypse du
Soleil qui accompagna cette mort fut
particuliere, & non pas generale, representant dextrement les combats, & les
douleurs horribles du Sauueur mourant
pour les pecheurs. Finalement il nou[s]
donne vn eschantillon de la sepulture
glorieuse de Iesus Christ, recitant a ce
propos la coustume des Romains, ens-
uelissans splendidement leurs morts. Refute en passant les erreurs contraires à la
doctrine celeste, & finit en fin par l'Epitaphe du Sauueur du monde.

CINQVIESME IOVRNEE
de la Sepmaine d'Argent.

LA PASSION.

TIMANTHE vn iour voulant
    pourtraire Iphigenie,
Par l'object de la mort à la face
    ternie,
Sur vn triste bucher arrozé de ses
    pleurs,
Fust luy mesme saysi de l'horreur des douleurs
Qu'apportoit cette mort : Il quitte son ouurage,
Ne faisant que gemir comme vn lasche courage,
Seulement pour monstrer son esprit attristé
Il ombra son tableau d'vn champ d'obscurité,
Voilé des sombres traicts propres à la tristesse
Du lamentable sort de sa belle Princesse:
Ainsi le deüil au cœur desirant en mes vers
Crayonner le trespas du Roy de l'vniuers
(Mort pour donner aux morts vne eternelle grace)
Vne hyade de pleurs enuironne ma face,
Les sanglots, les regrets, les souspirs, & les pleurs
Terraçant mon repos, m'atterrent de terreurs,
Et tant d'indignitez qu'il souffrit pour nos ames
(Qui s'en alloient tomber és eternelles flames)
Font naistre dans mon sein vn deluge d'ennuis,
Vne mer de sanglots, vn sombre Orque de nuicts:
Mais le bien tant prizé que cette mort apporte
M'a desia fait franchir de la crainte la porte:
Ie veux le contempler dans le palais des cieux,
L'inuocquer de mon cœur, & m'essuyer les yeux.
O Lumiere eternelle, esprit tousiours durable,
Fond celeste, & sacré, justement adorable,
Sauueur qui nous sauuant n'espargnes point ton corps
Pour dompter genereux de l'enfer les efforts,

ο ij

Sanguine pla-
castis ventos,
  & virgine
cæsa.
Cum primum
Iliacas Da-
nai venistis
ad oras. Æ-
neid. lib. 2.

Ombrer chez
les Peintres,
c'est faire des
nuicts.

Icy l'vniuers
se doit en-
tendre pour
le ciel, & la
terre.

Inuocation.

Qui deuant l'homme faict de la masse féconde
Feis sortir le flambeau qui redore le monde,
Desbrouillant du Cahos les nuáges diuers
Pour orner de clarté tout ce rond vniuers:
Desbrouille de mes sens les nuicts tousiours ombreuses,
Chasse de mon esprit les tenebres affreuses,
Afin qu'illuminé de l'Esprit chasse-erreur,
Inspiré des hauts cieux d'vne saincte fureur,
De toy, mon cher Sauueur, la passion ie chante,
Que d'vn vers non rampant, d'vne voix esclatant
l'annonce les tourments, les plains, & les douleurs,
Que ton corps-supporta mourant pour les pecheurs.
Mais pource que cecy surmonte ma portée,
Deuot ie veux tenir ma course limitée,
Es bornes que ta voix a prescrit aux mortels,
Crainte presomptueux d'aborder tes autels,
Où mille rais flambans, & mille ardeurs encore
Font d'vn brazier sans fin, vn feu qui tout deuore,
Ce sont des mers, des monts, des gouffres, & des feux
Si larges, & si hauts, profonds, & lumineux,
Que ny sonde, ny pied, ny cable, ny paupiére,
N'atteind le fond, le haut de si belle lumiere:
Aussi mon jeûne esprit, trop foible en ses crayons,
Se retire offusqué de tes diuins rayons,
Et tout tremblant d'effroy, ma Muse de peur morte
Void vn Ange flambant qui se tient sur la porte,
Qui m'en deffend le pas, car son bras punisseur
Faict à l'audacieux perdre l'ame, & le cœur.
    Sacrez hostes du ciel, pures intelligences,
Affectus. Dites nous les motifs de tant de doleances,
Postillons loing volans, & vous heureux esprits,
Qui viuèz au palais du celeste pourpris,
Dites, dites comment ce Soleil de la vie
Triompha genereux de l'Auerneuse enuie:
Dites, vous le pouuez: car autant que les cieux
Surhaussent leurs flãbeaux loin bien loin de nos yeux,
Tout autant nos esprits, & nostre infirme face
Est loing des saincts secrets de l'eternelle grace:
Reprise de
son discours. Comme vn genereux chef s'en allant aux combat
Exhorte à la valeur ses valeureux soldats,

Passe de bande en bande, & de voix, & de geste
Harangue ses guerriers comme vn Ange celeste:
De mesme le Sauueur (dont l'œil penetre tout
Qui void d'vn cœur couuert le recoing, & le bout)
S'approchant de la mort, ses Disciples dispose
A porter constamment pour son nom toute chose,
A fuir cette voye au sentier spacieux,
Qui conduit en enfer l'homme exilé des cieux.
Vous serez nuict, & iour poursuiuis en ce monde,
Par l'enfer, par le fer, par la terre, & par l'onde,
A cause de ma voix mille, & mille douleurs
Vous accompagneront, vn Ocean de pleurs,
Vne mer de sanglots, vn abysme d'angoisse
Submergera vos cœurs és flots de la tristesse.
Mesme il arriuera que les hommes peruers
Banniront vos esprits de ce rond vniuers,
Pensans faire plaisir à mon pere celeste,
En vous faisant sentir toute chose moleste,
On vous entraisnera pauurets par maintes fois
Deuant le tribunal des Princes, & des Rois,
On vous accuzera de maint enorme vice,
On ternira vos noms d'vn infame supplice,
Vous serez poursuiuis par les monts, & les bois,
Satan veut vous ranger dans les derniers abbois,
Mais ie prie pour vous, & ma chaste pensée
Monte souuent au ciel d'vne ardeur eslancée,
Pour vous corroborer en vos infirmitez,
Et pour vous rasseurer parmi vos laschetez.
    Maintenant ie m'en vay vers la voute supreme,
Ie m'en vay debeller l'enfer, & la mort mesme:
Ie m'en retourne au ciel, il me conuient partir,
Et pour vostre salut de ce monde sortir.
Cependant qu'vn chacun à bien faire s'aduance,
Cheminez és sentiers de la perseuerance,
Courage en vos langueurs, courage en vos ennuis,
Ie seray auec vous, & les iours, & les nuicts,
Ie ne laisseray point vostre troupe orpheline,
Vous aurez le pauois de la dextre diuine,
L'Esprit du trois fois Sainct vous accompagnera,
Vne part de vos maux luy mesme il portera,

Sages & diuins aduertissements de Iesus Christ à ses Disciples auant sa mort.

Matth. 24.
Marc 13.
Luc 21.
Iean 16.

Iean 14.

Ie vous l'enuoyeray, afin qu'en mon abfence
Il confole vos cœurs par fa douce prefence,
Car fi ie ne m'en vay l'Efprit ne viendra pas,
Il faut donc embraffer les horreurs du trefpas,
Luicter contre Satan, triompher de l'Auerne,
Et pourfuiure la mort iufques dans fa cauerne,
Où pafle, maigre, horrible, elle faict fon fejour,
Loing des douces clartez de l'aggreable iour,
Puis rauy fur le char de l'Eternelle gloire
Aux fleuues eternels du ciel s'en aller boire.

    Seigneur où t'en vas-tu? luy dict S. Pierre alors,
Ie veux accompagner & ton ame, & ton corps,
Ie te fuiuray par tout, & la mort violente
Ne me pourra rauir ta face rayonnante.
Le Saueur refvenant ces mots audacieux
Se rit de fon Difciple, au cœur ambitieux,
Qui brauant du cacquet, comme vne femmelette
Se monftra par effect branlant en gyrouette:
Pierre auant que le Cocq ait chanté par trois fois,
Tu reniras mon nom d'vne craintiue voix:
Et cette mefme nuict qui defia nous talonne
Te verra mal-heureux defguifer ta perfonne.

    I'entre dans les douleurs, dans les gemiffements,
Dans les froides horreurs, dans les mornes tourments,
Dans les triftes fanglots & les fanglantes larmes
Du Saueur des humains : I'entre dans les allarmes
Du ciel, & de l'enfer. Pere de l'vniuers
Orne d'vn fainct difcours les traces de mes vers,
Verfe par la faueur de ta grace infinie
Sur mon pauure papier vne riche Vranie,
Infpire mes efcrits d'eternelles douceurs,
Enflamme mes efprits de celeftes fureurs,
Afin que le Lecteur qui parcourra ces carmes
Donne à ces pleurs fes pleurs, à ces larmes fes larmes:
Que meu de Sympathie, ou bien d'affection,
Ie reffente les fruicts de cette Paffion,
Moy mefme eftant touché d'vne fainête triffeffe.
En contemplant de Chrift la fanglante deftreffe.

Au temps que le pays d'Itale poffedoit
Le troifiefme Cæfar, dont le pouuoir guidoit

Matth. 26.
Marc 14.
Luc 22.

Pathos.

C'eft Tibere
Cæfar.

Rome la Triomphante : & que toute la terre
Receuoit des Romains ou la paix, ou la guerre,
Caiphe (grand Pontife en Solyme viuant)
Estoit Prestre des Iuifs és quartiers du Leuant
Pilate gouuernoit, par l'adueu de Tibere
Des peruers Palestins la nation faussaire,
Regissoit la police, & de main, & de voix,
Commandoit rigoureux qu'on iurast en ses Loix :
Sous ces deux commandans au mutin populaire,
Christ le Fils du grand Dieu, & des humains le Pere,
Sçachant qu'il s'approchoit des ombres du trespas,
A ce chemin d'horreur dirige tous ses pas.

Voicy mon dernier iour, voicy ma derniere heure
Ou pour vous racheter il faudra que ie meure.
Cett' effroyable nuict qui veut desia sortir
Trahira vostre chef. Las il me faut partir
De ce monde chetif : Iudas traistre, & perfide
De nos fiers ennemis sera la triste guide :
Malheur à celuy la qui mon corps trahissant
Enfondre son esprit dans l'enfer palissant,
Certes il vaudroit mieux pour luy, que sa paupiere
N'eust iamais contemplé la celeste lumiere,
Que de naistre icy bas, pour entrer és horreurs
Qu'il trame, complottant auecques les fureurs,
Il dict puis se tournant vers la part où l'Aurore
Remontant l'orizon, toutes choses colore,
En terre prosterné d'vn cœur deuotieux,
Trauerse de sa voix les estages des cieux.

Pere qui me cheris d'vne diuine flame
Glorifie ton Fils, glorifie mon ame,
De cette gloire là que i'eus auparauant
Que le monde, & le ciel eust vn Soleil leuant :
I'ay parfaict icy bas ton œuure, & mon office,
I'ay doué tes Esleus des loix de ton seruice,
Et t'ay glorifié en ce monde peruers,
I'ay publié ton nom par tout cet vniuers,
I'ay gardé tes enfans de la cheute eternelle,
Ie les ay conseruez sous l'ombre de mon aile.
Ores ie m'en reuay dans le palais des cieux
Loing du seiour mondain seoir és celestes lieux.

Preserue les du mal, protege les encore
Des ardeurs de l'enfer qui tout' ame deuore:
Pere ie les remets en tes diuines mains,
Fay cognoistre ton los, & ta gloire aux humains
Ie ne demande pas qu'ils s'enuollent du monde
(Cloacque de pechez puantement immonde)
Ains que de tout meschef leurs infirmes esprits,
Soient gardez par ton bras en cet ombreux pourpris
Pource qu'ils ne sont pas amateurs de la terre
Satan, & l'Antechrist souuent leur faict la guerre
Mais les fruicts de ta voix, & ton diuin secours,
Au milieu des langueurs leur sert d'vn sainct recours
Continuë tousiours, renflamme, & sanctifie,
O grand Dieu tes Esleus, asseure, & fortifie
Tes enfans bien-aimez. Exauce ô Tout-puissant
Ces synceres souspirs de mon cœur gemissant,
Et quand tout rayonneux de ta gloire celeste
Mon corps sera bien loing de ce monde funeste,
Donne leur pour confort en leurs afflictions
L'esprit alme Surjeon de nos affections.

    Du costé d'Orient, au pied du mont Oliue
(Non loing des bords ondeux de Cedron ronge-riue)
Iadis vn beau verger enlassé d'arbrisseaux,
Tout parsemé de fleurs, & de parlants ruisseaux
Nommé Gethsemané, (planté par l'industrie
De quelque artiste main,) decoroit la prairie,
Et les lieux d'alentour. Là souuent le Sauueur
Fuyant les bruits confus, plein de zele, & feruewr
Souloit auec les siens immoler à son pere
Les eslans, & les feux de son ame syncere:
Sous l'ombre fraischelet des arbres les plus verds,
Il esuentoit seulet mille pensers diuers,
Ores pour les Esleus, ores pour son Eglise,
Ores pour redonner aux captifs la franchise
En ce jardin Iudas meschantement peruers,
(Suiuant le Createur de ce grand vniuers)
Auoit souuent dormy attendant que son maistre
Eust au ciel ses souspirs, & ses plains faict cognoistre
Aussi sçachant ce lieu, son esprit tenebreux
(Surpris par l'aconit des Mânes plus ombreux)

Sous l'espoir d'un faux bien va complottant maussade
A faire pour Satan une triste ambassade.
Il s'en va de ce pas aux Sacrificateurs
(Fomenteurs de pechez, de malice fauteurs)
Exige de l'argent. O ciel quelle manie!
Qui du traistre Iudas les mouuements manie.
L'auarice contraint les debiles mortels
A vendre les germains, les temples, les autels,
Les amis, nos esprits, & (s'il se pouuoit faire,)
La Lune se vendroit, & le Soleil son frere,
Le pere son enfant, l'enfant son geniteur,
La fille son amant, le mineur son tuteur,
Bref l'usufruict de tout, car (ce dit) l'auarice
Le gaing est tousiours gaing, quoy qu'il sorte du vice.
Combien helas combien de faussaires Iudas
En ce siecle peruers ont donné le trespas
A leurs amis plus chers, à la nation saincte,
Emportez par Satan, par l'argent, par la crainte:
Les vns par faux semblant, (quoy qu'au nombre sacré)
Ont leurs plus beaux thresors à Mammon consacré
Laissans le principal, loing bien loing en derriere,
Pour prendre mal-heureux l'infernalle carriere.
Les autres à l'abord de parolle, & de voix,
Deuoient faire trembler les rochers, & les bois,
Auant que desmarrer du sainct port d'asseurance,
Auant qu'abandonner l'anchre de l'esperance,
Cependant ils ont pris le chemin du trespas
Baizans le Redempteur d'vn baizer de Iudas.
  Ce dessein complotté, les Iuifs courent aux armes
Font marcher deuant eux vn amas de Gens d'armes
Pour prendre Iesus Christ: Le traistre va deuant,
Par ses discours trompeurs le peuple deçeuant.
Tandis nostre Sauueur a passé la Bourgade
Qu'on dict Gethsemané. Là sa saincte brigade
Par son commandement demeure: Seulement
Pierre, Iacques, & Iean tesmoings de son tourment
Le suiuent au Iardin où la morne tristesse
Vient assaillir son cœur d'vne amere destresse.
  Demons de la pitié, celestes messagers,
Postillons du haut ciel adextres, & legers,

Iudas prend de l'argent pour vendre meschammẽt son Maistre. L'auarice est la racine de tous maux.

Bonus odor lucri ex re qualibet, dicebat Vespasianus.

Numerus sacer electorũ proprius, nõnunquam etiam impiis, sed pro tempore comperit.

Ce fust lors qu'il trauersa le torrent de Cedron.

Si dedans vos esprits peuuent entrer les plaintes,
Escouez du Seigneur les sanglantes complaintes.
     Mon ame est angoissee, & mon cœur langoureux
Est outré de sanglots mortement douloureux,
Ie suis espouuanté, ie n'ay muscle ny veine
Qui ne sue d'ahan, & de crainte, & de peine,
Attacqué par dedans, assailly par dehors,
Tenaillé des horreurs qui tourmentent mon corps.
Ie sens ô Eternel ton courroux qui me presse,
Qui m'engouffre aux abbois d'vne extreme tristesse.
Il semble las, helas, que ton œil gracieux
Se ferme à mes souspirs : Il semble que les cieux
Sont sourds à ma clameur, & que toute la terre
S'assemble contre moy, pour me faire la guerre.
Mon Pere (si tu veux) transporte loing de moy
Ce breuuage au long fiel, ce calice d'effroy.
Toutesfois ton vouloir ie veux suiure sans cesse
Au milieu de la mort, & parmi mon angoisse.
A ces mots Iesus Christ ahanne de sueur,
Et son sang bouillonnant tout autour de son cœur,
Par les pores du corps en grumeaux se distille
Ainsi que le raisin sous le pressoir petille,
Car les esprits vitaux au dedans tiraillez,
D'vn horrible tourment viuement trauaillez,
Esmeuuent tous les sens : alors le sang ondoyé
Et par trop eschauffé par le cuir se faict voye.
Ainsi l'eau dans vn pot (entouré des ardeurs,
Eschauffé de Vulcan par ses viues chaleurs)
Au trauers du metal bouillonnant à secousse,
A menus ondillons au dehors s'entrepousse,
Saute en larmes du pot, & roulant contre bas,
Ez braziers deuorans va treuuer son trespas.
Ainsi dans l'alambic les rozes eschauffées,
Et le chaud resserrant les vapeurs estouffées
Contrainct l'humidité, à cercher doucement
Dans le verre lueux la fin de son tourment.

S. Matthieu dit qu'il fut contristé & dolent, ou en anxieté. S. Luc dit qu'il fut en angoisse. S. Marc adiouste qu'il s'espouuāta. Vos autē cum horretis maledictū Christum, fatemini vos horrere mortem. Christi. S. August contra Faustum lib. 14. cap. 12.

Hæc volūtas Christi non pro æterno Dei Decreto, sed pro naturali inclinatione doloribus agitata sumitur. Hæc ergo volūtas non est secūdum substantiam eius diuinam, & impassibilē, sed secūdum naturam humanam eius & infirmam. Origenes in Matth. Tract. 35.

Nuquàm fit mentio sanguinis grumorum in aliis Auctoribus præterquam in Nouo Testamento. Cum videlicet trepidaret cor eius, & similiter, similéque cor eius esset ceræ in ventrem per colliquationē stillanti; vt sciremus patrem in tantis perpessionibus filium suum va

Ainsi l'air en chaleur, & chargé de nuages
Ne pouuant descharger ses humides orages
Sur le temps Estiual, en pleurs se va fondant,
Goutte à goutte du ciel lentement desbondant.

Pendant que le Sauueur est en cett' agonie,
Et qu'il combat tout seul l'infernalle manie,
(Car il estoit desia dans les tristes horreurs,
Et parmi les assauts des trois noires fureurs)
Comme vn cheuron volant voicy venir vn Ange
Qui fond sur ce jardin, puis son angoisse change
Confortant son esprit, & de main, & de voix,
Console Iesus Christ, par deux, & par trois fois.
Vn Soleil de nos cœurs qui chasses la nuict sombre,
Et l'horreur de nos iours, Lumiere dissipe-ombre,
Grand Dieu qui de nos maux sçais cognoistre les pleurs,
Soulage nos esprits aggrauez de douleurs,
Et dans la froide peur d'vne langueur extreme
Fay nous voir le secours de ta bonté supreme,
Ainsi qu'à Daniel au gouffre des Lyons,
Ainsi qu'à tes Martyrs en leurs afflictions:
Afin que les mortels, & tout le monde voye
Que tu nous veux garder de l'Auerneuse proye.
La nuict pleine d'horteur, sombre effroyablement
Desroboit aux mortels l'azur du firmament,
A doucereux repos ombrageoit la memoire
Des Disciples de Christ, auec son aile noire,
Et d'vn cotton trempé dans le flot oublieux,
Arrozoit de leurs corps les flambeaux radieux:
Quand Iesus finissant son ardente priere
Treuue les siens, dormans couchez sur nostre mere.
Ne pouuez-vous veiller vne heure seulement,
Et comment dormez vous aux bords de mon taurment?
N'estez apprehendans que le prince d'Auerne
De ce lieu ne vous pousse en sa sombre cauerne?
Derechef il s'en va pour la seconde fois,
Importuner le ciel des estans de sa voix,
Et retournant aux siens void encores sainct Pierre
Dormant profondement estendu sur la terre.
Alemites pauurets comment sommeillez-vous
A la gueule d'enfer, à la griffe des Loups,

P ij

nostra causa
versari vo-
luisse. Iustin.
Martyr. Dial.
Cum Try-
phone Iu-
dæo. Secun-
dum quod
cœpit pauere
& tristari, se-
cundum illud
& orat. cali-
cem passionis
transire à se.
Origen. in
Matth. Tract.
35.

La terre est
la mere com-
mune de tous
hommes.

estans de Ie-
sus Christ.
Voy Cyrill.
lib. 4. in Ioã.
cap. 1.

Et des Ours tenebreux. Veillez, car voicy l'heure,
Où ie m'en vay quitter cette foible demeure:
Veillez, l'esprit est prompt, mais la chair ne peut pas
S'esloigner du sommeil le germain du trespas.
Finalement Iesus comblé de doleance,
Pour la troisiesme fois en ces souspirs s'eslance:
Mon Pere (si tu veux) transporte loing de moy
Ce breuuage sanglant, qui me met en esmoy,
Ton vouloir toutesfois ma volonté domine,
Et dans tes sainctes loix mon cœur tousiours chemine.
Lors il reuient aux siens (que ses sacrez propos,
N'auoient point destourné des ombres du repos.)
Il suffit maintenant, sommeillez miserables,
On vous tourmentera de tourments effroyables,
Apres ma triste mort: Debout, debout, Voicy
Nos ennemis felons, voila Iudas aussi:
Comme encore il parloit, la troupe des gens d'armes
Menant vn bruit confus, mettent tout en allarmes,
Lanternes, & fallots, picques, espieux, bastons,   (ctõ
Flambeaux, fureurs, demons, bourreaux, ombreux lu
Pesle-mesle assemblez faisoient vne brigade

Quale per in-
certam lunam
sub luce ma-
ligna est iter
in syluis. Vir-
gil. lib. 6. Æ-
neid.
Sainct Pierre
couppe l'o-
reille à Mal-
chus.
Tertullian.
lib. de Patiẽ-
tia cap. 3. dit
que S. Pierre
se seruant de
son espée,
n'offença pas
tant le serui-
teur du sou-
uerain Sacri-
ficateur, que
la patiẽce de
Iesus Christ.

Guidée de l'enfer, & d'vn traistre maussade:
Sous l'ombre de la nuict s'aduancent ces mutins,
Marchans à la faueur de l'astre des Lutins,
Ainsi qu'aux sombres nuicts on void au cemetiere
Esclairer aux sorciers vne fausse lumiere.
Les Disciples d'abord sont tous espouuantez,
Ils courent çà & là comme Agneaux escartez.
Sainct Pierre seulement saccant au cimeterre
D'vn reuers de son bras iette Malchus par terre:
Mais Christ contre l'horreur du Prince de l'enfer
Ne se veut point seruir de la force du fer,
Ains plus ferme qu'vn roc assailly de l'orage,
A la rage d'enfer oppoze son courage,
Pierre, Pierre remets ton glaiue en son fourreau,
Ne puis-ie pas dompter le tenebreux bourreau?
N'ay-ie pas en mes mains mille legions d'Anges,
Mille postes diuins, mille esprits, mille Archanges?
Au seul clin de mon œil ne puis-ie foudroyer?
Ces hommes aueuglez, & leur chef poudroyer?

Mais c'est la volonté de mon celeste Pere,
Ma charge, & mon desir, Laisse, laisse les faire:
Puis tournant son œil sainct sur les Iuifs mal-heureux
Attaque de la voix ces enfans tenebreux.

I'ay tous les iours chez vous enseigné le vulgaire,
I'ay repeu mille esprits de ma voix salutaire,
Au temple en vos Sabbats, mesme deuant vos yeux,
I'ay parlé librement des mysteres des cieux:
Et iamais cependant vous n'auez peu me prendre,
Ny par tous vos desseins ma pauure ame surprendre:
Maintenant entourez d'vn tas de faux esprits
Contre vn homme innocent des bastons auez pris,
Comme contre vn voleur vous apportez les armes,
Pour mettre mon esprit en angoisseuses larmes:
Mais c'est ores le temps du Prince tenebreux,
L'heure de vos traicts, & des Mânes ombreux.
Adonc vn des Soldats de l'orgueilleuse bande,
Parlant à Iesus Christ luy feist ceste demande,
Es-tu le Roy des Iuifs? Ie le suis vrayement,
Dit Christ, qui forma le flammeux firmament.
Cette troupe à l'instant meschamment peruerse,
A ces propos diuins cheut viste à la renuerse:
Estourdis de la voix qui pres des clairs ruisseaux,
Faisoit musser Adam entre les arbrisseaux,
Quand apres son forfaict fuyant de Dieu la face,
Il se veid despouillé de sa celeste audace,
Des biens de l'Eternel, n'ozant pas seulement
Leuer son triste chef, iusques au firmament.)
Leurs yeux estoient voilez de Memphicques tenebres,
L'esprit estoit comblé de malices funebres,
Car sentans du Sauueur le celeste pouuoir,
Il peurent l'entreuoir, mais non le conceuoir:
Celuy qui les lançoit, parlant, à la renuerse,
Il pouuoit bien sauuer seulet à la trauerse,
Et tousiours terracer aux estans de sa voix
Les malings ennemis par maintes, maintes fois:
Mais son vouloir conformé à la saincte promesse,
Voulut subir pour nous cett' horrible tristesse.
Iudas pour asseurer la fleur des Palestins,
(Selon son traistre accord pris auec ces mutins)

Matth. 26.
Marc 14.
Luc 22.

Les ennemis de Iesus Christ, à sa parole tombent à la renuerse, tesmoignage de sa puissance eternelle.

P iij

S'approchant de Iesus, en la ioüe le baize,
Et reçoit en son cœur l'infernalle fournaize.
   Depuis que les mortels sinistrement peruers
Contre le sainct Esprit cheminent de trauers,
Qu'on a quitté du ciel cette voye atherée,
(Chemin des bien-heureux en la voute sacrée)
Que de la volonté, & d'vn meschant desir
On laisse Iesus Christ pour viure à son plaisir:
Ny les corrections, ny la parole saincte,
Ny les plus doux propos, ny la diuine crainte,
Ny les heureux transports qui transportent aux cieux,
Ne peuuent esmouuoir les cœurs malicieux,
Qui iamais n'ont gousté la sacrée parole
Dont l'extaze rauy l'ame au dessus du pole:
Que si des saincts discours ils furent auditeurs
C'est comme nous voyons les enfans spectateurs
De quelque traict humain, (qu'on estime merueille,)
Dont le son seulement ne frappe que l'oreille:
Ils sont bien attentifs à la celeste voix,
Ils entendent parler Christ à diuerses fois,
Ils sont de son troupeau : mais leur ame est sans vie,
(Infectez du poizon de l'infernale enuie
Qui deçoit les esprits:) ils prennent seulement
L'escorce du discours, & non le fondement :
Puis qu'ils n'ont sauouré que la simple surface
Des escrits découlans de l'eternelle grace,
Et que le plan du ciel est sans fonds en leur corps.
C'est raison vrayement qu'on les chasse dehors.
   Comme l'astre du Nort est toute la conduite
Du Patron contemplant le ciel en sa guarite?
Ainsi les saincts cahiers parmi les flots mondains
Sont des brandons ardans és orages soudains,
Vers lesquels les Esleus, tout ainsi qu'a leur ourse,
S'esloignent des escueils en leur infirme course:
Puissay-ie ô Tout-puissant n'auoir point d'autre tour,
Qui ne soit esclairé des rais de ton amour,
Que durant tout le cours de ma passable vie,
Mon ame soit tousiours en tes escrits rauie:
Que ton Fils eternel me serue de pauois,
De guide ton esprit, & d'vn phare ta voix.

Discours sur le peché de Iudas.

Sacra Scriptura electis fax in huiusce mūdi procellis.

Guarite periphrase pour la Hune.

Psalm. 119.

Afin que nauigeant sur la mer de ce monde
Ie sois tousiours pourueu d'vn anchre, & d'vne sonde,
De cordages sacrez, des vents de ta faueur,
Qui poussent mes esprits és bras de mon Sauueur.
   Compagnon, dit Iesus, tu vends dõcques ton maistre   Vide Psal. 41.
Par vn baizer de fiel, par vn baizer de traistre,   vers. 10.
Baizer non pas de miel, baizer non sauoureux,
Mais baizer pour Iudas iustement douloureux.
   Apres ce feint baizer le trompeur se retire
A l'escart, combattu de desespoir, & d'ire,   Iudas est tor-
Portant mille bourreaux dedans son ventre creux   turé en son
(Qui luy rendent le ciel obscur, & tenebreux,)   ame.
Il a beau s'esgarer loing du bruit populaire,
Les Demons sont autour de son ame faussaire,
Il en a dans le cœur, bien qu'il change de lieux
Son mal paroist tousiours au deuant de ses yeux:
Semblable au Cerf blessé d'vne flesche mortelle
Qui transperce son cuir d'vne pointe cruelle,
Plus il court dans les bois, & plus il faict de pas,
Tant plus son pauure corps s'approche du trespas.
A ce mesme moment il retourne à la Ville,
Pincetté des frissons d'vne crainte seruille,
Rend les pieces d'argent aux Sacrificateurs,
Fasché d'auoir tendu son oreille aux flateurs.
   Tandis qu'vn ver rongeant ses entrailles deuore   Description
Voicy deuant son chef vne fille qui plore   de la Repen-
En habit deschiré: qui pour son ornement   tance.
Entr'ouuroit l'estomach au monde, au firmament:
La veuë contre bas elle portoit baissée,
Iettant par fois au ciel sa pucelle pensée:
Dans la main vn mouschoir tout trempé de ses pleurs,
Designoit les sanglots de ses sainctes douleurs,
Elle auoit pour manteau la haire à son eschine,
Et la cendre, & le sac, & l'oraison diuine.
Cette fille du ciel de Iudas s'approchant
Luy dict, Qu'as-tu commis? ô perfide, ô meschant!   La Repentan-
Ces mots sont des fureurs qui son corps enuironnent,   ce menace
Et comme des Huissiers, qui dans l'enfer l'adiournent: Iudas.
Elle s'enuolle loing, puis talonnant ses pas
Semble le r'appeller de l'auernenx trespas,

Mais cerchant son secours elle retourne arriere,
Ne pouuant rezider en son ame sorciere:
Il n'entend qu'vn bruit sourd, qui le pousse à la mort,
Il flotte mal-heureux au Plutonicque bord.

   Au pied du mont Gion se treuue vne cauerne
L'entrée de l'enfer, & du soulphreux Auerne,
Où de mille demons les esprits tenebreux
De plains, & de sanglots font vn murmure creux:
On n'y peut entr'ouyr quand le tonnerre gronde,
Ce n'est rien qu'vn brouillis du Prince de ce monde.
Plus loing que ce cachot vn ocean flottant,
De ses flots rouge-noirs va la coste battant,
Et la plaine couurant de son eau limoneuse
Faict que l'onde paroist obscurement affreuse.
Le Soleil tournoyant son char sur l'vniuers,
Ne reschauffe iamais la face de ces mers,
Pource que l'air obscur, & l'ombre sombre, & morte,
Est tousiours en ce lieu merueilleusement forte:
Là dans cet Ocean passe tout au trauers
L'oubly fleuue fatal aux traistres, & peruers,
Qu'on ne peut repasser, pour reuoir la lumiere,
Et la torche du iour brillonneusement claire.
Au milieu de ces eaux, vne Isle aux bois ombreux
S'esleue où l'on n'entend que souspirs douloureux,
Que plaintes des mourãs, que gesnes, que torture, (ture,
Que cris, que pleurs, qu'horreurs, que meurtre, que bat-
En ce lieu ne croist rien que le triste Cyprez,
L'Orme, les noirs pauots, la Mandragore aupres,
L'Ache, la Saulge encor, & la froide Cyguë
(Qui prise brusquement glace l'homme & le tuë:)
Là le pasle Demon (qu'on nomme Desespoir)
Domine les vassaux de son morne manoir:
Là les trois Parques font leur demeure eternelle,
En vn antre où l'Enfer l'ame toussours bourrelle.
Là Sysiphe se void son grand rocher roulant,
Là Tantalle veut boire au torrent descoulant,
Et ne peut cependant d'vne goutte d'eau claire
Comme ce mauuais riche, alleger sa misere,
Là se void Promethée au cœur toussiours mourant,
Becqueté d'vn oyseau son repos deuorant,

Nayue de-
scription du
desespoir.
Entre l'Occi-
dent & le
Midy, en vn
petit bois le
plus proche
de Ierusalem,
Iudas se pen-
dit en la val-
lée de la fon-
taine de Gyõ,
où couloit vn
torrent, non
loing du che-
min de Beth-
leem, si tu
croids les
Cosmogra-
phes.

Demeure du
Desespoir.

Vassaux du
Desespoir.

E5

En cett' Isle est le roc du mal-heureux Phlegie,
La roüe d'Ixion, le vautour de Titye. **Licence.**
Saül, ses compagnons, Rhazias, & tous ceux
Qui se sont transpercez d'vn estoc furieux:
Porcie, & cette chaste amoureusement belle,
Mais traistresse, homicide, & de son corps bourrelle.
La noirceur y sejourne, & ne croist en ce lieu
Aucun fruict, pour la bouche, estant maudit de Dieu. **Effects du**
La colere, & le fiel, l'horreur descheuelée, **desespoir.**
La nuict d'vn voile obscur noirastrement voilée,
L'effroy son compagnon, l'Erebe, le Cahos,
Et le ver eternel qui va rongeant les os,
Le meurtre, le despit, les fureurs, & la rage,
Le sang, la peur, le deüil, & l'infernal carnage,
Tous habitent ce lieu. Les funestes oyseaux, **Oyseaux fu-**
L'orfraye, les hyboux, les sinistres corbeaux, **nestes &**
Y volent à monceaux: (ainsi que l'arondelle **malencon-**
Quand elle veut cercher vne terre nouuelle:) **treux, com-**
Les vents d'vn bruit confus heurtent confusement, **pagnons du**
Ores dessus les flots de l'humide element, **desespoir.**
Ores s'en vont chocquer d'vne haleine felonne
Les arbres de ce bois, qui sans cesse marmonne.
Tout autour de ce lieu mille & mille Demons,
Furetent l'Ocean, voltigent sur les monts:
Et si quelque mortel aborde cette riue,
Tenaillé dans le cœur d'vne angoisse chetiue,
La Fraude, matelot de cet ombreux sejour
Passe legerement, pour luy faire la cour,
L'amadoüe parlant d'vne gorge d'hyene,
Pour entrainer son corps en l'eternelle peine.
Cette engeance d'Enfer auoit pour ornement
Mille fausses couleurs dessus son vestement,
Et ce pour mieux pipper toute ame vagabonde,
Qui n'a pour son object que les appas du monde.
   D'autre part le Soupçon va visitant les eaux,
Et toustours aux aguets auecques ses batteaux
Faict la ronde par tout. Iudas parauanture
Porté par les eslans de son triste murmure,
Suiuant ses vains pensers, aborde furieux **Marc pro**
Le bord de cette mer, pensant fuyr les cieux: **quauis aqua**
  summur.

Q

Docteur, dict le Soupçon d'vne grace gentille,
Voudriez-vous bien passer en cette plaisante Isle?
Ie le veux, mon ami, passons, car mon tourment
Deuore nuict & iour tout mon entendement,
Ie ne puis rencontrer plus mauuaise auanture,
Ie suis incessamment gesné d'vne torture:
Cerchons quelque confort pour nos tristes esprits,
Aussi bien faut mourir, le conseil en est pris.

Mal-heureu-se resolution de Iudas.

Ils desmarrent du port, lors la barque s'aduance,
Iudas plus que iamais entre en la deffiance:
Ils amarrent en fin au mortuaire bord,
Où ce traistre est receu des filles de la mort.
Il ne fust pas si tost en cett' Isle effroyable
Qu'il veid deuant ses yeux la parque espouuantable,
Les trois horribles sœurs (qui s'abbreuuent de sang)
Luy plantent leurs crochets au beau milieu du flanc,
L'entourent de serpents: sa pauure conscience
Naurée en mille endroicts vers l'Erebe s'aduance:
Comme les prompts cerceaux des oyselets volants,
(Qui n'agueres fendoient les airs tousiours branlants)
Ne leur seruent de rien, pendant qu'vne ficelle
En la main d'vn enfant, tient captiue leur aile,
Ils ont beau s'eslancer contre haut, les chetifs
Ba-battent des cerceaux le carreau tout plaintifs:
Ainsi les mouuements, & la triste pensée
De Iudas, dans l'enfer, pour iamais eslancée,
Ne luy sert que pour voir des bourreaux les efforts,
Des Parques la frayeur, & l'empire des morts.

Omnia gra-uia deorsum, leuia sursum tendunt, hinc est quod pec-catû vbique ad Tartara tendat. Dæmones vl-tores osten-dunt suppli-ciorum spe-cies. Iamblichus de Mysteriis.

Tousiours deuers Pluton de son peché la masse
Luy faict courber le chef, luy faict pancher la face.
Les Filles de la nuict (ombreux espouuantaux)
Font flamber sous son nez des glaiues, des cousteaux,
Portent mille flambeaux, des cordes, & l'espée
Dans le sang de Brutus brutalement trempée:
L'vne le veut plonger dans vn sepulchre noir,
L'autre le veut liurer tout vif au desespoir,
L'autre le veut meurtrir, & vainement propice
L'enfondrer en l'horreur d'vn obscur precipice.
Bref l'Erebe, Pluton, les Mânes, les Demons
Assemblent contre luy tous les Cakodæmons

Font sortir tout l'enfer de sa sombre cauerne,
Descochent contre luy tous les traicts de l'Auerne:
Courage, sus enfans, qui costoyez des eaux,
Huchez tous nos esprits, appellez nos bourreaux,
(Ce disent les fureurs) amenez le Carnage,
Et sa Germaine sœur l'espouuantable Rage,
Que l'on mette en loppins ce traistre, ce meschant,
Mort percé luy le cœur de ton glaiue tranchant.
Iudas en cett' horreur n'oit plus la Repentance,
Ses yeux deçà delà furieux il eslance,
Tout autour de son corps il ne void que des dards,
Satan à ses costez, l'enfer de toutes parts,
Il voudroit retourner du regne de la parque,
Et passer par deux fois dans l'oublieuse barque.
Mais de ce gouffre obscur l'homme ne reuient pas,
Le sejour est sans jour en l'infernal trespas.
Ce perfide ignorant de quel bois faire flesche,
Laisse esteindre aux Demons de sa lampe la mesche:
Ie merite (dit-il) mille & cent mille horreurs,
Ie ne refuse pas vos ombreuses terreurs,
Desmembrez, bourrelez, ce corps traistre, & perfide,
Vos tourments sont bien deus à mon cœur parricide,
Despeschez fieres sœurs, ie ne refuse helas
La mort, ny vos bourreaux, ny tous vos coutelas:
Pressé donc de mourir, le Desespoir farouche
L'enlasse d'vn licol, luy baillonne la bouche.
L'esleue sur le haut d'vn funeste Cyprez
Exilant son esprit és eternels regrets.
Il jette vn muglement qui reuerbere l'onde,
Maugreant tout l'enfer, le ciel, & tout le monde.

   De nostre temps peruers, vn mortel imposteur
(Son nom estoit Spera) graue, mais faux Docteur,
Delaissant les erreurs de l'Eglise infidelle,
Embrassa du Saũeur la doctrine eternelle:
Vn redouté Seigneur en entendant le bruit,
Fait venir deuant soy cet homme bien instruict.
Mais la chair l'emportant, & les conseils du monde,
Il abjure le ciel (où tout Chrestien se fonde)
Promet qu'à son retour il se conuertira,
Qui (pour dire le vray) qu'il se peruertira.

Q 4

Beda. lib. de
locis Sanctis
cap. 4. Di
que de son
temps se
voyoit enco-
re le figuier
auquel Iudas
se pendit.
Mort horri-
ble & espou-
uantable de
Iudas.
Sleidan liure
21.
Histoire de
Spera Do-
cteur Italien,
en l'an 1548.

Ayant executé sa perfide promesse,
Cet homme tombe au lict d'une extreme tristesse,
Du corps, & de l'esprit malade estrangement
(Mais tout son plus grand mal gist en l'entendemēt)
Il se deffie alors de la grace diuine,
Reçoit vn ver rongeant au fond de sa poictrine,
Estimant mal-heureux, que le Iuge des cieux
N'effaceroit iamais son forfaict odieux:
Le Medecin expert iuge sa fantaisie
Troublée des ardeurs de quelque frenaisie,
Qu'on le doit consoler, chassant de ses esprits
Cet ombreux Desespoir, dont il est ia surpris:
Voicy tous ses amis de l'Itale fertile
Qui luy viennent parler de l'eternel asyle,
Et par graues propos l'asseurent que les cieux
Sont tousiours entr'ouuerts aux larmes de nos yeux.
Autant qu'ils sont haussez par dessus cette masse,
D'autant (ce disent-ils) de l'Eternel la grace
Surpasse nos mesfaicts : demande seulement
Pardon à ce grand Dieu Prince du firmament:
Mais il faut que ton cœur accompagne ta bouche,
Las ie voy ia desia sa bonté qui te touche?
Ie voudroy' le pouuoir (respond ce mal-heureux)
Las tous vos beaux discours sainctement doucereux
Aggrauent mon horreur: ils sont pour le fidelle,
Non pas pour mon esprit volontaire rebelle.
I'ay quitté Iesus Christ, non de la simple voix,
Mais du fond de mon cœur, & par diuerses fois,
Aux yeux de ce pays i'ay renié de l'ame
Dieu que i'auois cogneu. Las ce penser m'entasme,
Vous offencez le ciel : I'ay peché meschamment,
Contre le Sainct Esprit d'vn foible entendement:
Vos celestes soulas sont, consicts en delices,
Mais pour mon triste cœur, ce ne sont que supplices.
Espere (disoient-ils) Las le sort est ietté,
Ie m'en vay sans espoir au feu d'eternité:
Ie n'oze œillader Dieu, ie le voy sur ma teste
Comme vn foudre grondant armé d'vne tempeste.
Helas ie voudroy' bien de ce mal triompher,
Mais ie suis mon bourreau moy mesme, & mon enfer.

Voix d'vne Tysiphone, & non pas d'vn sainct homme,
Voix d'vn Desesperé, voix de l'Auerne en somme.
Ainsi tout effrayé de se voir mesmement,
Il tomba mal-heureux en l'eternel tourment.
Medite cette fin, ame pure, & Chrestienne,
Lors tu t'esloigneras de l'infernalle peine.
   Mais i'entends murmurer les esprits curieux,
Qui demandent, pourquoy le Monarque des cieux
Hors de Ierusalem voulut se laisser prendre,
Et la mort de pied coy dans vn iardin attendre,
   Comme le premier homme hors d'Eden fust formé,
Le second hors Salem fust aussi reformé,

Response à la
1. question.

L'esprit luy vint du ciel, son corps fust pris de terre,
(Façonné par les mains du Dieu darde-tonnerre)
Tous deux furent creez hors de ce beau Verger,
Afin qu'au sainct Eden il cerchast à loger,
Parmi les errements de son pelerinage,
Aspirant au seiour du celeste partage:
Enseigné du grand Dieu par sa condition,
A tendre au beau palais de la saincte Syon.
Mais comme par orgueil nostre incredule pere,
Combla ses descendans d'eternel vitupere:
De mesme le Sauueur par son humilité,
Nous replace au palais de la Diuinité:
En ce s'accommodant par son obeissance,
Aux Arrests eternels de la saincte ordonnance.
La Loy au voile ombreux nous l'auoit annoncé,
Moyse de sa voix nous l'auoit prononcé,
Quand il souloit offrir cette blonde genisse

Ioseph au li-
ure 4. des an-
tiquités Iu-
dayques.

Hors du camp d'Israël, pour sanglant sacrifice,
Arrozant de son sang sur le bout de ses doigts
Le tabernacle sainct, par sept diuerses fois:
Apres on la brusloit toute entiere en la flame,
Es braziers deuorans luy faisans rendre l'ame:
Le feu de bois de Cedre, & d'Hysoppe on dressoit,
De laine teinte en sang l'amas on grossissoit.
Puis de tout Israël l'ame plus chaste, & pure,
Les cendres recueillant au fond de l'vrne obscure,
Serroit en vn lieu pur, ces reliques sacrez,
Pour guerir les pollus, ou les pestiferez.

Et tous ceux dont la main indiscrettement salle,
Auoit touché d'vn mort la face ombreuse, & passe,
Car alors d'vn rameau de l'hysoppe odorant
Dans l'eau claire trempé (l'Eternel adorant)
Le polu s'arrozoit y meslant de la cendre,
Puis au septiesme iour au temple s'alloit rendre.

Christ a esté mené hors la Ville comme indigne de la compagnie des hommes.

   Christ est ce sainct Agneau qu'on a mené dehors,
Pour surmonter l'horreur des effroyables morts,
Son corps rouge du sang de sa saincte innocence
Rendit l'ame pour nous comblé de doleance:
Les Demons de l'enfer, & de l'estang soulphreux,
Voulurent le navrer de sanglots douloureux:
Mais fort, & genereux sa constance inuincible,
Atterra de Satan la puissance flexible.
Son sang est la saincte eau qui laue nos esprits,
Qui nous fait reuoller au celeste pourpris,
Et qui nettoye en fin toute ame de l'ordure
Qui nous bannit du ciel, & qui nous desfigure.

Diodore.

   Iadis les Memphiens quand le foudre grondant
Des superbes sapins le chef alloit mordant,
Ou que du haut du ciel il tomboit sur la terre,
(Pannicque espouuantail d'vne orageuse guerre)

Les Payens s'estonnoient des foudres, & des eclypses du Soleil, & de la Lune.

Au sort le scelerat ils alloient recerchant,
Estimans que ce feu demandast vn meschant:
Adonc le rencontrans toute la tourbe vile
Par force l'entraisnoit au dehors de la Ville,
Où iusques au nombril sous la terre caché,
Ce pauure mal-heureux amandoit son peché
Par le prix de son sang, receuant sur sa teste

Hisce verbis vtentes, Anathematizo te, Anathematizo te.

D'vn peuple les cailloux, la bouë, la tempeste,
Et mille indignitez suiuies de ces dicts:
Comme vn Diable d'enfer traistre, ie te maudicts,
Aux fureurs de Pluton ie voüe ton chef-blesme,
Sois-tu pour tout iamais execrable anatheme:
Ces discours infernaux effrayent mes esprits,
Et me font retourner au cours de mes escrits.

Response à la seconde question.

   Au parterre plaisant du Iardin desirable
Nostre pere tremblant fust seduit par le Diable,
Christ en Gethsemané plus constant qu'vn rocher,
Terrace ses haineux, & les faict tresbucher.

Dans l'Eden en plein iour, Adam liura son ame
Aux bourreaux ensoulphrez de l'eternelle flame.
Christ pour nous deliurer des effroyables morts
Au iardin en la nuict laissa lier son corps.
Dans le premier Eden Adam quitta la voye,
Qui meine les Esleus à l'immortelle ioye.
Christ au second Eden redressa nos esprits
Vers le seiour lueux des celestes lambris,
Par ses prompts mouuements ioignant la circonstance
Aux effects doucereux de son obeïssance:
En tout accomplissant & de corps, & d'esprit,
Les douleurs que pour nous sur son dos il souffrit.
  Mais quel murmure sourd, quel tintamarre estrange?
Quel brouillis, quels souspirs, quelle voix, quel mestàge?
Quelle confusion? ha ie voy le Saimeur
Garrotté de cordeaux en sanglante sueur,
Pressé par les fureurs d'vne orde populace,
Muse vers cette part tourne ta triste face,
Et vous tous mes esprits contemplez ce Soleil
Comme nouueaux aiglons des eslans d'vn sainct œil.
Recueillant de l'horreur de sa morne souffrance
En l'ame vn doux soulas suiuy de condolence.
As-tu veu quelquesfois vn troupeau de mastins
Autour d'vn Bicheteau, farouches, & mutins,
Tous abbayent apres cette proye tendrette
Le veulent desmembrer d'vne fureur secrette:
De la patte, & des dents, on les void deux à deux
Contre cet animal se ruer furieux,
Le Bicheteau tandis à trauers ces allarmes,
N'a secours que ses pleurs, n'a recours qu'à ses larmes.
Tout ainsi le Saimeur entouré des peruers
(S'en allant ecclypser aux yeux de l'Vniuers)
Retient le sainct pouuoir de sa force infinie
Au milieu de ces chiens poussez d'vne manie,
Endure genereux les liens, & les fers,
Supporte courageux la rage des enfers,
L'execrable douleur, & la langueur extreme
Qu'il deuoit surmonter par le pouuoir supreme,
Faict ferme contre tous, les souspirs seulement,
Et les sanglans sanglots demonstrent son tourment.

Mais en fin oppressé par le mutin vulgaire
(Pour nous placer au ciel, & pour plaire à son Pere)
Il permet que son corps garrotté tristement,
Descende dans le val de l'ombreux monument.
Semblable aux Lys dorez qui vont baissans la teste
Contre nostre element, froissez de la tempeste.

I. Parlement des Iuifs.

Anciennement les Iuifs auoient trois Parlemens
Où l'on souloit donner des diuers iugements,
Tantost du larrecin, & tantost d'vne iniure
Trois hommes assemblez faisoient quelque censure,
Portans tousiours au col l'image d'equité,
Mais non tousiours au cœur la saincte Verité.

II. Parlemēt des Iuifs.

Tantost à vingt & trois le peuple temeraire
Contoit les differents, d'vn vilain adultere.

III. Parlemēt des Iuifs, qui estoit le premier & supreme. Description d'vn faux Iuge.

Tantost au grand Conseil de septante vieillards
Deuant le grand Pontife entouré de Souldards,
De toute vne Tribu l'on decidoit l'affaire,
(Telle qu'on estimoit vn Prophete faussaire)
A ce conseil peruers le Sauueur fust mené,
Et comme vn faux Docteur à la mort destiné:
Caïphe vers son siege ayant la calomnie
Tend l'oreille maligne à cette orde manie:

La Calomnie.

Cette fille d'enfer, (qui n'a point de discours
Qui ne soit suggeré par Satan son recours,)
Contre Christ alleguant maint tenebreux langage,
Ne peut faire valoir son meschant tesmoignage.
En fin elle se leue, & d'vn gosier rancy,
Impudente à Caïphe elle raisonne ainsi:
Cet homme que tu voids, ô souuerain Pontife,
(Que nous deuons liurer à l'infernalle griffe)
Perfide a proferé qu'on mist le temple bas,
Qu'il le redresseroit marchant deux ou trois pas,
O blaspheme meschant! Lors Caïphe seuere
Attaque le Sauueur de son langage austere:
Ie t'adiure (dit-il) de par le Tout-puissant
Tout ce grand Vniuers de son œil regissant,
De nous dire (ô la fleur de Nazareth maudite)
Si tu es le Sauueur de la troupe benite?
Ie le suis vrayement: Desormais vous verrez
Le fils de l'homme assis, és Palais etherez,

A la dextre de Dieu, commandant à la terre,
Au bruit des Aquilons, sur l'aile d'vn tonnerre.
Caiphe courroucé son sourcil retirant,
Va sa robbe du haut iusqu'au bas deschirant,
Criant à haute voix, Qu'auons-nous plus affaire
De cercher des tesmoings encontre ce faussaire,
Il blaspheme à nos yeux, & son entendement,
Ne craint pas d'offencer le diuin iugement:
Comme sur le Printemps la doux-soufflante haleine
Des mignards fauoneaux, volans parmi la plaine,
Faict vn murmure sourd, mais quant tous à la fois,
Les Aquilons esmeus s'eslancent dans les bois:
Vn sifflement alors dans les arbres bourdonne,
Et rien ne frappe l'air que le vent qui marmonne.
Ainsi de prim' abord le peuple Palestin,
Parlant tacitement ne se monstre mutin:
Mais entendans la voix de leur souuerain Iuge,   Psalm 2.
Le cry desbonde alors comme vn nouueau deluge,
Tous crient, à la mort, à la mort ce peruers,   Christ est
Et rien ne monte au ciel que ce cry par les airs.   estimé la ba-
Adonc tous ces meschans de la bande Auerneuse   lieure du mõ-
Luy crachent sur le chef d'vne audace odieuse,   de, pour nous
Rongent son cœur dolent, vont pincettans son Corps, redre deuant
D'opprobre le couurants au dedans, & dehors,   Dieu innocés
Qui le pousse du bras, qui d'vne verge forte,   & sans tas-
Qui du pied, qui du poing luy fait franchir la porte, che.
Qui dessur son beau chef vn soufflet imprimant
Faisant le rapinois, luy demande comment
Il endure cela: Et l'autre plus farouche,   Psalm. 22.
D'ordures impudent, conure sa saincte bouche,
Et d'vn baston cruel le frappant maintes fois,
Dy nous qui t'a touché (ce dit-il) Roy des Rois?   Prophetize
Bref represente toy toute l'ignominie   nous qui t'a
D'vn pauure mal-faicteur, d'vn peuple la manie,   frappé.
La peine des meschans condamnez à la mort,
Tout ce qu'vn innocent peut endurer à tort,
Et d'vn supplice honteux l'execrable torture,
Les horreurs tiraillants nostre infirme nature,
Au poinct que nostre esprit s'enuolle vers les cieux,
Christ à tout supporté sur son Corps precieux.

R

Car pour nous replacer au Paradis celeste,
Il a voulu subir le tourment plus funeste
Qui fust sous le Soleil. O Diuine bonté!
O surceleste amour! ô saincte charité!
Mourir pour ses haineux vastadours de la grace,
C'est vn secret sans fond, qui mon penser surpasse.

Pur Soleil lumineux, qui tes cheuaux conduits
Apostrophe au Soleil.
Ores aux Antictons, (d'où nous sortent les nuicts)
Ores par les planchers de la campagne astrée,
Dorant de tes rayons toute nostre contrée:
D'où vient que regardant tant de meschancetez,
Tant de tristes horreurs, & tant d'indignitez,
Dont on couuroit le chef de ton celeste Maistre,
Au fleuue Lethean tu ne te feis cognoistre,
Sans iamais retourner sur tes postes diuers,
Pour mettre au iour le iour torche de l'Vniuers.
Non, non sur l'innocent, comme sur le coulpable,
Tu dardes les rayons de ton œil desirable,
A tous les sectateurs de cette ombreuse Cour,
Tu prestes ta clarté veufue d'haine, & d'amour.
Ta lueur comme esclaue à la machine ronde,
Esclaire esgallement tout le contour du monde,
Tes rais frappent nos corps, mais ton œil ne peut pas
Penetrer és Arrests du ciel, ou du trespas.

Sainct Pierre cependant (qu'vne gloire charnelle
Discours de la cheute de S. Pierre.
Sembloit accompagner de constance eternelle)
Incogneu, n'osa pas entrer dans le Palais,
Il demeure au dehors au nombre des valets:
Vne seruante adonc le voyant par la presse,
Deuoré des soupçons d'vne morne destresse,
L'attaque de la voix: Certes il paroist bien
Que tu es seruiteur de ce Roy Nazarien.
Ie ne le cognoy pas, respondit l'infidelle,
Ie ne sçay que tu dis, i'ignore sa sequelle.
Puis s'en allant plus loin il rencontre marchant
Au dehors du portail, vn homme recerchant
L'entrée du Palais, qui contemple sa face,
A sainct Pierre parlant d'vne semblable audace.
Compagnon n'es-tu pas sectateur mal-heureux
De Christ, Nazarien, le Roy des langoureux?

Certes ie n'en suis pas. Cependant le Cocq chante,
Pierre comme endormy en son ame meschante,
Ne se resueille point, quoy que ja par deux fois
Il eust ouy du Cocq la sonoreuse voix.
Combien en voyons-nous en ce lieu de la parque
Resueillez par la voix de l'Eternel Monarque
Par deux, & par trois fois: & tandis chancelans
Vont tousiours és sentiers de ce monde branlans,
Semblables à ces eaux d'vn bassin variable
Que Phœbus faict flotter or' sus, or' sous la table,
Au poinct que ses rayons par les vitres passans
Vont les eaux au plancher par secousse estançans:
Ils font profession de suiure le Messie,
Ils sont mesme douez du don de Prophetie,
Mais si vous les sondez ils nient Iesus Christ,
Sa parolle, sa voix, ses dons, & son esprit.
Mille chantres des bois, au bigarré plumage,
Nous dictent tous les iours par leur mignon langage
La puissance de Dieu: tous les chants de leur voix
Nous incitent au los du grand Dieu Roy des Rois,
A fendre ainsi comme eux d'vne saincte harmonie
Et les airs, & les cieux, par nostre symphonie:
Et tandis nous dormons, & n'apperceuons pas,
Que pour nous desguizer nous tombons au trespas.
  Les sages de çà bas, (ou qui le pensent estre)
Font planter sur le haut des clochers de leur cloistre,
Vn oyseau du Soleil, vn Cocq mort, & sans voix,
Pour signal de resueil aux courages François;
Tandis ainsi qu'vn Cocq assouppy sur l'Eglise,
Ils sont tous endormis comme le corps d'Anchise:
Que si quelque Poulet, ou quelque voix des cieux,
Les contraint d'entr'ouurir la paupiere des yeux,
Ils entendent ce chant: Mais cependant l'oreille
De leurs tristes esprits, iamais ne se resueille:
Vn sommeil tout de fer, à ces cœurs gracieux,
Leur desrobant le iour, les esloigne des cieux.
  Le Cocq de nos esprits c'est la saincte parole
Qui transporte nos cœurs iusques aux gonds du pole,
C'est la voix du grand Dieu qui nous dicte tousiours,
(Non par vn son confus, mais par vn sainct discours,)

R ij

Hoc videtur contingens, quod gallus galinaceus hac horâ cantarit, sed notate in Theologia omnia contingentia ad Dei prouidentiam referri.

Heliodore en son histoire Ethyopique, appelle le Cocq l'oiseau du Soleil.

Le S. Esprit & la parole de Dieu, les Cocqs de nos esprits.

Sors des ombres des morts Adamite infidelle,
Abhorre de Satan l'enchanteuse cordelle,
En ce mesme moment si tu entends ma voix.
Retourne au premier chant, à la premiere fois,
Car foible si tu veux prendre l'heure derniere,
Tu ne pourras treuuer (possible) la Lumiere,
Et l'œil de ton Sauueur, puis que le Repentir
S'enfuira loing de toy, quand tu voudras partir.
Ce n'est pas vne fleur qui croisse en ton parterre,
Esaü le cerchoit, & par mer, & par terre,
Le demandoit au ciel: mais ses tristes souspirs
En vain frapperent l'air, se plaignant aux Zephirs.

    Derechef deux ou trois, s'en vindrent à S. Pierre,
(Pour le tenter au vif, & luy faire la guerre,
On te void (disent-ils) ia desia chanceler,
Ta façon, ton triste œil, & mesme ton parler
Te descouure à nos yeux: N'es-tu pas Nazarite,
N'es-tu pas sectateur de cette gent maudite?
Que iamais l'Eternel ne m'aille secourant,
Si ie suis seruiteur de cet homme mourant,
Ie ne le cognoy point, le grand Dieu i'en atteste,
I'abhorre ce discours, & mon cœur le deteste.

    Lors Pierre entend la voix du Cocq alors chantant,
Son oreille est touchée, & son ame à l'instant,
Il sort hors de la foule, ou bien hors de soy mesme,
Il sent poindre son cœur d'vne tristesse extreme,
Il cerche alangoury vn deserté sejour,
Veut voiler son peché, plus clair que n'est le iour,
La fuite est son desir, & la saincte parole
Du Sauueur l'enseignant, deuant sa face vole,
Ce morne, & doux penser s'obiectant à ses yeux,
Luy faict baisser la teste, & souspirer aux cieux:
Puis discourant en soy d'vn langage tout triste
Du Sauueur Tout-puissant la parole il recite:
Auant que le Cocq chante auiourd'huy par trois fois
Tu reniras mon nom d'vne craintiue voix.
Ô mortel mal-heureux! Seigneur ne m'abandonne,
I'ay peché, i'ay forfaict, ô mon Sauueur pardonne,
Pardonne moy, mon Dieu, & mes pechez ombreux
Soyent plongez par ton bras au fleuue tenebreux.

Reçoy mon repentir, & propice m'accorde
Ce que mon ame attend, de ta misericorde.
Ainsi Pierre versoit des pleurs à grands randons,
Tournant son œil larmeux aux celestes brandons:
Mais le Sauueur bening parmi la doleance
Dont on navre son corps, ne met en oubliance
Son bien-aimé Disciple: ains au mesme moment
(A la mort condamné du premier Parlement)
Descendant du Palais, void S. Pierre parjure
Qui renie le ciel par un traistre murmure:
Il le regarde alors d'un regard de douceur,
(Regard sainct, & sacré qui renflame son cœur,)
Chassant de ses esprits l'angoisse, & l'amertume,
Qui sembloit ia desia se former en coustume.
Comme d'un ruisselet le foible eslancement,
Sourdant d'un creux rocher flotte tout lentement,
Mais plus il va roulant de son eau l'onde claire
Se grossit en croissant, & se forme en riuiere,
De riuiere en un Nil, dont les flots tortueux,
Noyent dans l'Ocean son cours impetueux:
De mesme le pecheur, depuis qu'il se desbonde
Pour suiure les horreurs des vagues de ce monde,
A cours precipité tousiours se grossissant,
Il voisine les bords de l'enfer rougissant:
Et si le Tout-puissant par sa grace celeste,
Ne le va destournant de sa route funeste,
Il tombe dans l'Erebe, & son ame, & son corps,
S'abysment és cachots des eternelles morts.
(Si des antiquitez les plumes curieuses
Ne paissent nos esprits de choses fabuleuses,)
L'idole de Memnon, (au leuer rayonneux
Du Soleil, loing voyant de son œil lumineux,)
Souloit d'un son bruyant recognoistre l'Aurore,
(Au poinct que son aspect le monde recolore)
Frappée de ses rais, une voix en ce corps
Saluant le Soleil, s'eslançoit en dehors,
Faisoit rebruire Echo à la voix babillarde,
Indiscrette au parler, importune, & iazarde:
Les Esleus tout ainsi fendent l'air, & les cieux
D'eslans entrecouppez, de souspirs precieux.

C'est cet œil qui iadis regarda Iob en la suye, & Dauid en la cendre.

Abyssus abyssum inuocat.

Homere appelle le Soleil loing voyant, pource qu'il eslance ses rayons par toute la terre.

Si tost que du Sauueur la Lumiere diuine,
(Clair astre de nos iours,) frappe sur leur poictrine:
Vne voix du profond de l'estomach sortant,
Sur l'aile de la foy, va dans le ciel montant,
Les Anges bien-heureux au ciel s'en esiouïssent,
Et d'vn contentement indicible iouïssent.
Ainsi nostre cerueau surchargé de froideurs,
Aux regards embrazés des solaires ardeurs
Se descharge en souspirs, par le nez s'extenuë,
Lors l'infirme mortel maintesfois esternuë.
Ainsi sur le sommet des monts audacieux
La neige se dissoult, aux regards radieux
Du pere de nos iours. De mesme le fidelle
Se resueille aux lueurs de la saincte chandelle,
Aux rais de l'Eternel, aux regards du Sauueur,
Creant en nos esprits vn zele, vne ferueur
Qui se distille en pleurs, quand nostre ame faussaire
Recognoist son forfaict au val de sa misere.
O bien-heureux regards! ô celestes rayons!
Qui fondez de nos cœurs les horribles glaçons,
Qui venez r'allumant nos flames presque esteintes
Par nos infirmitez, par nos debiles craintes,
Douce, & diuine œillade, enflammez pour tousiours
Mon corps, & mon esprit de vos chastes amours,
Et dans les iours ombreux d'vn Auerneux nuage,
Faites moy rencontrer quelque benin passage,
Qui des bords de la mort, m'enleue sur les cieux,
Où ie loüe mon Dieu, d'vn cœur deuocieux.
Mais comme le Soleil la cire mollifie,
Et par ses rais ardents son humeur liquefie,
La boüe, & l'excrement par son œil dessechant,
Ainsi faict Iesus Christ en l'ame du meschant,
N'y treuuant point d'humeur l'impie se torture,
Despite les mortels, le ciel, & la Nature,
Et comme Pharaon va tousiours supposant
Quelque delay nouuel au grand Dieu s'oppozant,
Tel que cet Apostat, dont l'insigne malice
Suiuit plustost l'enfer, que le diuin seruice:
Tel iadis fust Iudas que l'œil de Iesus Christ,
Ne voulut transpercer des rais du Sainct Esprit,

Puis que sa volonté, & son traistre courage,
Horreur! s'abandonnoit à l'infernalle rage.
Sainct Pierre à l'opposite encore chaud d'amour,
Et plein des saincts eslans de l'eternel seiour,
Au regard du Sauueur retourne à la lumiere,
Son ame desmentant sa langue mensongere.

Icy le vain esprit de l'homme curieux,
Veut ioindre son discours aux mysteres des cieux,
Demandant si l'on doit renier en ce monde,
Le Createur du ciel, de la terre, & de l'onde:
Puisque le sainct Esprit ne recognoistra pas
Ceux qui renient Dieu, pour crainte du trespas:
Sainct Pierre (disent-ils) à son Maistre faussaire
Semble fauorizer ce dessein temeraire.
D'vn vouloir non contraint il tomba par trois fois,
Redressé cependant par la celeste voix:
Doncques il faut pecher, dit l'homme de ce monde,
Par dessus nos pechez, tousiours la grace abonde:
A cette obiection d'vn profane sçauoir,
Respondons humblement selon nostre pouuoir.

Les exemples des Saincts soustenus par la grace
Tombans du haut du ciel, ne sont point vne trace
Qu'il te faille imiter, leurs bonnes actions
Te doiuent bien guider en tes affections;
Mais leur infirmité, & leurs pechez enormes
Ne sont pas recitez pour te seruir de normes
A pecher contre Dieu: luy mesme n'entend pas,
Que pour monter au ciel, on descende au trespas,
Que pour auoir du bien, dans le mal on s'engouffre,
Sa Iustice au sainct œil ce meslange ne souffre.
Plusieurs (disoit iadis vn esprit bien-heureux)
Sont maintenant rongez dans l'enfer tenebreux,
Pour auoir mille fois offencé par malice,
Sous l'espoir d'vn pardon, la celeste Iustice:
Pechons (ce disoient-ils) l'Eternel est vn Dieu
Bening, tousiours clement, pardonnant en tout lieu.
Tout beau profanes cœurs, vous recerchez l'Auerne,
Pour lumiere l'Erebe à la sombre cauerne,
A pas precipitez, comme les furieux,
Vous tombez brusquement de la voye des cieux,

Et suiuant de vos cœurs la route Satanine,
Vous fuyez du grand Dieu l'ordonnance diuine.
Quant à ce que tu dis d'vn murmure peruers,
Qu'on peut renier Christ, saincte ame de mes vers,
La foy sauue restant. Distingue ton langage,
Alors tu parleras par la bouche du Sage.
    En ce monde Iesus on nie doublement,
Ou de la voix du cœur, & du consentement,
Ou du simple parler: le dernier porte blasme,
Le premier nous entraisne en l'eternelle flame:
On le nomme peché contre le Sainct Esprit,
Quand l'homme cognoissant les loix de Iesus Christ,
De son gré mal-heureux mesprisant la lumiere
Se perd au cours panchant de l'ombreuse carriere:
De ce reniement Pierre ne pecha pas,
Ains Cain, & Saül, compagnons de Iudas,
Et tous ceux que le ciel, aux clartez eternelles,
Ne veut desengager de leurs cheutes mortelles:
De cette iniquité le Sauueur nous parlant,
Menasse nos esprits de son foudre-bruslant,
Quand nous le renirons du cœur, & de la bouche,
Sans penser à son œil, qui nous void, qui nous touche.
Ie confesse pourtant qu'il permet quelques fois
(Pour exalter son nom) qu'on retienne sa voix,
Qu'on se sauue du feu cerchant vne autre Ville
(Quant on peut estre encor en son Eglise vtile)
Mais lors qu'on vous entraisne à l'Inquisition,
Et que tu trahirois la saincte affection
Que tu dois à ton Dieu: Christ commande à ton ame
De destourner tes pas de l'eternelle flame,
De parler librement: alors l'affliction
Veut espreuuer ton cœur par la tentation.
Ne faut plus reculer, ton ame il te faut rendre,
Si tu ne veux l'Enfer pour le Paradis prendre.
Pierre doncques nia son Maistre seulement
Des leures: non du cœur, non de l'entendement.
Sectateur de Iesus, son Disciple fidelle,
Il voulut se couurir d'vne face infidelle,
Contant en son esprit d'estre son seruiteur,
Voulant dissimuler le dedans de son cœur

On renie Ie-
sus Christ en
deux façons,
ou de la bou-
che, & non
de l'ame : ou
de la bouche
& du cœur
tout ensem-
ble.
Peché contre
le S. Esprit.

Voicy ce
qu'en dit S.
Augustin
epist. 10. ad
Honoratum.
Nè quis timi-
dè stationem
suam deseres,
vel gregé per-
fidè perdat,
vel exēplum
præbeatigna-
uiæ. Et tamen
nemo se in-
consideratè
præcipitet.

A celle, dont la voix tentant ce miserable,
Le fist presque broncher en la fosse du Diable:
Car cet ombreux peché (que ie n'excuse pas)
Est le cousin germain de l'infernal trespas: (mine,
Mais comme vn sainct vaisseau ia sur les cieux do-
Par vn don singulier de la grace diuine
Il fust contregardé : quoy que bien lourdement
Il offença le ciel par son desuoyement.

   Combien de faux Docteurs, de perfides Leuites,
D'Apostres desguisez, qui font les chattemites,
Sous le nom de Iesus, deceuans les humains
Au sang sacré des Rois ensanglantent leurs mains,
Troublent tout l'Vniuers, & s'ils pouuoient encore
Ioindroient la terre au ciel, l'Occident à l'Aurore:
Ils font profession d'aimer le Sainct Esprit,
Mais c'est comme Iudas qui trahit Iesus Christ,
Desmentans par effect, & d'vne ame meschante,
Ce que leur bouche dit, ce que leur langue chante.

   Pilate estoit assis au throsne radieux
De Solyme, entouré de Souldars glorieux,
D'vn orgueilleux transport son ame estoit guidée
Par l'adueu de Cæsar regissant la Iudée:
Autour de ses costez deux Conseillers diuers,
(Perfides, assesseurs de ce Iuge peruers,)
L'alloient entretenant par leur folle parole
Des discours fabuleux d'vne chose friuole:
Son oreille est tousiours entr'ouuerte à leur voix,
(Peste des Empereurs, des Princes, & des Rois,)
Ces deux faux Conseillers se nomment en ce monde,
Le Soupçon mal-heureux, & l'Ignorance immonde:
Pilate n'entend rien dont ces vains Presidents,
Ne donnent leur aduis és perils euidents,
Et rien ne se resoult de la mort, ou la vie,
Dont ces traistres esprits ne parlent par enuie.

   Voicy comme ils parloient appuyez sur le flanc,
Iesus Christ tout conuert de playes, & de sang,
Manotté, garrotté de diuerses cordelles,
Conduict par vn amas de mortels infidelles:
La fraude vole apres ces fantasques mutins,
Le mensonge, & Satan suiuent tous ces Lutins,

S. Pierre re-
dressé de sa
cheute par vn
don special
de la grace
de Dieu.

C'est à sça-
uoir tous
ceux qui de
parole se di-
sent serui-
teurs de Iesus
Christ, & ne
le font pas en
effect.
Matth 27.
Marc 15.
Luc 23.

L'ignorance
& le soupçõ
Conseillers
des faux Iu-
ges.

Description
de la condam-
nation de Ie-
sus Christ.

Soufflant sur eux l'horreur, le meurtre, la colere,
La mort des Innocens, la vengeance faussaire.
Deuant tous ces malings marche la Cruauté,
La morne Mesdisance, & l'Incredulité,
Qui s'en vont aborder ce Iuge temeraire
Pour aueugler ses yeux d'vn amas de poussiere.
Le voicy (disent-ils) cet homme furieux,
Qui se veut oppozer aux Cæsars demi-Dieux:
Au dessus du beau chef du Redempteur du monde,
La saincte Verité par les airs faict la ronde,
Ores de Iesus Christ les larmes receuant,
Ores de son parler l'infirme releuant,
Ores par son discours voulant vaincre l'audace,
Dont ces monstres d'enfer s'enueloppoient la face.
Trois fois cette Beauté d'vn desir genereux,
(Voyant tous les efforts de ces gens mal-heureux)
Cuida s'en plaindre à Dieu, & par trois fois discrete,
Elle estouffa sa voix volant à sa retrette,
Inspirée du ciel: Les Arrests cognoissant
De l'Eternel decret du grand Dieu Tout-puissant,

Iesus ne disoit mot, mené par la furie
Des Iuifs, comme l'Agneau conduit à la turie,
Les pleurs tant seulement sont indices certains
Qu'il meurt pour racheter les hommes-libertins!
Tout ainsi qu'en Eden nostre incredule pere,
Tomba par son parler en l'ombreuse misere:
A l'opposite Christ par son silence sainct
Nous loge en Paradis auprés du trois fois Sainct,
A l'orgueil oppozant vne ame en Dieu rauie,
Au parler le silence, & à la mort la vie.
    Sacrée Humilité phare des beaux esprits,

Ame des vers diuins, garde du sainct pourpris,
Alouëtte du ciel, Aigle qui fends la nuë
Par les volans cerceaux d'vne plume incognuë!
Si j'ozoy' sans pecher, & s'il m'estoit permis,
T'offrir de mon esprit les pensers plus amis,
Plus haut que tous les cieux ie graueroy' ta gloire
Sur l'airain eternel du temple de memoire:
Par toy sœur du silence on nous void replacez
Aux lieux, d'où le parler nous auoit deschassez,

Par ce silence sainct Christ nous ouure la porte
Du Paradis fermé, pour crier en la sorte:
Abba Pere reçois de mon cœur les souspirs,
De mon ame les plains, les eslans, les desirs,
Purifiez au sang de ton Agneau fidelle,
Sa mort est ma rançon, & ma joye eternelle:
Son silence me sert de parole, & de voix,
Pour vaincre de Satan les dangereux abbois.
   Pilate triomphant sur son throsne d'yuoire
Faict plus qu'auparauant parade de sa gloire,
Contrefaict le bon Iuge, & son front, & ses yeux
Le marquent au dedans d'vn cœur fallacieux:
Toutesfois compozant son œil, & son visage,
Aux accents deceueurs d'vn Iusticier volage:
Superbe en son discours son ame desmentant,
Il assaut du Sauueur le courage constant.
Es tu le Roy des Iuifs? Iesus d'vn cœur modeste
Se prepare à dompter ce langage funeste.
Vrayement ie le suis, pour cela ie suis né,
(Bien qu'ores par le ciel à la mort destiné,)
Et comme on l'accuzoit d'affecter en ce monde,
L'Empire vniuersel de la machine ronde,
Le bandeau des Cesars, & le gouuernement
Des Romains genereux, pour son contentement,
Il ne respondoit rien, Pilate s'en estonne,
Iesus laissant pour nous condamner sa personne,
Rouler son innocence: & par sa charité
Nous replace au Palais de la Diuinité.
Adam tout au rebours, apres sa triste faute
Tasche à contrelutter la puissance tres-haute,
Se deffend contre Dieu (qui compasse ses pas,
Et qui l'à veu tomber en l'infernal trespas)
Seigneur (ce disoit-il) c'est ma femme tres-chere,
Qui m'a faict offencer ta Majesté seuere:
Eue de son costé respondoit, ô grand Dieu,
Le serpent mal-heureux m'a seduite en ce lieu,
(Quoy que pour bien parler elle fust criminelle.
Et sur les errements de la mort eternelle)
Mais Christ d'esprit, & corps en soy mesme innocent,
Abbaisse de son gré son courage puissant,

Christ en la
mort nous
donne vn

A souffrir pour nos biens vne mort douloureuse,
La mort des scelerats, la mort la plus affreuse
Que iamais le Soleil, donnant vie à nos iours,
Au apperceu de l'œil, au plus haut de son cours.
Il n'a point disputé (bien que son innocence
Parlast tacitement par son heureux silence)
Ains ne respondant pas, il aduoüoit pour nous,
La croix, la mort, l'horreur, & du ciel le courroux.
Amour vrayment diuin, dans lequel ie me noye,
Quand i'en veux recercher & la fin, & la voye:
Doux object de mes vers, doux espoir de mes maux,
Vie de mon discours, de mon cœur, de mes mots.
Mais ces anges d'enfer poursuiuans leur malice,
Accomplissoient de Dieu la celeste Iustice,
Qui demandoit vn pleige, & de l'ame, & des mains
Desgageoient de la mort les infirmes humains,
Toutesfois sans penser à ce qu'ils alloient faire:
(Comme si tu croyois vn grand bien l'adultere,
Et que de guet à pends ton esprit mal instruict,
Se portast à l'amour, & de iour, & de nuict:)
Aussi nous apprenons dans la page eternelle,
Que c'estoit la rançon de l'ame criminelle.

Tant d'oracles diuins nous l'auoient annoncé,
Tant de sacrez Voyans nous l'auoient prononcé,
Et le ciel estoilé, qui branle à sa parole,
D'astres presagieux decora sa carrolle,
Au temps que le Nepueu du premier Dictateur
L'Itale dominoit, ennemi du flateur:
(Si tu veux receuoir d'vn Payen le langage,
De Pline le discours, qu'on estime volage)

Caïphe Prestre alors, par la force des cieux
(Bien que traistre en son cœur, cruel, malicieux)
De sa bouche (suiuant la saincte Destinée)
Dict qu'vn homme mourroit pour les Iuifs cett' année,
La femme de Pilate en son lict sommeillant,
(Du corps, non de l'esprit qui va tousiours veillant)
Par vn Ange du ciel sainctement aduertie,

Deffend à son mary d'estre de la partie.
Ne souilles point tes mains (dit elle) dans le sang
De ce iuste accuzé, de cet homme innocent,

Cette nuict en dormant i'ay souffert pour son ame
Maint tourmét en mõ corps, & pour toy quelque blasme,
Garde de condamner de l'œil, ou de la voix,
Ce Sainct contre equité, comme contre nos loix.

Le peuple cependant en murmure desborde,
Pilate enuoye Christ vers le throsne d'Herode,
Et comme l'excuzant monstre qu'il ne veut pas
Condamner l'innocent aux horreurs du trespas.

Herode ne treuuant au Messie aucun crime,
Le renuoye au Præteur de l'iniuste Solyme,
Et de l'œil l'absoluant de toute iniquité,
D'vne robbe de blanc pare son equité,
Conquerant par ce traict, autant heureux qu'insigne,
Du Gouuerneur des Iuifs la volonté maligne;
O diuine splendeur de la gloire des cieux,
Inscrutables Arrests, iugements precieux
Des decrets du grand Dieu, ô sagesse eternelle!
Tes rais de mon esprit pffusquent la prunelle,
Ie ne puis contempler de mon infirmité,
Les mysteres sacrez de la Diuinité,
Que ie n'aille accuzant d'aueuglement mon ame,
D'ignorance mon cœur, & mon penser de blasme.

On auoit condamné en ce temps au trespas
Vn brigand, és liens, qu'on nommoit Barrabas:
Pilate le voulant sacrifier aux ombres,
(Abandonnant son corps aux mortelles encombres)
Exhorte tous les Iuifs du geste, & de la voix,
A pendre Barrabas en l'execrable croix:
Mais ce peuple meschant crioit à gorge ouuerte,
Crucifie Iesus, cerche, cerche sa perte,
Crucifie, oste-le du nombre des viuans,
Et qu'on n'entende plus ses discours deceuans:
Comme quand la fureur de l'horrible Bellonne,
Vendangeant les Citez, les gens d'armes moissonne,
Faict vn monceau de morts, & par ses estandards
Terrace la valeur, couronnant ses souldards,
On a beau remonstrer les loix de la clemence,
Le carnage s'accroist, & Mars tousiours s'aduance,
Criant à ses guerriers, tuë, tuë, mets bas
Les petits & les grands, donne tout aux combats.

Ainſi parmi les Iuifs la rumeur commencée,
Se joint à la clameur d'vne audace eſlancée:
On n'entend que ces mots oſte, oſte des viuans,
Ce Prophete peruers aux propos deceuans.
Pilate à beau parler, la clameur ſe renforce,
On meſpriſe ſa voix, & le peuple le force
A condamner Ieſus à la mort de la croix,
Mort maudite du ciel, & des humaines loix.
Ce Iuge cognoiſſant que le cry ſe redouble,
Et qu'il ne peut chetif accoizer tout ce trouble,
Comme pour deſcharger de blaſme ſon eſprit,
De malice ſon cœur encontre Ieſus Chriſt.
Demande dans vn plat de l'eau clairette, & pure,
Penſant deſentacher ſes mains de cette ordure.
Il a beau ſe lauer dans l'humide element,
Car ſon crime eſt cloüé à ſon entendement.
I'atteſte du Soleil la torche flamboyante
Que du ſang de Ieſus mon ame eſt innoſente.
Son ſang ſoit deſſur nous, & tous nos deſcendans,
Cette mort vient du ciel, nous l'irons deffendans
Enuers & contre tous : Crucifie cet homme,
Decolle, Eſtrangle-le, ou le Bruſle, ou l'Aſſomme,
Car ſelon noſtre loy, il ne nous eſt permis
D'immoller à la mort nos plus grands ennemis.
Mais il eſt innocent : oſte, oſte, crucifie
Ce peruers, ce meſchant, qui ſon cœur falſifie.
Pilate donc contraint, (mais volontairement)
Abandonne aux Bourreaux le Roy du firmament,
Deliure Barrabas, (pernicieuſe enuie)
Poſtpozant aux voleurs le Prince de la vie.
 Mais quelle impieté pouſſoit ces mal-heureux
A tourmenter Ieſus de tourments douloureux,
Et quelle opinion engrauée en leur ame,
Au meurtre du Sauueur leur courage renflame?
 Dés long temps chez les Iuifs, de logue main couroit,
Qu'vn Monarque puiſſant du haut ciel deſcendroit
Semblable à Salomon pompeux, & magnifique,
Pour douer Iſrael d'vn regne pacifique.
Ces infirmes eſprits, charnels, & curieux,
Attendoient vn Sauueur mondain, & glorieux.

De Princes entouré, (dont la vaine apparence
Finiroit les desirs de leur folle esperance:)
Cet erreur loing volant auoit mesme surpris
Des Disciples de Christ les debiles esprits,
Quand ils alloient cerchans de leur Maistre fidelle,
Qui seroit le plus grand en la vie eternelle,
Quand sainct Pierre grossier deffendoit au Saueur,
(Plein du zele inconstant d'vne ombreuse ferueur)
De monter en Solyme: & d'vne brusque audace
Luy disoit, ô Seigneur esloigne de ta face
Ce penser soucieux: Il ne t'aduiendra pas
De rendre ainsi l'esprit dans l'horreur du trespas:
Iesus le resrenant par son ame propice,
L'appelle sectateur de l'infernal seruice,
Le redresse à l'instant, & de main, & de voix
Le remet aux sentiers des eternelles loix.
De cette opinion temeraire, & volage,
La nation des Iuifs imbuë en son courage,
D'vne rage auerneuse, & d'vn desir peruers,
Se porte à massacrer l'Autheur de l'vniuers,
Sacrant au souuenir d'vne ingratte memoire,
Leur estourdissement, & leur mondaine gloire.
Mal-heureuse raison qui mesures les cieux,
Et les biens eternels, aux biens fallacieux
De ce triste element: qui folle se gouuerne,
Selon les vains obiects de l'apparence externe:
Qui de mille fatras les hommes deceuant,
Mesprise Iesus Christ, pour embrasser le vent.
Ainsi dans Auignon la race Iudaique,
(Suiuant les faux escrits d'vne doctrine antique)
Croid tout de mesme encor qu'vne saincte Cité
Doit descendre icy bas du firmament vouté,
Parée toute d'or, attendans vn Royaume
Caducque, & passager: bref en somme vn fantosme:
(Car c'est fantazier vn celeste pourpris,
Quand tu vas desdaignant du grand Dieu les escrits.)
    De ce nombre l'on met les mondains Romanistes,
Et tous ces grands Docteurs nourrissons Loyolistes,
Qui terrestres, & vains, ne peuuent conceuoir
Le regne du Saueur, fante d'vn sainct sçauoir,

Ains qui veulent forger en leur docte ceruelle,
D'vn nouueau Redempteur la doctrine nouuelle,
Enseignans les mortels, que Christ charnellement
Se prend dessous le pain, non de l'entendement,
Non des mains de la foy (qui de la terre volle
Par dessus les brandons de l'astrée carrolle)
Quoy que Dieu nous parlant icy bas de sa voix,
Dans ses escrits diuins, ait prescrit d'autres loix:
Destournant nos esprits des pensées charnelles
Du manger monstrueux des ames infidelles.
Ces paroles, dit-il, (que tu ne comprends pas,)
Sont vie, sont esprit, non vn charnel repas:
Les mysteres du ciel ne sont pas de ce monde,
(Non plus que ce flambeau qui desseche nostre onde,)
Ils sont pour ton esprit, & non pas pour ton corps,
Ils sont pour les Esleus, & non pas pour les morts.
Mon regne n'est d'embas, le sang, & le breuuage,
Et la chair, n'ont point part au celeste partage.
Mais retournons Clion, car l'œil malicieux
Tourmente de douleurs le Fils aisné des cieux.

   Iesus Christ condamné par l'inique sentence
Du Gouuerneur des Iuifs, vers Golgotha s'aduance.
Mais auant que partir les ieunes, & les vieux,
De mille indignitez infecterent ses yeux:

   Toy qui conduis ma plume à trauers ces vacarmes
Retiens pour quelque temps la bonde de mes larmes,
Ne permets que mon cœur sainctement douloureux,
Succombe au sainct obiect de ce Roy langoureux:
Ains recrée mon vers de ta bonté supreme,
Et fay qu'en escriuant ie m'instruize moy mesme.
Comme vn simple mouton, au besler innocent,
De son corps tendrelet, laisse tirer le sang,
Ne resiste au Boucher: ains patient enduré
D'vn aceré cousteau la tranchante pointure:
Tout ainsi le Sauueur à trauers les horreurs,
Et parmi les sanglots des mortelles fureurs,
De son corps sans peché, laisse espuizer la vie,
Ne dict mot aux bourreaux de l'infernalle enuie,
De souspirs seulement, & d'eslans precieux
Tous les airs trauersant il transperce les cieux.

Alon

Alors on le flagelle, & ſa ſaincte perſonne
Reçoit ſur ſon beau chef vne ingratte couronne,
Qui de mille poinçes va poinçonnãt ſon corps, (hors.)
(Mais ſes tourmẽts au cœur, ſont plus grãds qu'au de-
On le veſt d'eſcarlate en ſigne de riſée,
On luy donne pour ſceptre vne canne briſée,
On fleſchit les genoux au deuant de ſes pas,
L'vn luy dit, Roy des Iuifs ne me cognois-tu pas?
Bien te ſoit, ô Saũueur : & l'autre auſſi mal ſage,
D'vn crachat infecté luy ſoüille le viſage.

   Apres tant de brocards, & tant d'impieté,
On deſnue ſon corps de feinte Royauté,
(Ainſi qu'au Baſteleur qui n'eſt roy qu'en peinture,)
Ils chargent Ieſus Chriſt, & d'opprobre, & d'iniure:
Touſiours, touſiours tandis c'eſt le Prince des cieux,
Le Saũueur des humains, l'oinct de Dieu gracieux.
Car cet abaiſſement, cette mort, cette ordure,
Eſt le celeſte object de toute l'Eſcriture,
Le Phare aux yeux errants, l'Ourſe des Matelots,
L'eſpoir de nos douleurs, vn Sainct havre en nos flots:
Cet eſtat odieux, d'vne ame tant outrée,
Nous remẽt au chemin de la ioye ſacrée,
Retire de l'enfer, nos cœurs malicieux,
Replaçant nos eſprits au Paradis des cieux

   Cependant le peruers accompliſſoit volage,
Les arreſts eternels de l'immortel langage,
Ores deſauoüant, (mais par meſchanceté)
Les ſanglots de Ieſus, & cette iniquité,
De robbes d'innocens decore ſon angoiſſe,
(Le pourpre eſt triomphal, & le blanc eſt ſimpleſſe)
Ores le ſaluant: quòy que c'en ſoit touſiours.
Du ſilence adorons les celeſtes diſcours.

   Voicy comme ils ſortoient vn pauure homme ſordide,
Chetif Cyrenien, qui retournoit languide
Des champs tout en ſueur : (contraint par ces peruers,
De porter le gibbet du Roy de l'vniuers,)
Se ſouſmit à ce faix, (comme ſi par preſage,
Chriſt tranſportoit ſa croix au barbare lignage.)
Car entre tous les Iuifs les criminels dehors
Emportoient leur gibbet, quand ils alloient aux morts.

T

Mais Iesus ne pouuant, ô ciel quelle torture!
Le charger sur son corps tout couuert de blessure,
Cet homme en fin receut sur son dos cette croix:
Mais Christ en son esprit supporte vn autre poids,
Pressé de tous costez du mutin populaire,
En l'ame des ardeurs du courroux de son Pere:
A dextre les horreurs, à gauche les Lyons,
Au dessus, au dessous sont mille afflictions,
Au dedans, au dehors par tout paroist la trace
Du courroux eternel. Le Sauueur d'vne audace
Celeste, & genereuse, accepte brauement,
Les assauts de l'enfer, l'ire du firmament:
Attendant qu'en sa croix esleuée de terre,
Il place les Esleus en l'eternel parterre.

  Venez ames du ciel, venez diuins esprits,
Citadins bien-heureux du celeste pourpris,
Venez Anges d'enhaut, Seraphicques phalanges,
Postillons loing-volans, Principautez, Archanges,
Contempler les douleurs du Sauueur des humains,
  Et vous enfans de Dieu, ployez vos foibles mains,
Vos genoux, & vos cœurs, deuãt ce grand Monarque,
(Qui separe nos corps de l'eternelle parque.)
Venez, & que son sang tout pur, & precieux,
Soit l'obiect de vos cœurs, soit l'obiect de vos yeux,
Voyez tous ses tourments. Non, il est impossible,
Comprenez ô mondains ce qui vous est possible.

  Du costé d'Aquilon vn costau plein de morts
(Où les Iuifs delaissoient des impies les corps)
Au dessous d'Oliuet, s'esleuoit en planure,
Tout couuert d'ossements, de charongne, d'ordure,
De testes des occis. On appeloit ce lieu

Caluaire, mont du Test, Golgotha en Hebrieu,
Pource qu'on n'y voyoit que des os, que des testes
Des hommes trespassez abandonnez aux bestes:
Ce tertre plein d'horreur, puantement infect,
Est choisi pour la mort de l'homme-Dieu parfaict.
Mais tandis cette odeur ingrate, & detestable,
N'empesche que son sang par la terre habitable
N'espande son doux pris: & que mesme les cieux,
N'en sentent les odeurs, & l'encens precieux:

Ainsi les belles fleurs au milieu de l'ordure,
Ne perdent le parfum de leur odeur tres-pure.
  Iesus Christ estimé la bouë des viuans
Balieure des mondains, & des Iuifs deceuans,
Sur ce mont amené : void sa croix applanie,
Qu'on pare d'vn escrit exempt d'ignominie.
Ce mortel ô Passant sur ce bois estendu,
Est vn Nazarien par les malings pendu,
C'estoit le Roy des Iuifs, cloué par la malice
Du monde : toutesfois ce Soleil de Iustice
Maintenant eclypsé, c'estoit le Sainct des cieux,
Le Redempteur promis, le Saũueur gracieux :
Contemple cette croix, & de ton ame encore
Medite cette mort, & ses tourments deplore.
Les broüillons Pharisiens adoncques sans honneur,
Ce tiltre disputans contre le Gouuerneur
Disoient, Graue plustost, Que cet homme faussaire,
S'estimoit Roy des Iuifs d'vn langage adultere?
Cet escrit est escrit, respondit le Prateur.
  O tiltre descendant du celeste Moteur,
Arrest contre les Iuifs, tesmoing de leur malice
T'admire en te lisant la diuine Iustice,
Qui vize à son sainct but, par les traistresses mains,
Par les sanglans projects des aueugles humains.
Les sectateurs de Christ, le suiuent de la veuë,
Et de loing sanglottans fendent l'air, & la nuë,
De souspirs, & de cris. La Vierge seulement,
Sa sœur, & deux, ou trois tesmoings de son tourment
Accompagnent sa croix. Horreur mon sang frissonne
Et le poil sur mon chef de frayeur herissonne,
O terre, ô ciel brillant ! traceray-ie en mes vers
Les douleurs du Saũueur, les fureurs des peruers :
Certes si de cent voix mon ame estoit pourueuë,
Du parler de Platon à la langue cogneuë,
Et si d'vn Demosthene, ou d'vn Tulle Romain
I'auoy l'esprit facond, & la diserte main,
Ie ne pourrois encor representer qu'vne ombre
De ces tristes langueurs en ce passage sombre.
Toutesfois tout ainsi qu'on ne couronne pas
Ceux qui n'ont contemplé que le seüil des combats

Diction de la croix peri-phrasé.

Affection si-gnalée de la Vierge en-uers Iesus Christ.

T ij

Cyrill. lib. 3.
Thesauri,
cap. 2. dicit,
Absurdissimū
esse, dicere
Christum pro
te hominem
esse factum.
Iob appelle
le Diable, roy
des espouua-
tements.

Dolores In-
ferni circum-
dederunt me.
Psalm. 18. 8.
Anxietates
Inferni inue-
nerunt me.
Psal. 116. 3.
Douleurs
horribles de
Iesus Christ.

Hyperbole.

Extreme i-
gnominie de
Christ.

Suiuons, mon cher soucy, Christ parmi les souffrances,
Sanglottons comme luy, ioignons nos doleances,
Et nos voix à sa voix, abordons ce sainct port,
Car ce n'est pas pour luy, mais pour nous qu'il est mort.
Voicy venir le roy des terreurs tenebreuses,
Des espouuantements, des malices ombreuses,
Autour de ses costez volent à millions
Dragonceaux, Diablotins, les Auerneux Lyons,
Tous les pasles esprits de l'infernalle bande,
Bref le monde, & Satan contre Iesus se bande.
Megere, & Alecton apportent les cousteaux,
Tysiphone le fer, Lucifer les marteaux.
Aux oreilles des Iuifs la Cruauté mal sage
Souffle tacitement le meurtre, le carnage,
Resueille les craintifs, & ne s'arreste pas,
Qu'à la celeste fin de ce triste trespas.
Qui d'vn clou mortifere ouure la veine bleuë
Du Sauueur des mortels, entasmant sa chair nuë,
Qui le cloue à la croix. Qui son corps precieux,
A force de bourreaux redresse vers les cieux:
Ses deux pieds, & ses mains percées, transpercées,
Font des ruisseaux de sang, (qui noyent ses pensées
Au cours de ses sanglots) sa langueur toutesfois
Attend soulagement de la diuine voix.
Tousiours en soy constant, & tousiours vniforme,
Du cœur, & de l'esprit à son Pere conforme.
Qui le voyant en croix de la face, & des mains,
Le morgue, l'appellant le Sauueur des humains,
Grimasse de la bouche, & de la voix blaspheme
Contre le sainct pouuoir du Redempteur supreme.
Il sauue les mortels des horreurs du trespas,
Mais de cet ord gibbet il ne s'exempte pas:
Ores s'il peut dompter la mort, & sa manie,
Qu'il chasse de son corps l'honteuse ignominie,
Qu'il saute de la croix, nous serons sectateurs
De ses preceptes saincts, deffenseurs, & tuteurs.
De mesme les passans d'vne infernalle enuie,
Brocardent ses tourments, & poignardent sa vie,
Aggrauent ses douleurs, hochent vers luy le chef,
Amoncellent horreurs à ce triste meschef.

Aux costez de ce Roy, (dont l'aigre-douce angoisse
Redonne à nos esprits vne saincte liesse)
Deux Brigands sont pendus. Le plus malicieux
(Ombre des Reprouuez) maugrée furieux
Sa torture, & le ciel. L'autre (ia de l'eslite,)
Tance son compagnon, qui l'Eternel despite.
N'apprehendes-tu pas, homme pernicieux
Qu'vn tonnerre grondant ne t'escraze les yeux?
Ne poudroye ton corps, ne foudroye ton ame,
Et ne t'accable en fin d'vn eternel diffame?
Ce Iuste est innocent, mais nos impietez
Reçoiuent le guerdon de nos meschancetez.
La face du Saũueur vers Occident tournée
Contemploit du larron l'ame, desia renée,
Voyoit ce repentant, & de l'œil retiroit
Du manoir de Pluton, ce Brigand qui mouroit.
Regard vrayment Diuin, qui redressa sainct Pierre,
Qui ramollit nos cœurs, & resserre la pierre,
Rendurcit les cailloux, & les cœurs des Iudas,
Faict monter l'vn au ciel, l'autre enuoye au trespas.
Aussi ce bon larron en cette heure derniere,
Accepte du Saũueur la celeste Lumiere,
Aspire au Paradis des Esleus, & sa voix
Supplie ainsi Iesus, estendu en la croix:
Seigneur quand tu seras en ton regne de gloire,
Oublie mes forfaicts, ayes de moy memoire,
Auiourd'huy (respondit le Fils aisné des cieux)
Volant en Paradis tu seras glorieux
Et contant auec moy: (Non donc au Purgatoire,)
Ains dans le ciel brillant de l'eternelle gloire.
Auiourd'huy, non demain, par ma pure bonté,
Au ciel des bien-heureux tu te verras monté.
Diuine, & saincte voix, qui de l'enfer rappelles
Ce larron, sur le bord des horreurs eternelles.
    Puissay-ie en mes langueurs entendre ainsi ta voix,
Retirant mon esprit des infernaux abbois,
Me disant, Auiourd'huy, nourrisson de ma vie,
Ton ame en Paradis de ma gloire rauie,
Possedera le ciel, Auiourd'huy bien-heureux,
Ie te retireray du monde langoureux:

In hisce duobus videas typos electionis, & reprobationis. Adamus dum importune manum ad lignum porrigit mortem in se inuexit. Tu opportune in cruce manus extendens paradisum amissum recepisti. S. Athanasius.

Repentance celeste du bõ larron.

Promesse infaillible du Paradis au bon larron.

Digression.

Car c'est pour nous sauuer que cette voix sacrée
Parle encore aux croyans de la saincte contrée.
Auiourd'huy Iesus Christ le Sauueur des humains
Descendant aux enfers, apporte dans ses mains
Les clefs du firmament, dont il ouure les portes,
Auiourd'huy redonnant la vie aux ames mortes,
Le salut aux perdus, le remede aux blessez,
Dans l'Eden eternel nous sommes replacez.
Le Sauueur au milieu de sa douleur extreme,
Estimé des Brigands, pour vn Brigand luy mesme,

Charité ine-
narrable de
Christ enuers
les siens.

(Comme s'il eust esté Prince des malfaicteurs,
Des peruers scelerats, & des persecuteurs,)
Ne perd le souuenir de sa mere esplorée,
Porte tousiours au cœur sa brigade sacrée,
Prend soing de tous les siens au fort de ses douleurs,
En son abaissement, au valon de ses pleurs.
    La Vierge le voyant en ces mortes allarmes,
Ouure la porte aux cris, lasche la bonde aux larmes,

Affectus.

Helas mon cher enfant te puis-ie contempler
En cet honteux gibbet, las te puis-ie parler
Sans mourir de douleur, sans porter en mon ame,
Tes terreurs, tes sanglots: ô grand Dieu ie me pasme,
Souftiens mon foible cœur, ô Seigneur Tout-puissant,
Recrée mon esprit ia desia palissant?
Christ de tous ces souspirs supporte vne partie,
Autant par charité, comme par sympathie.

Christus pas-
sus est re-
quiescente
verbo, vt cru-
cifigi, ac mori
posset. Ire-
næus ad Phi-
lip. cap. 1.7.8.

O femme, ce dit-il, cet homme que tu voids,
Cloué cruellement en cett' horrible croix,
Ce corps nauré de fers, cette infirme charnure,
Pourprée de mon sang, outrée de blessure,
C'est ton Fils, ton enfant, Voila ton nourrisson,
Voila ton bien-aimé (iadis ton enfançon.)
Console toy tandis, cette mort tant cruelle
Rameine vos esprits à la vie immortelle,
Vous redonne les cieux. Las ne t'afflige pas,
Iean prendra le soucy de conduire tes pas,
Resserre tes souspirs au sein d'obeyssance,
Tu iouyras bien tost de ma chere presence.
Alors elle s'en va, car son cœur angoissé
Succomboit ia desia de larmes oppressé.

En ce triste combat, & sanglante agonie,
La Deité de Christ eternelle, infinie,
Ioignoit l'humanité : mais le diuin secours
Reposoit, attendant des souffrances le cours:
Comme l'homme retient quand il veut son haleine,
Dieu retient son pouuoir, mais sans force, & sans peine,
Operant quand il veut en ce bas element,
Ainsi qu'au clair seiour du brillant firmament.
Pendant tousiours en soy, l'vne & l'autre nature
Subsistoit : le mortel enduroit la torture,
Le celeste, & diuin suspendoit son pouuoir,
Iusqu'à tant que montant du tenebreux manoir
De l'enfer triomphant, & des nuicts la plus noire,
Il combla nos esprits d'vne eternelle gloire.
Ses yeux sont deux torrents, sa voix n'a que souspirs,
Son ame que sanglots, son cœur que desplaisirs,
Son corps se sent pressé d'vne horrible torture,
(Pour tirer nos esprits d'vne prison obscure.)
Combats par le dedans, assauts par le dehors,
Bref à ses deux costez les infernalles morts.
Voicy l'Iniquité à la pesante masse,
Au chef tout barbouillé de limon, & de crasse,
Au bras de fer roüillé, à la iambe de plomb,
Sur la nucque du col, le frappe tout à plomb,
Se pose sur son chef : Christ de douleur se ploye,
Baisse la teste en bas, & de l'ame larmoye:
Comme vne belle fleur froissée par le vent
Ne peut plus regarder le Soleil se leuant.
Il n'a tendon sur soy, cartilage, ny veine,
Qui ne monstre vne horreur, qui ne porte sa peine,
Ses iambes, & ses bras sont transpercez pour nous,
Sont pressez de liens, & tout percez de clous.
    Adoncques le Sauueur en extreme amertume,
Sent vn feu deuorant, qui dans son cœur s'allume,
Il soustient du grand Dieu l'ire pour nos mesfaicts,
Sa croix semble crousler sous cet horrible faix:
Comme en vn bastiment superbe & magnifique,
Les solides cheurons soustenans le portique
Cracquettent petillans, & gemissent par fois
Oppressez du fardeau, de la charge, & du poids:

De mesme Iesus Christ innocent en soy mesme,
Supportant nos langueurs d'une douleur extreme,
Pressé pour nos pechez, qu'il portoit en son corps,
Des entrailles poussoit mille sanglots dehors.
A trauers ces ardeurs, son corps demande à boire
(Pour rendre à l'vniuers sa langueur plus notoire,)
On luy donne du fiel de vinaigre meslé,
D'oppion narcotic, mortifere, gelé,
De myrrhe acre, & mordant la boisson ordinaire
Des malings, destinez aux griffes de Megere:
Comme Adam aualant cette douce liqueur
Du fruict engendre-mort, pestifere à son cœur,
Nous feist participans des peines eternelles,
Du seiour tenebreux des ombres criminelles:
De mesme le Sauueur ayant beu de ce fiel,
Nous place pour iamais au royaume du ciel,
Il nous laisse le doux, aualant l'amertume,
Et pour nous rendre heureux, soy mesme il se consume
Ce breuuage aduançoit le trespas des peruers,
Bouleuersoit leurs yeux de tors, & de trauers,
Et d'vn sommeil de fer entourant la paupiere
Les prinoit pour iamais des rais de la lumiere.
Le Sauueur en gousta, mais il ne voulut pas
Precipiter la fin de son triste trespas.
Comme le ieune enfant dans vn bois solitaire,
De l'œil tant seulement abandonnant son Pere
S'effraye en son esprit, tant son infirmité,
Iuge son geniteur desnué de bonté:
Il crie tant qu'il peut, mon pere, las mon pere,
Helas me laissez vous en ce sombre repaire?
De mesme Iesus Christ en ses mornes douleurs,
Navré iusques au cœur de sanglantes frayeurs,
Torturé comme nous (mais ne pense, en ton ame
Quoy qu'il soit combatu que l'Auerne l'entasme,)
Il crie à l'Eternel, mais d'vn cry different,
A celuy du pecheur, quand on le void mourant:
Son grand cry fend les cieux, car c'est vne voix forte
Qui se plaignant à Dieu l'inuoque en cette sorte:
Pere dardes ton œil sur ton Fils que tu voids,
Triste iusqu'à la mort, accomplissant tes loix.

Notes marginales :

Christ au mi-lieu de ses douleurs, de-mande à boi-re.
Il boira du torrent par le chemin, & pource il le-uera haut la teste. Psalm. 110. & Psal. 69.

Voy Melchior Can. Iesuita lib. 12. loc. Com. cap. 13.

Voy Tertull. lib. aduer. prox. cap. 30.

Dernieres paroles de Ie-sus Christ en la croix.

Mô Dieu, mô Dieu, mô Dieu, d'ou vient que tu me
Tenaillé dans le cœur de mortelles destresses? (laisses,
T'approche du tombeau, j'auoysine les morts,
Et mon ame desia s'entuolle de mon corps,
Les tenebres d'horreur enuironnent ma face,
Et semble que ie sois esloigné de ta grace:
Soustien, soustien mon Dieu mon ame en ses douleurs,
Receuant dans ton sein mes souspirs, & mes pleurs,
A Dieu triste sejour: ja ma charge est finie,
Ie m'en vay surmonter l'infernale manie:
O Pere ie remets mon ame entre tes mains,
N'exige pas mon sang à ces pauures humains,
Pardonne leur grand Dieu cett'ire forcenée,
Ie t'en laisse l'arrest, pour ta grande iournée.

   Soudain le ciel saysi, & de peur & d'ardeur,
Escroula par trois fois sa voute de roideur,
L'air gemit sous le faix de cette mort extreme,
L'ourse se desuoya de sa course supreme:
Les astres qui couroient vagabonds par les cieux,
Auorterent leur cours, se bouscherent les yeux,
Pour ne voir ce trespas, cette fin tant funeste,
(Dont le cher souuenir mon courage moleste)
Du temple se fendit le voile iusqu'en bas,
Comme abhorrant de voir du Saueur le trespas:
Les fleuues, les estangs, les monuments en somme,
Reuomissent les morts, refont vn second homme,
Qui retourne habiter du monde le pourpris
Par le commandement de l'Esprit des esprits:
Les rochers, les cailloux, & l'insensible pierre
Se creuasse, se fend, & mesmement la terre
Esbranla son fardeau. Les oyseaux dans les bois
Se mussent és buissons, sont sans vol, & sans voix:
L'air d'vn crespe d'effroy voile toute sa face,
La nuict semble chasser le Soleil de sa place:
Les tenebres espais volent par la Cité,
Iudée, & ses confins sont en obscurité:
Quoy que le blond Phœbus au plus haut de sa route,
Illuminast des airs la transparente voute,)
Nature s'en estonne, & voulut par trois fois,
S'en plaindre à l'Eternel, qui estouffa sa voix.

laquelle se rencontre entre luy, & nous : mais lors que Iesus mourut, il eclypsa en pleine Lune à midy, la Lune estant sous terre, ce qui arriua par la prouidéce de Dieu. C'est Copernicus. Discours sur l'eclypse, arriuée à la mort de Iesus Christ.

Eclypse sinistre pour les Iuifs.

Suidas hoc testatur.

Aut Deus naturæ patitur, aut mũdi machina dissoluitur. Dionys. Areopagita, epist. ad Policareum. Phlegon lib. 14.

Tout l'vniuers fremit de cette mort honteuse,
Le Centenier gémit d'vne ame douloureuse,
Toutes choses d'embas, & le ciel mesmement
Semble prendre le deüil d'vn ombreux vestement:
Le Soleil eclypsa par horreur sa lumiere,
Non à tout l'vniuers, non à tout l'hemisphere,
Car plus grand que Phœbé mille & six mille fois,
(Si d'vn docte Alleman le sçauoir tu reçois)
Elle ne peut couurir de son corps froid, & sombre,
Le Pere de nos iours chasse-nuict, dissippe-ombre:
Sa face offusque bien, entre Phœbus, & nous,
La lueur de nos yeux, & l'œil du Soleil roux,
Mais en quelques climats, dont l'eclypse est fatale,
Car iamais du Soleil l'eclypse n'est totale:
Comme vn double obiecté deuant vn grand flambeau,
(Dont les rais eslancez font vn Soleil nouueau,)
Retient en quelque endroict le bril de la chandelle,
La lueur cependant passe sur la rondelle
Du double, ou du jetton : & de tous les costez
Du metal vont brillant mille & mille clartez.
De mesme de Phœbé le corps sombre, & solide,
Peut voiler du Soleil la presence lucide,
Mais en quelque pays : car son œil radieux
Ne laisse d'esclairer d'autres gens, d'autres cieux:
La Lune à son esgard estant comme vne mousche,
Qui d'vn cierge luisant la lumiere nous bousche.
Cett' eclypse pourtant (si les Sages tu croids,)
Aduint outre le cours des naturelles loix:
Car Denis mesmement (quoy qu'impie & profane,)
Minerue caressant auec Apollophane,
En Egypte nageant sur la proze, & les vers,
Là receut pour merueille aux yeux de l'vniuers.
Ou l'Autheur de nature endure, & se repose,
Ou le monde, & l'enfer vont brouiller toute chose,
Dit-il en s'escriant, Les Iuifs tant seulement,
Aueuglez de l'esprit, & de l'entendement,
Tout ainsi que Sehon, (dont la rebelle veüe
N'aduouë point du ciel la puissance cogneüe,)
Ne recognoissent point par cett' obscurité
L'adiournement du ciel contre l'iniquité,

Dieu demandant raison des iniustes supplices,
Des impies forfaicts, comme des malefices.
On dit quand le Soleil s'aduance aux Antictons,
Que les ombres çà bas en deuiennent plus longs:
Tout ainsi Iesus Christ seul Soleil de Iustice
Eclypsant tous les Iuifs augmentoient leur malice,
Ne pouuoient remarquer en ce voile des cieux,
Le doigt de l'Eternel, obscurcissant leurs yeux:
Et certes c'est raison que du Soleil la flame,
Suiue le beau coucher du Soleil de nostre ame,
S'absente en son absence, & que l'œil de nos corps
Semble auec Iesus Christ, vouloir descēdre aux morts.
Quand le flambeau du iour se plonge dessous l'onde,
Il laisse vne noirceur horrible à tout le monde:
Mais quand du Redempteur l'Orient precieux
Se couche, il faict noircir & la terre, & les cieux,
Menassant l'imposteur, & le Iuif temeraire
D'vne nuict de frayeurs, d'eternelle misere.

   Trois heures le Sauueur fust pendu en la croix,
(Pour accomplir du ciel les surcelestes loix)
Sur le milieu du iour, en la feste Paschalle,
(C'estoit ce sainct Agneau à la langueur fatalle,)
Iour auquel l'Eternel le monde reformant
Nous remit en Eden, & (si Beda ne ment)
Ce iour qui veid fermer le Sauueur au suaire,
Veid iadis du limon créer le premier pere.

   Contemple ce Soleil en son triste couchant,
De douleur son beau chef contre terre panchant,
Tout courbé sur sa croix comme par son œillade
T'inuitant aux baizers d'vne saincte accollade:
Son corps, & ses deux bras paroissent estendus,
Pour recueillir du Sud, & du Nord les perdus,
Comme appellant à soy le Iuif, & le Barbare,
Le docte, l'idiot, le sçauant, & l'ignare:
Tout nud pour nous vestir de l'immortalité,
Tout rouge de son sang pour nostre impureté,
Et pour nous replacer en l'eternel parterre.
Tels qu'Adam fust formé le premier sur la terre,
Iuste, bon, innocent, en somme bien-heureux,
L'œil tousiours separé de nos iours mal-heureux.

Beda lib. de
sex ætatibus
mundi.
Passio Christi
incidit in die
mensis Apri-
lis septimam
quæ est Ve-
neris, anno à
mundo con-
dito 3982. æ-
tatis verò
Christi 34.
Quo die se-
ptimanæ 1.
Adamus vi-
uere cœpit,
eo die 11. A-
damus mor-
tuus est.
Inspice vul-
nera penden-
tis, sanguinē
moriētis, pre-
cium redimē-
tis. Corpus
habet in cru-
ce inclinatū
ad osculan-
dum, brachia
extēsa ad am-
plexandum,
totum deni-
que corpus
expositum ad
redimēdum.

Hæc quanta
sint cogitate,
vt totum vo-
bis figatur in
corde, qui to-
tus pro vobis
fixus est in
cruce. S. Au-
gustinus. lib.
de Virginit.
Ludouicus
Pictorius
Ferrariensis
in Poemat.

Voila Christ fixe en croix, qui mouuät meut la terre,
Qui crousle tous les monts, au son de son tonnerre:
Celuy qui donne à boire aux arbres, aux oyseaux,
Aux bestes des-forests, aux roziers, & rozeaux,
Languide meurt de soif. Celuy qui seul trauaille,
Et dresse aux oysillons vn petit nid de paille,
N'a pas où reposer son chef tant seulement.
Celuy qui l'vniuers pare d'vn vestement,
Passementant de fleurs, la campagne esmaillée,
N'a pas dequoy voiler sa face desolée.
Celuy qui d'vn clin d'œil peut desthrosner les Rois,
Qui desceptre les Grands au seul bruit de sa voix,
Porte autour de son chef vn ingrat diademe,
(Dont la pointe le poind d'vne douleur extreme.)
Celuy dont le soulas recrée nos esprits,
Semble estre sans soulas, plein de honte, & mespris.
Celuy qui de la vie est le Prince, & Monarque,
Gist mort sur cette croix, dort és mains de la parque,
Est au val des douleurs, les enfers surmontant,
(Car son courage alors l'Auerne alloit domptant.)
Ce chef que les Esprits du Paradis celeste
Ne pouuoient œillader que d'vn œil tout modeste,
Est d'espines percé, l'ame pleure du sang
Et le corps de ses pleurs semble faire vn estang:
Cette face de lis, & de roses pourprines,
Le patron des beautez terrestres & Diuines,
Est bagnée de pleurs, souillée d'excrements
Pour noyer ton esprit de saincts contentements:
Ces yeux plus purs en soy que la clarté Solaire
Par l'ombre de la mort sont couuerts de misere,
Sont ternis & noircis innocemment pour toy,
Et pour te retirer de l'eternel effroy:
Cette bouche du ciel qui commandoit aux ombres,
Dont la voix faict trembler les Mânes les plus sombres
Des enfers tenebreux, est repeue de fiel,
Elle qui ne respire & que l'ambre & le miel:
Ces oreilles tousiours au doux concert des Anges,
N'entendent maintenant que maudissons estranges,
Ces pieds qui genereux fouloient tous les enfers
Ores sont transpercez & de clous & de fers.

Tandis graue au profond de ta saincte memoire,
Que pour te mettre au ciel, Christ abaissa sa gloire,
Que pour te deliurer de l'empire des morts,
Il souffrit tant d'horreurs sur son precieux corps.

   Si tu sens en ton cœur quelque horrible blessure,
Voila ton Medecin, qui de ton ame a cure.
Si tu voids ton esprit rudement tourmenté
Des sanglantes douleurs de ton iniquité,
Iesus est ton Saueur, & ta saincte Iustice,
Tousiours à nos pechez & benin, & propice.
Si tu as faim, ou soif, c'est vn sainct aliment,
Vn breuuage d'enhaut, pour ton entendement:
Si tu cerches le ciel, c'est la voye, & la vie,
Par luy tous les Esleus ont l'ame au ciel rauie,
Et ne peuuent sans luy s'estoigner du trespas,
Tendre vers l'Eternel, ou s'aduancer d'vn pas.
Bref de tant de douleurs, & de tant de souffrances,
Tous les enfans du ciel puizent leurs esperances,
De ce fiel, nostre miel, de ces pleurs nos douceurs,
De ces playes les biens de nos corps, & nos cœurs:
Nostre remission entierement parfaicte,
Nos ioyes, nostre paix, nostre saincte retraicte,
Nostre amour, en vn mot le Paradis des cieux,
Les plaisirs eternels, les biens delicieux
Que nul homme n'a veu de l'œil fixe de l'ame,
Sinon les Seraphins Anges purs, pure flame.

   Tandis mon foible esprit promené par mes vers,
Admire cette mort, & la main des peruers,
Que l'homme forcené, vermisseau de la terre,
Tasche d'aneantir Christ le darde-tonnerre,
Qu'vn mouscheron d'embas se prenne au Createur,
S'attacque bourdonnant au puissant Redempteur,
Le sacrifié aux morts, & que sa vie pure
Suspende son pouuoir, pour l'homme plein d'ordures:
O Seigneur tout benin! mes plus diuins desirs
Quand ie pense à ta mort, ressemblent aux zephirs
Qui meurent en naissant. I'adore du silence
Ta saincte Passion, ton horrible souffrance,
Mais de comprendre en moy d'vn cœur audacieux,
Ce qu'on ne comprendra qu'au Royaume des cieux.

V iij

Fruicts que
nous deuons
recueillir de
la mort de
Iesus Christ.

Ambros. lib.
2. de Virginit.

Nos ad ima
Baratri de-
pressos Crux
sancta subue-
xit ad astra.
Cyril. in Ioã.
cap. 17.
Crux, mors,
inferi, vita
nostra sunt.
Hilar. lib. 2.
de Trinit.

LA PASSION.

C'est escheler les airs, & monter comme Icare,
Vers un Soleil brillant, pour tomber au Tartare:
Aussi i'aime bien mieux contre terre ramper
En un suject si haut, que sur les cieux grimper.
  Ne t'enquiers cependant, si d'un cedre, ou d'un fresne,
Si d'un vouté palmier, si d'un pin, ou d'un chesne,
Si d'un sombre cyprez, ou si d'un autre bois,
Moins dur, ou plus noueux, on tira cette croix:
Ce fust un instrument de l'eternelle grace,
Mais ce n'est pas le bois qui tes pechez efface:
Adore Iesus Christ, sois contant seulement
D'inuoquer le grand Dieu seant au firmament.
  Les gens d'armes des Iuifs adoncques s'approcherent,
Et les pieds des brigands d'une barre brizerent,
Puis venans à Iesus, le treuuent expiré,
Son esprit de son corps ia s'estant retiré:
On le laisse en la croix (selon la Prophetie)
Sans rompre un de ses os en aucune partie.
Aussi de son beau corps les os, & ligaments
(Quant à l'humanité sujects aux brizements)
Furent pourtant gardez d'inhumaine rupture,
Suiuant le sainct Decret de l'Autheur de nature.
  Vn fantasque Soldat sa lance brandissant,
La plante dans le flanc du Fils du Tout-puissant,
La pointe penetrant iusques au pericarde
Trauerse les boyaux : alors le sang se darde
Par le passage ouuert, & desia mi-gelé
D'une eau comme argentine estoit pesle-mesle.
  Doux signes du haut ciel, Sacrements veritables,
Qui purgent nos esprits d'ordures detestables,
Qui nettoyent nos cœurs de l'immondicité
Dont Adam nous noircit par son iniquité.
  Tu pourras à ce trou (comme d'un roc celeste)
Desalterer la soif, qui ton ame moleste:
Tu pourras à ce trou d'un desir precieux,
Succer un sainct nectar, voire le miel des cieux,
Dans ce pertuis ouuert voir l'amour de ton Maistre,
Le secret de son cœur, sa volonté cognoistre.
Comme le Createur de ce bel ornement
Tira du flanc d'Adam sa compagne dormant.

Ainſi le Tout-puiſſant rachette ſon Egliſe,
Par le ſang, & par l'eau la remet en franchiſe :
La tire du coſté de Ieſus s'endormant,
Et d'vne artiſte main l'homme va reformant.
　Quelques Docteurs foiblets du nom de cette lance
Forgent vn ſainct Longis parangon de vaillance,
Dont les yeux aueuglez, mais ouuerts par ce ſang
Receurent de Ieſus gueriſon en ſon flanc :
Ie laiſſe ces patrons aux hommes de ce monde,
Collez aux vers luiſans de la machine ronde,
Car s'il faut de tels ſaincts pour aborder les cieux,
Pilate ira deuant ce patron odieux,
Et comme de ces ſaincts le premier Capitaine,
Traiſnera ton eſprit en l'eternelle peine,
Si Dieu par ſes bontez ne retire tes pas
Du chemin de la mort, des ſentiers du treſpas.
　Arriere de mes vers Docteurs Marcionites,
Malings Manicheens, impoſteurs, hypocrites,
Qui profanes oſez aſſeurer meſchamment
Que Ieſus du penſer ſouffrit tant ſeulement,
Renuerſans de ſa mort le celeſte merite,
Le roc de noſtre eſpoir, & de toute l'eſlite :
Et vous qui tous les iours dites, qu'il faut offrir
Vn autre Ieſus Chriſt pour les morts ſecourir,
Arriere de mes yeux, car cette ſaincte offrande
Sanctifie tous ceux de la celeſte bande :
Le merite des Saincts doncques tombe à l'enuers,
Deuant le Redempteur de ce grand Vniuers.
　La mort de Ieſus Chriſt (à mon cœur precieuze)
Sert d'vn ſainct reſtaurant à l'ame langoureuze.
Victime des Eſleus, dont les pures odeurs
Parfument l'vniuers, t'embrazent des ardeurs
De l'amour eternel : Cett' offrande aggreable
A la terre, & au ciel s'eſt renduë palpable.
Les Saincts Predicateurs Diſciples du Sauueur,
Ont annoncé par tout cette belle lueur,
Depuis l'aube au crin d'or, iuſqu'où Phœbus ſe couche
Ils ont fait retentir les eſlans de leur bouche :
Comme le blond Soleil, clair aſtre de nos iours,
Loing du centre des cieux, poſtillonnant ſon cours.

Hæc etiã fuie opinio S.Hilarij, De Trinit. lib. 10. Verè & non opinione crucifixus & mortuus eſt, videntib. cæleſtib. terrenis, & ſubterraneis. B. Ignatius ad Tallia. epiſt. Epiſt. ad Hebræ. cap. 10. ver. 14.

Epi. ad Rom. cap. 10. v. 18. quod ſucceſſiuè eſt intelligendum. Teſmoignages des Payés touchant la mort de Christ.

Histoire de Thamos, recitée par Plutarque au Traicté de la cessation des Oracles. Eusebe au liure 5. de la Preparation Euangel. ch. 9. recite cette histoire.

Paxos seu Paxæ, olim Ericusa hodiè Paxu vocatur.

Corcyra hodiè Corfou sub ditione Venetorum.

Ne laisse de darder ses clartez chaleureuses
A trauers l'ombre obscur des forests plus ombreuses,
Perce l'opacité des arbres, & rameaux,
Eslançant ses rayons iusques sous les ormeaux:
Ainsi de Iesus Christ les celestes chandelles
Ont estallé par tout leurs clartez eternelles,
La voix du trois-fois Grand. Les Payens mesmement
A trauers les nuaux de leur entendement,
(Conduicts par les raisons de la docte Nature)
De la mort du Saueur ont eu quelque figure,
Tant la Vertu du ciel, (qui fist tout ce pourpris,)
A pouuoir sur nos cœurs, comme sur nos esprits.

(Si des Grecs fabuleux la plume ne nous conte
Pour fable ce discours, cett' histoire pour conte,)
Epicherse flottant sur le branle des mers,
De sa nef fendant l'onde, & des voiles les airs,
La Grece abandonnant, recerchoit l'Italie,
Comme le doux seiour qui seul son ame lie:
Vn vent du Nord affreux les ayant tourmentez,
Et iusques dans l'enfer par fois precipitez,
Vers l'Isle Echinadez les tourbillons cesserent,
Les Matelots lassez alors se reposerent:
Tandis la nef s'aduance, & va prendre le bord
De l'Isle de Paxez amarrant à bon port.
Voicy (comme du creux d'vne obscure cauerne)
Vn cry venant du ciel, ou du fond de l'Auerne,
Demande à haute voix l'Egyptien Thamos,
Par deux, & par trois fois disant les mesmes mots,
Tout le monde pâlit, & le profond silence
Accompagné d'horreur, de parler les dispence:
Le Memphien Thamos à la fin entendant
Cette voix horrisonne ainsi le demandant
Respondit, Me voicy, que veux-tu que ie face?
Quand tu auras quitté par ta route l'Ambrace,
Et que laissant Corcyre à gauche, tu viendras
En l'Isle Palodez, où tes gens tu rendras,
Publie à forte voix, crie à toute la terre,
Que le grand Dieu du ciel, qui commande au tonnerre,
Pan le chef des Pasteurs est mort tout maintenant,
Souuien toy de ma voix sur l'onde bourdonnant.

A cœ

A ces mots la frayeur s'empare du Nauarque
Et de tous les mortels qui sont en cette Barque.
Quand prés de Palodez Thamos se veid flottant,
Sur la Hune perché, loing sa veuë iettant,
Il crie d'vne voix, qu'on entend par la terre,
Le grãd Dieu Pan est mort. Soudain côme vn tonnerre,
Horreurs, terreurs, Demons, marmonnent à la fois,
Comme les vents mutins bourdonnent en vn bois,
Souspirs, & cris diuers par les airs s'entendirent,
Et maints, & maints sanglots és Isles s'espandirent.
Cesar de ce discours apprenant quelques mots,
Enuoye demander l'Egyptien Thamos,
Duquel il entendit tout au long ceit' histoire,
Digne de nos nepueux, & de nostre memoire:
Mais cerchant de plus loing, le Maistre des Pasteurs,
Sur ce nouueau suiect il parle à ses Docteurs,
S'enqueste d'où venoit cet homme tant auguste,
Et s'il portoit en main le sceptre d'vn Roy Iuste.
Les sages Quirinaux le dirent petit fils
Du Dieu, que les mortels adoroient à Memphis:
Penelope la chaste on luy donna pour mere,
(S'il faut croire l'Autheur de cet obscur mystere.)
    Le Pan des vrais Chrestiens, c'est nostre Redempteur,
L'ame de nos esprits, de nos corps le tuteur,
Nostre Ange Gardien, nostre grand Capitaine,
Nostre Pasteur sacré, qui nostre ame promeine
Es pasturages saincts de ses diuins escrits,
Le Soleil de nos iours, l'esprit de nos esprits,
Nostre amour, nostre tout, nostre bien, nostre vie,
L'espoir de l'affligé au valon de l'enuie,
Le repos des Esleux, d'vne Vierge enfanté:
Bref le Fils eternel de la Diuinité,
Qui mourant en la croix mit le ciel en allarmes,
Accrauanta l'enfer par ses diuines armes,
Frappa l'air de souspirs, & de gemissements,
Trauersant tous les cieux par ses eslancements.
    La nuict aux noirs pauots auoit tendu ses voiles,
Semant emmi le ciel des brillantes estoiles,
L'horreur par l'vniuers promenoit ses cheuaux,
Et la Lune en son char reprenoit ses trauaux:

X

Quand Ioseph d'Arimathe, & Nicodeme encore
(Poinds d'vn diuin respect, qui leur repos deuore,)
Pilate supplians, demanderent le corps
Du Sauueur des humains, ia du nombre des morts.
Pilate leur permet de la croix le descendre,
De l'ensepulturer, de l'oindre, & de le prendre.
Les peuples Hircaniens abandonnoient dehors
A la dent des mastins, comme aux bestes leurs morts,
Les oyseaux les mangeoient. Les gloutons Massagetes
Emplissoient leurs boyaux de charongnes infectes
Des hommes trespassez. L'Indien du Leuant,
Suit encores ce train meschamment deceuant.
Le Scythe, l'Assyrien ne brusle, ny n'enterre,
Ains sur vn arbre creux met son mort hors de terre,
Les Grecs les inhumoient. Le Barbare aueuglé,
Montoit sur le bucher pour y estre bruslé,
Quittoit de son bon gré cette machine ronde,
Et se faisoit mourir ennuyé de ce monde.
　　Le docte Calanus, (Morosophe pourtant)
D'vne simple douleur son trespas coniectant,
Aagé de septante ans, & de trois dauantage,
(D'Alexandre estimé Philosophe fort sage)
En Perside suiuant ce Prince valeureux,
Luy demande d'vn cœur follement genereux,
Le pouuoir d'esleuer (ô ciel quelle manie)
Vn bucher pour mourir deuant sa compagnie.
Alexandre croyant destourner de la mort
Cet homme, ia flottant au mortuaire bord:
Semble le confirmer en son extreme audace.
On dresse vn grand bucher au milieu de la place,
Où Calanus montant embrasse maintes fois
Les braues Macedons, reclamant de la voix
Les Dieux de son pays, & (ce dont on s'estonne)
Promet voir Alexandre en bref en Babylonne.
Ce dict, alaigrement il se sied sur le bois,
Parlant à ces guerriers pour la derniere fois.
La flame vole haut, les trompettes sonnerent,
Le ciel en retentit, & les airs resonnerent:
Calanus dict à Dieu d'vn courage mourant,
Et s'abandonne alors au brazier deuorant.

Les Romains plus humains les enterroient en terre,
Mais depuis que l'horreur d'une intestine guerre
Tira du creux tombeau Marius trespassé:
L'enterrement des morts fust à l'heure cassé:
Car Sylla le premier commanda que sa lame
Fust dressee au milieu de l'ondoyante flame:
Craignant qu'on ne luy fist le pareil traictement
Qu'au braue Marius, honny honteusement.

  Quand l'homme sur le bord de la parque tremblante,
S'en alloit se coucher en la tombe relante,
Les plus proches parents alors fermoient les yeux,
Qu'encores au bucher on descouuroit aux cieux,
(Car c'estoit vn forfaict estimé diabolicque
De leur cacher au feu le celeste porticque,)
De là vient que Plutarque estimoit mal-heureux
Les hommes qui sortans de ce val tenebreux,
N'estoient point assistez de la main paternelle
Pour serrer les souspirs, & fermer la prunelle.
Apres que du mourant l'esprit estoit allé,
Ou dans l'enfer ombreux, ou sur le ciel volé,
Les freres, les parents, ou bien la sœur germaine
Par vne forte voix dolentement humaine,
Par trois, & quatre fois le deffunct appelans,
Aux mains des Enterreurs le liuroient condolents:
Ce faict on parfumoit du trespassé la chambre,
Tandis qu'vn Descrasseur luy laue chaque membre:
Les fenestres s'ouuroient, (comme si curieux
L'homme par ce beau traict luy descouuroit les cieux:
Sur le seüil du logis vne branche funeste
De cyprez se plantoit : Le peuple quant au reste
Publioit cette mort. Le pleureur lamentoit,
Le fluteur funeral son destin regrettoit.
Mais si de ce deffunct la teste blanche d'âge
Auoit suiuy le sort de l'homme en ce passage,
La trompette, les cors, les souspirs, & les voix,
Les tristes instruments, & les sombres haut-bois
Accompagnoient le corps: & cette symphonie
Reformant les sanglots, se formoit en nænie:
Puis auant qu'emporter le deffunct au bucher,
De lin blanc, & tout pur on reuestoit sa chair:

X ij

Sylla apud
Romanos
corporū cre-
mādorū, pri-
mus auctor.

Plinius.
Blondus Fla-
uius trium-
phantis Ro-
mæ lib.2.

Pollinctor &
Libitinarius,
dicebatur.

Quo facto in
publicū con-
clamatum, es-
se dicebatur.
Maioris æta-
tis homines
ad tubam mi-
nores natu
ad tibiam ef-
ferebantur.

Nænia carmē
quod in fu-
nere laudan

di gratia ca-
nitur ad ti-
biam. Festus.

Plutarque.

Les femmes mesmement (pour le dernier office
Que l'on doit rendre aux morts en cet ingrat seruice,)
En signe de l'amour syncere, & marital,
S'ornoient aussi de blanc, non d'vn voile nuictal.
Les filles du deffunct marchoient descheuelées,
Sombres, pleines de pleurs, & toutes barboüillées.
Les fils estoient couuerts, les flambeaux allumez
Deuançoient tous les morts qui estoient inhumez.
De là les faux Docteurs tirent le seminaire
D'enterrer en plein iour leurs morts à la lumiere,
D'esclairer aux esprits, qui sont ia sur les cieux,
Ou dans l'ombreux cachot des Demons furieux:

Plinius hoc
Linum Absti-
nú appellat.

Strabon dit
qu'en Arca-
die on faisoit
cette toile in-
combustible
d'vne pierre,
nommée Sa-
lemandre.

Les Enseuelisseurs purgeoient le corps d'ordure,
Esmondoient tout le cuir de toute chose impure,
Le lauoient, & l'oignoient de baumes, & d'odeurs:
Lors on donnoit le corps aux funestes ardeurs,
Dans vn coffret d'airain, ou de cuiure, ou de pierre,
Au milieu du bucher esleué sur la terre,
On posoit le deffunct paré funebrement
Iusqu'au chef pasle-noir, du dernier vestement:
D'autres d'vn fil d'airain, deslié, souple & mince, (e,
Entouroiët le corps froid d'vn Monarque, ou d'vn Prin
Et cela s'appelloit, Le triste vestement,
Qui les cendres du mort gardoit vniquement.
Si bien que l'on treuuoit au sein de la tunique
Le corps puluerizé pour funeste relique,
Et pour vn gage cher que ton cœur ne doit pas,
Oublier du deffunct le plorable trespas.

Et subiectam
more paren-
tum Auersi
tenuere facë.
Vrrgil. lib. 6.
Æneid.

Dij Lares, &
Auerrúci, sic
dicti, quod à
nobis omnia
mala semo-
uerët & auer-
runcarent.

L'vn des plus chers amis alors tournant la face
Arriere du bucher, embrazoit la surface
De ce bois amassé, & comme par desdain
Allumoit tout le feu d'vne torche en sa main.
Le corps estant bruslé on recueilloit la cendre
Du coffret és vaisseaux, qu'apres on souloit pendre
Au logis: où les Dieux qui destournent les maux
Gardoient (ce disoient-ils) ces gages funeraux.
Apres le bruslement vne diserte langue
En l'honneur du deffunct recitoit vne harangue,
Adonc à haute voix on disoit, C'en est faict,
Retirez vous mortels, le mystere est parfaict.

Et pour dernier Adieu l'on formoit cette plainte,
Plus pleine de regrets, que d'horreur, ou de crainte:
Adieu, Adieu, Adieu, nous enſuiurons tes pas,
Quand nature, & le ciel voudront noſtre treſpas.

Les lieux n'eſtoient choiſis, toute terre eſt ſemblable,
Et commune aux mortels de ce monde habitable.
Il n'importe en quel lieu repozera ton corps,
Le ciel (où que tu ſois) couure touſiours les morts:
Ie n'improuue tandis que plein de doléance
Tu ſerres au cercueil ton mort par bien-ſeance,
Mais d'affecter vn lieu ſainct comme tes autels,
La terre (dit Senecque) eſt commune aux mortels.

Les Iuifs ne bruſloient pas és flames deuorantes
Le corps du treſpaſſé ſous les tombes relantes
Ils donnoient en depoſt la charongne des morts,
Gardant les oſſements en vn coffret dehors,
Inſtruicts côme du ciel, qu'au bruit d'vn grand tônerre
Vn iour reſſuſcitans ils ſortiroient de terre.

Ioseph gros de ſanglots, de plaintes, & de pleurs,
De loüables regrets, & de ſainctes douleurs,
Meſpriſant genereux la deteſtable rage
Des gensd'armes des Iuifs à l'infernal courage,
S'approche de la croix, deſcloüe le Sauueur,
Arrozant ſon beau corps des larmes de ſon cœur.
D'vn linge precieux ce noble perſonnage
L'enueloppe, & le lie, entourant ſon viſage
D'vn voile de fin lin: & plein d'affection,
Reçoit de Nicodeme vne confection
De myrrhe, & d'aloës deſtourne-pourriture,
(Ignare des arreſts de l'Autheur de nature)
Ces onguents odorants, ces appreſts odoreux,
Furent enſemble clos, au linceul douloureux
Du Meſſie promis: (car le Sabbath ia proche,
Leur oſta le loyſir de l'oindre ſous la roche.)
Auſſi Dieu ne veut pas que ton cœur & tes yeux,
S'attachent au cercueil. Contemple Chriſt aux cieux.

Pres la croix de Ieſus (du coſté que l'Aurore
Ramenant le beau iour, la terre recolore,)
Vn ſepulchre ſe void, dans le creux d'vn rocher,
(où deuant Ieſus Chriſt on ne veid nul coucher.)

X iij

Vltimum va-
le prôncia-
batur hoc pa-
cto, Vale, Va-
le, Vale, nos-
te ordine,
quô natura
permiſerit ſe-
quemur.

Voy S. Aug.
ſur cette ma-
tiere, lib ad
Pauliû. de ſo-
licitud. mor-
tuorum.
Senec. epiſt.
ad Gallion.
Ils les em-
baumoient,
retenans cet-
te couſtume
des Egyptiés.
Voy le 50.
chap. de Ge-
neſe.

Qui corru-
ptionem nôn
erat viſurus,
ei pollinctura
nô fuit opus,
vt eſt Pſalm.
16. 10.

Sepulchre de
Chriſt.

Là fuſt porté le corps du Sauueur des fidelles,
Pour racheter nos cœurs des peines eternelles.
Comme Adam tranſgreſſant les mandeměts des cieux,
Par ſon peché tomba dans l'Eden gracieux:
De meſme Ieſus Chriſt pour lauer cett' offence
Fuſt mis dans le cercueil en vn lieu de plaiſance.
Comme Adam nous ferma par ſa cheute les cieux,
Chriſt nous ouure en ſa mort l'Eden delicieux,
Le Paradis ſacré, reformant ta nature
En vn ſecond Iardin: (car iadis l'impoſture
Nous fiſt tomber du ciel, au verger doucereux,
D'innocens nous rendit peruers, & mal-heureux,)
Mais Chriſt en ce beau iour (dont i'ay touſiours memoi-
Tranſporte nos eſprits à l'eternelle gloire: (re)
Douce, & ſaincte rançon, aimé nourriſſement,
Qui rauit les Eſleus iuſques au firmament.
Les Megares tournoient du treſpaſſé la face
Du coſté d'Occident, comme morts ſans la grace.
Le peuple Athenien la tournoit au Leuant,
Comme par vn inſtinct vers le ciel s'eſleuant:
Le chef paſly de Chriſt ſuiuant cette couſtume
Fuſt tourné du coſté que le Soleil allume
Sortant des Antictons, la torche de nos iours:
Son corps fuſt entouré de funeſtes atours.
D'vn linceul de grand prix on couurit ſa charñure,
Selon les iuſtes loix de la ſage Nature,
Qui commande aux mortels d'enſeuelir les morts,
D'inhumer diligents d'vn treſpaſſé le corps,
Attendant que d'enhaut l'eſclatante trompette,
Eſueille les humains de leur ſombre retrette.
   Loing de nos cœurs Chreſtiens, ceux qui vont aſſeurãt
Que cent ans les eſprits vagabondent errans
Des corps ſans ſepulture. Et toy qui temeraire
Te vantes de garder du Sauueur le ſuaire:
Tet'arreſte aux drapeaux. Chriſt s'en allãt aux cieux,
Laiſſa tous ſes haillons en ſes caducques lieux,
Par là nous enſeignant qu'il faut quitter le monde,
Pour aſpirer au ciel, où toute grace abonde.
Ces obſeques parfaicts, Ioſeph leuant aux cieux,
Les ſouſpirs de ſon cœur, les regards de ſes yeux,

Dict : ô Restaurateur de la nature humaine,
Nous attendons qu'au ciel ton esprit nous rameine:
Puis d'vn burin grauant du tombeau le reuers,
Sur le marbre glacé traça ces quatre vers.
Sous ce sombre rocher est enclos, & repose, Tombeau du
Du Sauueur des humains le corps tres-precieux: Redempteur
Si tu vas demandant de ce trespas la cause, du monde.
Il est mort, ô mortel, pour te donner les cieux.

Fin de la cinquiesme Iournée.

ARGVMENT DE
la sixiesme Iournée.

OSTRE Poëte maintenant, comme attristé des douleurs & tourments du Redempteur du monde, semble reprendre nouuelles forces, pour nous descrire le Triomphe de Iesus Christ retournant du sepulcre. Et premierement il nous fait voir l'Ange qui descend au monument, & en roule la pierre, descrit le voyage de Marie auec ses compagnes au sepulcre, represente l'apparition de Christ à ses Disciples allans en Emmaüs, monstre naïuement par l'Escriture mesme, comment Iesus Christ se treuua au milieu des siens les portes estans fermées, recite quelques exhortations de Christ à ses Apostres, accompagnées de leur mission saincte. Ce faict, il entre en la description de l'Ascension du Redempteur monté au ciel en presence des siens, fait vn discours notable sur la Resurrection de la chair, enrichy de raisons naturelles, & de diuers exemples comme tesmoings de la Resurrection, auquel propos il joint vn Traicté de l'immortalité de l'ame, & finit par la vision admirable d'Ezechiel, pour accomplir son poëme de la Resurrection derniere.

SIXIES.

SIXIESME IOVRNEE
de la Semaine d'Argent.

LA RESVRRECTION.

MVSE qui iusqu'icy n'as tracé que des
   larmes,
Que sanglots douloureux, que sanglan-
   tes allarmes,
Que peine, que trauaux, Allegresse en
   ton vers,
Chante ores le resueil du Roy de l'vniuers:
Essuye toy les yeux, rasserene ta face,
Renforce tes chansons d'vne modeste audace,
Fen le ciel de ta voix, & d'vn vol precieux
Suy de loing par les airs Christ le Phare des cieux.
Ainsi que l'oyselet qui par son tire-lire
Loing de nostre element à l'Eternel souspire
A mesure qu'il monte aux celestes lambris
Perd de l'œil & du chant le terrestre pourpris,
S'escarte de nos yeux iusqu'à tant que les nuës
Nous desrobent son vol aux traces incognuës,
Le mortel s'en estonne, & l'oyseau cependant
Se faict voye par tout de l'aile l'air fendans.
Ainsi, mon cher soucy, d'vne force eslancée
Esleue iusqu'au ciel le vol de ta pensée.
Laisse la terre en bas, esgare tes esprits
Par les champs azurez du celeste pourpris,
Monte monte à l'essor, que ton carme se noye
Parmi les flots sacrez d'vne eternelle joye,
Le monde ne soit plus contemplé de tes yeux,
Mais Christ tant seulement pur Soleil des hauts cieux.
Souueraine Bonté dont la force domine
Sur les cieux transparents, sur la ronde machine,
Ame des vers diuins qui conduis sainctement
Les eslans genereux de mon entendement:

Fauorize les traicts de ma main variable,
Influë en mes escrits vn nectar delectable,
Fay moy voir maintenant de ton Christ glorieux
Apres sa triste mort le chef victorieux,
Son triomphe, & comment enleué d'vne nuë
Ses Disciples aimez le perdirent de veue,
Volant au Sainct repos, ou rayonnant d'esclairs,
Il domine les cieux, & la terre, & les airs.

Deux iours estoient passez, depuis que sous la lame
Christ s'offrant à la mort auoit rendu son ame,
Et les Iuifs auoient mis autour du monument
Des Soldats les tesmoings de son couronnement,
Et Phœbus ia desia se panchant vers sa couche

Matth. 28.
Marc 16.
Luc 24.

Cerchoit de sa Thetis le coussin, & la bouche,
Quand Marie & Salome emportants des odeurs
(Touchées d'vn transport des celestes ardeurs)
Sortirent du logis, pour voir auant l'Aurore
Le sepulcre de Christ (qui leur ame deuore)
Au poinct que du tombeau, ces femmes s'aduançoient
Et le cours du Soleil zelées deuançoient,
Voicy vn tremblement qui escroule la terre
Par le commandement de Dieu lance-tonnerre,
Esclairs & tourbillons, pesle-mesle eslancez
Rendirent les Soldats comme gens insensez,
Et pour comble d'effroy vn Ange de lumiere

Vn Ange
descend au
sepulcre de
Iesus Christ.

Pur & blanc comme vn lys la flamme en la paupiere,
Plus flambant que le feu descendit promptement
Des cieux, pour visiter de Christ le monument:
Les Gardes à l'aspect de cet Ange celeste
Sont tous saysis d'horreur (comme iadis Oreste)
La frayeur les surprend car cette Majesté
Terrible à ces meschans dompte l'impieté.
Chacun alors s'enfuit, l'Ange roule la pierre
Arriere de la porte, & la iette par terre,
Puis se sied à l'entrée, & tandis rayonneux
Forme comme vn Soleil de son œil lumineux.
Les tenebres s'en vont, la nuict retourne arriere,
Autour du monument tout brille de lumiere,
Ainsi qu'aux sombres nuicts vn grand flabeau luisant
Semble vn petit Phœbus les humains conduisant.

La lueur que rendoit la torche de Marie
Parmi cette splendeur fust à l'instant tarie,
Comme durant le iour le Soleil radieux
Noye dans ses rayons tous les astres des cieux,
Marie apperceuant la face rayonnante
De cet esprit diuin s'effraye, & se tourmente.
Quand l'Ange d'vn parler (qui s'empare des cœurs)
Leur dit, Ne craignez point, bannissez vos horreurs,
Ie sçay que vous cerchez le Redempteur du monde,
Le Monarque des cieux, de la terre, & de l'onde,
Il n'est plus en ces lieux, il est sorti des morts
Triomphant de l'enfer, & de tous ses efforts,
Voyez son couure-chef, & ce linge funeste,
Il a vaincu la mort par sa force celeste,
Deuers la Galilée il s'en va deuant vous,
Allez d'vn cœur ardent embrasser ses genoux.
   Marie & Ieanne adonc s'en retournent contentes,
Cerchent les Sectateurs du Sauueur diligentes,
Pour leur dire comment Christ vainqueur de l'enfer
Menoit la mort captiue, & mesme Lucifer.
   Tandis qu'elles s'en vont voicy parmy la voye
Le Seigneur qui paroist pour comble de leur ioye,
Bien vous soit (ce dit-il) Ieanne l'adore alors,
Le Sauueur disparoist, transporte ailleurs son corps,
Non qu'il fust inuisible, ou que son corps puisse estre
En mille lieux ensemble, & s'y faire paroistre,
Cela est aussi faux que qui voudroit forger
Vn feu veuf de chaleur, vn plomb tousiours leger,
La nature d'vn corps ne souffre ce meslange,
Et la gloire de Christ sa nature ne change,
Les Anges mesmement, purs & diuins esprits
Visitans des hauts cieux cet immonde pourpris,
Tandis qu'ils sont çà-bas n'eslancent le tonnerre,
Tandis qu'ils sont és cieux ne sont pas sur la terre,
Et ne sert d'alleguer que Christ est Tout-puissant
S'il pouuoit tels effects, il seroit impuissant.
   Christ au monde reuint (si tu crois à l'histoire)
Le iour que Dieu créa l'vniuers pour sa gloire,
Ce iour qui vid former & la terre & les cieux,
Vid sortir du tombeau le Sauueur glorieux:

Y ij

Quo die se-
ptimanæ mũ-
dus existere
cœpit, eodem
11. Adamus
reuixit.

En ce iour Israël hors du rouge Portune
Eschangea ses trauaux pour vne autre fortune,
Reprit sa liberté dans les assauts diuers
Qu'il souffrit pour seruir au Roy de l'vniuers:
Ce iour nostre Samson abattant la mort morte
Des enfers tenebreux a renuersé la porte:
Ce iour nostre Ioseph sortant de la prison
Retourne gouuerner sa royale maison:
Ce iour le Souuerain fist la beauté premiere
L'ornement de ce Tout, la brillante lumiere,
Pour marquer les saisons, les heures, les moments,
Et les iours dispozez par ses commandements.
C'est ce beau iour qui vid renaistre la Iustice,
L'orient eternel à nos ames propice,
Nostre Soleil sans fin, torche pure tousiours,
Flambeau sans occident, & sans ombre en son cours,

Dies solis
olim vocaba-
tur.
Dies Domi-
ni nunc di-
citur.

Beau iour, iour du Soleil qui rayonne à nostre ame,
Iour qui vids ressortir Christ de dessous la lame,
Iour au Seigneur sacré, que ne puis-ie en mes vers
Rendre ton los palpable à tout cet vniuers,
Le ciel en parleroit, & les oyseaux funestes
Conteroient aux ruisseaux tes loüanges celestes.

Christus re-
surrexit Sole
exoriente, vt
ostenderet se
esse verum il-
lum Solem
Iustitiæ, illu-
minatem eos
qui sedent in
tenebris, & in
vmbra mor-
tis.
Marc. 16.
Luc. 24.

* C'estoit au poinct du iour, (quãd l'Aube sur les fleurs*
Ses perles espanchant couure les prez de pleurs)
Qu'on vid du creux tombeau nostre Sauueur renaistre
Surmontant en esclairs le Soleil en son estre,
Plus brillant mille fois que le chef radieux
De Phœbus au front d'or claire lampe des cieux.

* Ce iour mesme Iesus apparust plein de gloire*
Au ieune Cleopas viuant en sa memoire,
Pendant qu'en Emmaüs il alloit discourant
De la mort du Sauueur son ame deuorant,
Christ emmy le chemin se met de la partie,
Leur conte cette fin suiuant la Prophetie,
Et par vn sainct propos qui desrobe les cœurs
Christ combloit leurs esprits d'eternelles douceurs:
Toutesfois ne voulant se donner à cognoistre
Ains voiler sa grandeur ornement de son estre,
Il les tient en suspens iusques en Emmaüs
Où s'estant faict cognoistre on ne l'apperçeut plus.

La vie du fidele est vn pelerinage,
Vn desert d'errements, vn vespre plein d'ombrage,
Où l'homme tracassant de mille en mille lieux
Veut monter par la terre au beau palais des cieux,
Sa passion s'esgare en sa propre pensée,
(Plustost encline au mal, qu'à son bien eslancée)
La terre est son obiect, le monde est son appas,
La crainte & le soupçon accompagne ses pas:
Iamais en son chemin il ne void la lumiere
De Christ son Redempteur, s'il n'ouure sa paupiere,
Les ombres & la nuict habitent en ses yeux
Emblans à son esprit le pur azur des cieux,
Et mesme bien souuent il entend la parole
Du Saueur qui rauit nos ames iusqu' au pole,
Qui luy parle & l'esclaire, & de rais precieux
Illumine ses sens, & son ame, & ses yeux:
Cependant il ne peut recognoistre sa face
De son regard mortel, que par l'œil de la grace.
Ainsi que le Soleil sous l'Ocean plongé
(Quand des bas Antictons la nuict a pris congé)
Nous voile les beautez de ce visible monde,
Les couleurs de la terre, & le cristal de l'onde:
De mesme Iesus Christ le Soleil des Soleils,
L'Orient eternel aux esclairs nompareils,
Lumiere illuminant tout homme en sa naissance,
S'il retire de nous sa diuine influence,
S'il nous quitte de l'œil nous entrons en des nuicts
Comblées de terreurs, d'angoisses, & d'ennuis:
Souuentesfois benin il nous parle tacite,
Se mesle parmi nous, nous tance, nous excite
A la voye des cieux, & nos cœurs cependant
Sont de pierre, & de fer, s'il ne les va fendant,
S'il n'entre en nos esprits, s'il ne change nostre ame
Nous sommes froids pour luy tout ainsi qu'vne lame.

  Cleopas transporté des discours du Saueur
Se sent au vif touché d'vne saincte ferueur,
Las ne bruslions nous pas, disoit-il, par la voye,
N'estions nous pas saysis d'vne eternelle ioye
Quand sa bouche nos corps & nos cœurs contentoit,
Quand sa langue du ciel les mysteres contoit:

Y iij

Digression.

Retour à son discours.

Ie sens encore en moy la force delectable
De son diuin propos, de son langage aimable,
Combien au prix combien esleuez sur les cieux
Iouïront nos esprits de biens delicieux,
De saincts contentements, de baizers, de blandices,
De gloire, de transports, de celestes delices,
Si en vn seul moment demeurant auec nous
Il a rauy nos cœurs d'vn extaze si doux.

    Sur cette ioye là Cleopas ne seiourne,
Droict en Ierusalem à l'heure il s'en retourne,
Aux onze sectateurs annonçant de la voix
Que Christ auoit vaincu les infernaux abbois,
Il est ressuscité, nous auons veu sa face
Le seiour de la paix, & la source de grace,
Au chemin d'Emmaüs s'absentant de nos yeux
Il a promis nous voir tous ensemble en ces lieux.

    Tandis l'ombre tomboit du sommet des montagnes
Semant ses noirs pauots au milieu des campagnes,
La nuict qui ne void goute insensible venoit,
Et la Lune desia ses moreaux promenoit,
Quant apres le repas les Disciples fidelles
(Esclairez de l'esprit aux lueurs eternelles)
Reprirent le discours du retour gracieux
Du Sauueur des humains lumiere de leurs yeux,
Pendant qu'on discouroit Iesus par sa puissance,
Par les effects sacrez de sa diuine Essence
Se trouue au milieu d'eux, tous les huis estans clos,
Soudain vne frayeur se glisse dans leurs os,
La peur qui va rampant de mouëlle en mouëlle,
Occuppe de leur cœur la plus saine parcelle,
Mais la voix du Sauueur qui chasse les horreurs,
Les espouuantemens, & les sombres terreurs,
Escarta de leur sens ces ombres cimmeriques
En leur ame influant des pensers Angeliques,
Puis d'vn vent tout de feu souffla sur leurs esprits,
Mille contentements du celeste pourpris,
Leur presente son corps, leur monstre & fait cognoistre
Par ses mains & ses pieds, qu'ils n'ont changé de maistre,
Tastez, maniez moy, vn esprit n'a point d'os,
Ces marques en ma chair confirment mon propos.

La ioye aux gouttes d'or les Disciples domine,
Gagne tous les recoings de leur creuse poictrine,
Charme & rauit leurs sens d'vn extaze profond,
Extaze qui les vns, & les autres confond:
Iesus pour leur donner vn parfaict tesmoignage
De son corps triomphant de l'infernale rage
Leur demande du pain pour manger deuant eux,
Du poisson & du miel au palais sauoureux.
Ils creurent tous alors, & d'vn amour extreme
Embrasserent le corps de leur Prince supreme,
Benirent le Grand Dieu qui des siens soucieux
Les combloit d'vn soulas sainctement precieux.
Le Barbare emmitré qui viuotte sous l'Ourse
Au climat où la nuict fait de six mois sa course,
Ne reçoit la lueur du Soleil radieux
(Qui retourne esclairer l'estendue des cieux)
Auec plus de plaisir, de transport, d'allegresse,
Que de Christ les enfans receurent de liesse,
Alors qu'à bras ouuerts ils pouuoient embrasser
Le Sauueur des humains sans iamais s'en lasser:
Le ciel rit à leurs yeux, tout leur semble propice
Pendant qu'ils iouyssoient du Soleil de Iustice.
Les Docteurs de ce temps (qui sçauent tout brouiller,
Et les cœurs les plus purs de leur baue souiller)
Enseignent que Iesus par sa puissance forte
Passa venant aux siens au trauers de la porte,
Afin d'auoir ce poinct, que son corps glorieux
Puisse comme infini occuper plusieurs lieux:
Mais ces foibles raisons sont sans tour, & sans force,
La simple verité percera cette escorce.
Sçachons premierement que les corps glorieux,
Ne laissent d'estre corps, mesme au Palais des cieux.
Le Docteur Maldonat qui mal donna sa proze
Ne chante autre discours ne nous corne autre chose:
Aussi le sens commun dicte tacitement
Qu'vn corps ne seroit corps, s'il estoit autrement:
Christ donc doué d'vn corps materiel, & palpable,
Ne pouuoit transpercer la porte impenetrable,
Qu'vn corps penetré vn corps, les Payens mesmement
(Conduicts par les raisons de leur entendement)

Inquit Mal-
donatus Ie-
suita 1. tom.
controuers.
Tract. de Eu-
charist.

Le corps de
Iesus Christ
apres sa re-
surrection, a
esté & visible
& sensible.
Iesus Christ
apres sa re-
surrection, a
beu & mangé
ensemble a-
uec ses Apo-
stres.
Theodor.
Dial. 2. Pro-
copius.
Athanas. dit
la mesme
chose.

S. Hieronym.
in epist. ad
Pammach.
reprend ceux
qui vouloiét
bailler à Ie-
sus Christ
glorifié vn
corps d'air,
ou en faire
vn esprit &
vn corps sans
les quantitez.

diméſions & meſures propres à ſon vray corps. Et S. Auguſt. epiſt. ad Dardanum, atteſte que le corps glorieux de Ieſus Chriſt a chair & os, puis qu'il diſoit à ſes Diſciples, Taſtez, maniez moy, car vn eſprit n'a ny chair ny os, comme vous voyez que i'ay.

Caue igitur ne à recta digrediaris fide, ſed potius quia foribus clauſis ingreſſus eſt, Deum eſſe natura crede. Cyril. in cap. 20. Ioan. Act. 12.

Condamnent cet erreur, & le docte Ariſtote
Laiſſe ce vain diſcours à l'homme qui radote:
Mais Ieſus eſt entré, diſent les Ergoteurs,
Les huis eſtans fermez: Admirables Docteurs,
S'enſuit-il pour cela qu'au trauers de la porte
Son corps ait penetré en entrant de la ſorte:
Les huis eſtoient fermez lors que Chriſt rayonneux
Aux ſiens monſtra ſon chef flambant, & lumineux
Mais ce n'eſt pas par l'huis, & moins par la feneſtre,
Ny par le mur encor qu'il ſe fiſt recogneſtre.
En ces miracles ſaincts la ſimple Deité
Opere puiſſamment, non pas l'humanité.
Son pouuoir Tout-puiſſant commande à la nature
Sans qu'il ſoit iamais ſerf d'aucune creature:
La porte s'entr'ouurit à ſon commandemens,
Et puis tout à l'inſtant ſe ferma promptement!
Ou bien vn Seraphin de la voute celeſte
L'ouurit, & la ferma volant à ſa retrette,
Ses Diſciples tandis n'apperceurent ſes pas,
Le ciel ne le permit, Chriſt ne le voulut pas,
Afin d'authorizer de tant plus cette veuë
En ſoy miraculeuſe, à nos ſens incogneuë:
Nous pouuons toutesfois ſans forcer les eſcrits
Eternels & ſacrez, contenter nos eſprits
De cette verité: de meſme que ſainct Pierre
Surmontant des mondains & l'orage, & la guerre,
Dans le fond des prizons de Solyme reclus,
S'affranchit de ſes fers, & ne s'y treuua plus,
Vn Ange du haut ciel ayant ouuert les portes,
Refermant au verrouil les huis de ſes mains fortes,
Sans que le Geolier, ou qu'aucun de ſes yeux
Vid ſortir ce captif deſgagé par les cieux:
Qui diroit cependant que le corps de ſainct Pierre,
A trauerſé les huis, ou le fer, ou la pierre.
Les enfans s'en riroient. Chriſt donc ſemblablement
Entra les huis reclos par ſon commandemenr.

Le Sauueur cependant paſſoit par ſa memoire
Les doux contentements de l'eternelle gloire,
Gloire qu'il poſſedoit meſme auant que les cieux
Euſſent ſur leurs lambris des brandons radieux.

Diſpoſoit

Disposoit ia desia ses Disciples fidelles
A supporter les cris des peruers, & rebelles,
Qui voudroient s'opposer aux celestes discours
Que Christ leur commandoit d'annõcer tous les iours:
Ie sçay mes chers enfans, que l'orde populace
Contraire à mes desseins des ores vous menace,
On vous messprizera, les mortels mal-heureux
Tourmenteront vos corps de tourments douloureux,
A cause de mon nom vous n'aurez que tristesse,
Que soucis, que trauaux, que disgrace, qu'angoisse:
Mais demeurez constans, l'Esprit du Tout-puissant
Recueille dans son sein les cris du gemissant,
Cet alme, & sainct soulas des ames langoureuses
Bannira loing de vous les tortures affreuses,
Il vous consolera & les iours, & les nuicts,
Oppozant ses douceurs au fiel de vos ennuis.

Ie vous enuoye tous publier par le monde
Les arrests eternels du Createur de l'onde,
Baptizez les humains, & leur monstrez les cieux,
Annoncez du grãd Dieu la voix à qui mieux mieux,
I'auray sans cesse soing de vostre compagnie,
Ie vous conserueray par ma force infinie.

Ce dit au mont Oliue il emmeine les siens
Amateurs de sa voix, autant que de ses biens:
Là sur vn char flammeux entouré de nuages
A la veuë de tous, les celestes Messages
Par son commandement l'enleuerent és cieux,
En moins d'vn tourne-main on le perdit des yeux:
Tout de mesme qu'on void deux vistes colombelles
De terre s'esleuant partir à tire-d'ailes,
Fendre l'azur des cieux, & par les airs branlans
Faire luire Phœbus dans les cerceaux brillans,
Nos yeux suiuent leur vol iusques dans le nuage,
Qui borne nos regards, & bousche le passage:
Ainsi le Redempteur sur les ailes du vent,
Sur des flammes de feu vers le ciel s'esleuant,
Faict paroistre au partir vne gloire supreme,
Faisoit honte au Soleil, comme vn Soleil luy mesme:
On void briller en haut des esclairs varians
Ore aux yeux, ore aux cieux leurs rayons marians,

Mission des Disciples de Iesus Christ.

Christ monte au ciel en presence de ses Disciples. Quemadmodũ Christum sequuta est stella post-vterũ, ita gloria post sepulcrum. Augustin. Tom. 10. serm. 138. de Tempore. Le meme lieu qui auoit serui à la passion & ignominie de Iesus Christ, a serui aussi à sa gloire. Suiuãt ce qui est dit au Psalm. 104. Il faict des nuées.

Ores les Cherubins aux faces radieuses
Suiuoient, ou deuançoient Christ aux rais lumineux
Ce n'estoit que transporis iusqu'à tant que leurs yeux
Offusquez de nuaux le perdirent aux cieux:
Dieu par ce voile obscur voulant borner l'audace
Des Disciples de Christ qui contemploient sa face,
Car si visiblement dans les cieux entr'ouuerts
Ils eussent veu l'esclat du Roy de l'vniuers,
Sa gloire, sa splendeur, sa Majesté supreme,
Leur cœur presomptueux bouffy d'orgueil extreme,
Eust voulu s'esleuer (ia par trop curieux)
Iusqu'au throsne luisant du Monarque des cieux
Pour cercher ses secrets: mais ce sombre nuage
Sert de barre à leurs yeux, refrene leur courage
Pour ne passer plus outre, & pour se souuenir
Que la route d'Icare est fascheuse à tenir,
Qui s'approche trop pres de l'eternelle flamme,
Il brusle ses cerceaux, & consume son ame:
Semblable au mouscheron dont le vol curieux
Recerchant la lueur du Soleil glorieux,
Dans la salle, effronté, rencontrant la chandelle
Perd la vie, & la voix grillant au feu son alle.
   Le Sauueur abordant à la porte des cieux
Chasse le Seraphin au regard furieux,
Qui brandissant au poing une lame flambante
Gardoit du Paradis l'entrée rayonnante,
Depuis qu'Adam foiblet offençant l'Eternel
De leze Majesté se rendist criminel,
   Ouurez heureux Esprits à l'Eternel Monarque,
Ouurez à Iesus Christ qui commande à la Parque.
Le voicy tout pompeux qu'il retourne des morts,
Plein de gloire en l'esprit, plein de gloire en son corps
Ouurez, ouurez c'est luy, sa voix vous est cogneue.
Alors les cieux des cieux s'ouurirent à sa veue
Les Seraphins volans vindrent à bras ouuers
Embrasser le Sauueur vie de l'vniuers:
A ce diuin obiect chacun d'aise se noye
Dans vn sainct ocean de l'eternelle ioye.
La Diuine Splendeur inuisible à nos yeux
Sur vn throsne à fonds d'or viuement radieux,

Paué de diamants, tout entouré de flammes,
De brillantes clartez, de flamboyantes lames,
Assise se leua, & d'vn œil gracieux
A sa dextre receut le fils aisné des cieux,
Ou plein de Majesté, comble de gloire extreme
Il regne commandant en Monarque supreme.

Les Disciples de Christ saisis d'estonnement
Ont tousiours l'œil au ciel pour leur contentement,
Contemplent le chemin de la saincte contrée,
Où l'ame hors du corps trouue des cieux l'entrée.
Iesus par son pouuoir en Paradis volant
Fraye du sainct Eden le chemin s'en allant,
De la gloire eternelle il nous ouure la porte
Fermée auparauant d'vne barre tres-forte,
D'vn mur de fer espais, car nos meschancetez
Bannissoient nos esprits des diuines clartez.

Pendant qu'ils sont rauis deux Anges descendirent
Qui chassent leur effroy, & qui benings leur dirent:
Hommes qu'atiendez-vous, & pourquoy vers les cieux
Collez vous vos regards, arrestez vous vos yeux:
Iesus le Redempteur que vostre ame regrette
(Qui vient d'aller au ciel sa premiere retrette)
Retournera d'enhaut aussi visiblement
Qu'il est monté du monde au vouté firmament:
Consolez vous mortels attendans sa venuë
Effroyable aux meschans, mais douce à vostre veuë,
Retournez en Solyme, & faites que vos cœurs
S'entretiennent tousiours de ces sainctes douceurs.
Il dit, & à l'instant fendant l'air de vistesse,
Vn sifflement s'entend qui le suit, & le presse,
Ainsi qu'aux courtes nuicts la fuzée dans l'air
Dispute son chemin, mais ne laisse d'aller.

Auant que l'Eternel donnast sa loy sacrée
Aux mortels residans en l'ombreuse contrée,
Enoch au ciel rauy, type de Iesus Christ,
Sur vn char flamboyant guidé du sainct Esprit,
Ombrageoit du Sauueur la celeste victoire,
Le retour sur les cieux, son triomphe, & sa gloire.
Elie sous la Loy sur des nuaux flammeux
Volant en Paradis loing du monde larmeux,

Antropopa-
thie.

Actes chap. 1
v. 10. & 11.

Discours de
la Resurre-
ction.

Figuroit du Sauueur l'Ascension diuine
Laissant à son depart tomber sa manteline,
Ainsi que fist Iesus qui montant sur les cieux
Au sepulcre quitta tous ses vestements vieux,
Signe seur qu'il vestoit l'immortalité pure
Ornement de l'esprit d'immortelle nature.

Soit que d'vn œil humide, & d'vn cœur gemissant,
Ie lise les escrits du Seigneur Tout-puissant,
Soit que seul à part moy ie medite en mon ame
Sur ce rauissement, qui ma Muse renflamme,
Dans vn vaste Ocean de celestes plaisirs
Ie noye mes eslans, mon penser, mes desirs,
Ie comble mon esprit (à la ioye sensible)
D'vn sainct contentement à ma langue indicible,
Soit que dans les discours des Payens mensongers
Ie promeine mes yeux à la course legers,
Ie rencontre parmi l'histoire fabuleuse
De l'antique Phœnix la vie precieuse,
La mort, dont le bucher enfante vn autre enfant,
Par les rais de Phœbus son bucher reschauffant,
Signe que de bien loing cette race infidelle
Du triomphe de Christ a sceu quelque nouuelle,
Qu'ils ont ouy parler, comme confusement,
Ou de Christ, ou d'Enoch montans au firmament.

Voy Lactan-
ce en son
poeme du
Phœnix.

Sur les monts (ce dit on) de l'heureuse Arabie
Le Phœnix immortel sans germe vient en vie;
Christ sur les cieux des cieux dés le commencemens,
Auant les siecles faicts commandoit puissamment.
La veuë du Phœnix dissipoit la tempeste,
Vn rayon brillonnoit sur le haut de sa teste:
Christ Soleil sans couchant de toute eternité
Chasse l'ombre, & l'horreur par sa Diuinité.
Le Phœnix se sentant plein de iours, & d'années,
Va recerchant la mort fille des destinées:
Le Sauueur des humains est mort au temps promis
Dans les siecles derniers domptant ses ennemis.
Des cendres du Phœnix vn autre reprend estre
Le sang de Iesus Christ nos ames faict renaistre,
Nous reforme, & replace au beau Palais des cieux,
Nous redonne la vie aux regards de ses yeux,

Et d'enfans de la nuict qui cerchions la nuict sombre
Nous fait nouueaux Phenix, nouueaux Soleils sãs om-
Flambeaux de sa faueur, astres sans occident,   (bre.
Toufiours, toufiours pourueus d'vn diuin ascendant.

    Le monde est vn miroir où la docte Nature
Du retour de la mort nous monstre vne peinture.
Le Soleil au poil d'or se couche tous les iours,
Remonte en l'orizen, & retourne à son cours:
Les herbes que l'hyuer dépouille de verdure
Renaissent au Printemps, reprennent leur figure.
Les quatre fils de l'an se tiennent par la main,
Phœbus n'a point de iour qui n'ait vn lendemain:
Les fleurs & tous les fruicts en leur saison renaissent,
Les froments és guerets pourrissent & denaissent,
Puis retournent en fleur. La pluye chet des cieux
Se corrompt sur la terre, & perit en ces lieux,
Et derechef montant sur le coton des nües
Se transforme en vapeurs à nos yeux incognuës:
Nos corps en leur hyuer en terre pourriront,
Puis reünis à l'ame au ciel retourneront,
Semblables à ces eaux qui pour finir leur course
Rentrent dans l'Ocean leur principe, & leur source.

    Icy la faculté de l'humain iugement
S'esgare en son discours pleine d'aueuglement,
La pointe de l'esprit s'emousse en ce passage,
La raison est muette à ce diuin langage,
Et ne peut tenebreuse apperceuoir comment
Dieu ressuscitera nos corps du monument:
Aussi cet œuure là, la nature surpasse
N'ayant aucun soustien en cette terre basse,
La volonté de Dieu, sa puissance, & sa voix,
Contre nos vains soupçons nous seruent de pauois:
Ainsi que d'vn neant il crea nostre pere,
Tout de mesme il nous peut reformer & refaire
A son simple parler: Nos corps de poudre issus,
De la poudre refaicts remonteront là sus:
Nostre chair reprendra sa couleur, sa figure,
Sans que la mort pourtant change nostre nature.
Comme l'Aigle renaist au Soleil radieux
Nous renaistrons de mesme au Soleil des hauts cieux,

Z iij

Tesmoings
diuers de la
Resurrectiõ,
tirez de la
Nature.

Tertullian.
lib. de Resur-
rect. carnis
cap. 12. mira
& eximia de
iis tradit.

Les Philoso-
phes ne peu-
uent cõpren-
dre la Resur-
rection des
corps morts,
mais le fidel-
le s'en rap-
porte à l'Es-
criture fain-
cte.

Fiducia Chri-
stianorũ Re-
surrectio

mortuorum.
Tertulliã.lib.
de Resurrect.
carn.
Qualitez de
nos corps au
ciel.

La mort engloutira de nos corps la foiblesse,
Nos esprits s'orneront d'vne saincte liesse,
Nos corps ne seront plus de nature mortels,
Mais parfaicts glorieux, agiles, immortels:
Cette chair autresfois astrainte à pourriture
Sans vice, & sans defauts pour iamais sera pure,
Veufue des accidents qui la suiuent icy,
Priuée de chagrins, exempte de soucy:
Mais si ton cœur ne peut mes paroles entendre
Ie veux probablement te les faire comprendre.

   Apres que le Soleil par le vague des airs
Eust mis au iour le iour beauté de l'vniuers,
Que le monde fust fait, le Tout-puissant luy mesme
Voulust former Adam par sa force supreme:
Du limon de la terre il assembla son corps
Cimentant d'vn mastic le dedans, & dehors,
Puis soufflant sur la masse encores impuissante,
Vn esprit immortel en ce corps il enfante
Influë en sa narine vn ventolin constant,
Vn poulx par les ruisseaux des veines voletant:
Ce microcosme faict il doüé son ouurage
En l'ame d'vn rayon de sa Diuine image,
D'vn caractere sainct que le temps, ny les cieux
Ne sçauroient effacer, ny le flot oublieux.
Ores si le peché, & la mort impiteuse
Font descendre ton corps sous la tombe frilleuse,
L'esprit vie du corps va sur les cieux des cieux
Se rejoindre à son Dieu aux esclairs radieux:
Tandis au monument la puante charnure
Rongée par les vers se forme en pourriture,
Retourne en sa matiere, & de forme d'vn corps
Deuient poudre en dedans, deuient cendre en dehors,
Dieu conserue pendant en la voute eternelle
L'ame forme du corps (que son œil renoüuelle)
Qui se mire aux esclairs sainctement precieux
Que l'Eternel eslance aux regards de ses yeux.
Mais lors que Christ venant des montagnes celestes
Sur vn cheual ronflant des tonnerres funestes,
Descendra pour iuger ce tremblant Vniuers,
Pour retirer nos corps de la terre & des mers,

Dieu comme d'vn cachet imprimé sur la cire
Ranimera nos corps de nostre ame à son dire,
Rassemblera la poudre, & pour derniere fois
Redonnera la vie aux eslans de sa voix:
Comme d'vn pistolet vne rouë brizée
D'vn ignare artizan est tousiours mesprizée,
Mais vn artiste main la rejoint promptement
La polit, & desroüille auec son instrument,
La laue, & la remonte, & par sa main adextre,
Luy faict changer de front, luy donne vn nouuel estre,
La rouë en tournoyant sert de glace au Soleil,
Prend feu, chasse la poudre, & deuance nostre œil:
Ainsi de nostre corps la loge renuersée
Sera par l'Eternel vers les cieux redressée,
Il rejoindra nos nerfs nos corps resuscitant,
Et rendra nostre esprit à tout iamais contant.
Ainsi que sur la cire vne image effacée
Par vn mesme cachet peut estre replacée:
Tout ainsi de nos corps la matiere restant
Dieu recachetera nostre chair à l'instant
De nostre ame pourtraict de l'Essence diuine,
Oeil de ce pauure corps, qui le meut, & domine.

    L'homme ressuscitant ne changera de corps
Retournant du manoir des tenebreuses morts,
Il ne changera pas de sa chair la substance,
Le Ciel luy redonra par sa Toute-puissance.
Ie confesse pourtant que d'autres qualitez
Reuestiront son corps, & que d'autres clartez,
Plus pures que Phœbus possederont son ame,
Ame qui n'aura plus que son Dieu pour sa flame,
Pour obiect que les cieux, & pour contentement
Que le bril eternel du lueux firmament:
Nos esprits descendus de la voute eternelle
Ont ce but esclairez de la grace immortelle,
Tendent tousiours au ciel sur l'aile de la foy,
Ne sont plus de la terre, & ne sont plus à soy,
L'ame va recerchant la Majesté Diuine
Comme ces feux ailez cerchent leur origine.

    Que si l'ame par fois contemple au firmament
Sans l'aide de ce corps son Dieu parfaitement.

Discours de
l'immortali-
té de l'ame.
I. Argument
pour l'im-
mortalité de
l'ame.

Vide Riolanum Medicum, tract. de Animæ immortalitate.

Rien ne peut empescher que du corps separée
Elle n'exerce mieux sur le ciel Empyrée
Sa contemplation, qu'elle ne vine alors
D'vne vie plus libre exempte de ce corps:
Les plus beaux ornements de la terre font ombre,
Et nous bouschent le ciel de leur visage sombre,
Nos esprits comme aux fers n'ont point de liberté
Tant que nous possedons la Solaire clarté.

Les Caballistes.

Represente à ton cœur espuré de souillure
Sur vn mont rayonnant la Diuine nature
Entourée d'esclairs, (dont le bril precieux

Campanella lib. de sensu rerum.

Faict vn iour eternel en la sale des cieux)
Au pied de ce haut mont s'escoule vne riuiere
Au cristal argentin, à l'onde pure, & claire,
Dont le rapide cours la splendeur receuant
Ore en donne vn pourtraict, ores nous deceuant,
Vne onde chasse l'onde, & le flot par secousse
Efface en son cristal l'image qu'il repousse:
Vne grande lueur flamboye sur ces eaux,
Mais le flot eslancé de tourbillons nouueaux
Defaict, faict, & refaict l'image qui s'efface,
N'en laissant au torrent qu'vne imparfaicte face.
Le monde est ce torrent aux flots precipitez
Qui reçoit en ses eaux les Solaires clartez,
Dans lequel l'Eternel Tout-puissant, & seul sage
Imprime tous les iours de nouueau son image:
Mais nos impuretez, & nos troubles diuers,
Qui se roulent meslez de tors, & de trauers,
Et mille empeschements entre le ciel, & l'onde,
N'enfantet pour pourtraicts que des monstres au monde
Ne rendent que des traits tousiours defectueux,
Quoy qu'au deuant de nous soit la clarté des cieux.
Aussi tout icy bas est foible, & perissable,

II. Argum.

Le Temps moissonne tout de sa faux miserable,
De ses bras deschainez il embrasse le cours
Du Soleil, mesurant nos heures, & nos iours:
L'ame seule en ces lieux le temps chenu domine
Monte par dessus luy par sa force diuine,
Le mesure, & diuise, & mesme bien souuent,
Par ses sacrez ressorts elle court au deuant.

Signe seur, & certain que l'ame est eternelle
D'vne essence sans fin, de durée immortelle,
Quoy que l'homme profane en escriue autrement
Voulant aulner les cieux à son entendement.
Rien ne paroist çà-bas issu de la nature   III. Argum.
Suiect au changement, astraint à pourriture,
Qui des quatre elements n'ait son commencement:
Mais l'ame du mortel vient du haut firmament,   Preuue de la
Elle ne peut donc pas tomber dessous la parque.   mineur du
Nul element en soy ne possede la marque,   precedét Ar-
Et le beau caractere engraué sainctement   gument.
De cognoistre le bien, & le mal promptement,
De nombrer, figurer, & discourir en somme:
Mais ce pouuoir diuin tombe en l'ame de l'homme:
Doncques les elements ne donnent aux humains
Ce qu'oncques ils n'ont peu posseder en leurs mains.
Le facond Ciceron (quoy que Payen luy mesme)   Cicero lib. 1.
A bien cognu cela par la vertu supreme,   Tuscul. Qu.
Quand il dis qu'on ne peut en ce mondain pourpris
Trouuer rien pour principe à nos diuins esprits.
Ioignez à ce discours que nostre ame en la terre   IV. Argumét.
Estant tousiours en trouble, estant tousiours en guerre,
Nous deuons presumer qu'vn lieu delicieux
Apres tant de trauaux, l'attend dessus les cieux.
Mais quand bien tu n'aurois que la saincte Escriture
(Dictée par l'Autheur de la sage Nature)
Qui t'enseigne que l'ame est partie des cieux,
Tu dois d'vn zele ardent, d'vn cœur deuocieux
Estouffer ta raison en ta folle pensée
Tousiours encontre bas, non au ciel eslancée.
Iean Pontife iadis nioit ouuertement   Gerson au
Le sacré Paradis, & l'eternel tourment,   sermon de la
Et perfide asseuroit d'vne langue infidelle   Pasque, &
Que l'ame des humains n'estoit pas immortelle.   Iean Villa-
    Profanes que Mammon abbreue de plaisirs,   nus au 10.
Epicures vilains qui soulez vos desirs   liu. de son hi
De l'orpin de Cypris, dont la poizon cruelle   stoire.
Ronge les intestins, & les ames bourrelle: Apostrophe
Corrupteurs mal-heureux des ieunes innocens,   aux Athées.
Ombreux perturbateurs des esprits plus puissants.

Qui vous glorifiez de nourrir l'Atheïfme,
Qui veautrez iour & nuict vos ames dans le crime,
Tous vos contentements font les meſchanceté,
Vos appas l'abandon à toutes voluptez,
Car le plus doux tranſport de voſtre cœur de pierre
Eſt de viure en ce monde, & commander en terre:
Semblables aux fourmis qui de buchons de bois
Contre vn fouffle du ciel baſtiſſez vn pauois.
I'ay pitié de vous voir tranſportez de manie
(Manie qui vos corps, & vos efprits manie)
Vous croyez que le ciel n'eſt qu'vne ombre à vos yeux,
Que Dieu n'eſt qu'vn penſer vain & fallacieux,
Que l'ame, comme vn vent, fortant de fa geole
Retourne en fon neant, parmi les airs s'enuole,
Afin que fur cela vous puiſſiez icy bas
Viure dans vn Bourdel, aux infernaux appas,
Accomplir les defirs de voſtre ame impudique
Sans penſer que l'enfer vous ouure fon portique,
Et taſche d'arracher de vos cœurs, & vos corps
La croyance d'vn Dieu, afin que ce remords
Exilé loing de vous, foit vn pont à l'Auerne
Pour vous precipiter en fa creuſe cauerne.
Chetif au beau milieu de tes fales amours,
Parmi tes larrecins, tes ruzes, & tes tours,
Ce ver qui va rongeant le fond de ta poiſtrine
Eſt vn puiſſant teſmoing de la vertu diuine:
Il t'adiourne importun deuant Dieu quelquesfois
Te tance, & te reprend d'vne tacite voix,
Et tandis tu pourfuis ta route commencée
Te laiſſant emporter à ta folle penſée.
Encores, cheres Sœurs, ce qui me faſche plus
C'eſt qu'vn tas d'eſcriuains nourriſſons de Phœbus
Se vantent de tremper aux ondes de Permeſſe
Leurs mains pleines de fiel, leur plume flatereſſe.
Leur vie cependant contraire à leur diſcours,
Leur porte vn defmentir fur le front tous les iours.
Les Muſes fur vn mont bien loing de la Commune
Deteſtent le babil d'vne langue importune,
Ennemies du fard, & de l'impureté,
N'aiment que la candeur, & la fincerité.

Nous auons parcouru le verger de Nature
Pour monstrer que l'Esprit d'vne essence tres-pure
S'en retourne à son Dieu : Rentrons deuotieux
Au fleuronneux Eden, en la voye des cieux,
Et cueillans quelques fleurs dans ce diuin parterre
Feüilletons l'Escriture, & mesprisons la terre.

  Icy nous ne parlons du retour singulier,
Du ressuscitement qu'on dit particulier,
Tel que fust le retour de l'enfant qu'Elizée
A sa voix rappella du diuin Elizée,
Et mil, & mille encor que les sacrez escrits
Font toucher à nos mains, font lire à nos esprits :
Nous ne parlons non plus de cette desplaisance,
De ce marrissement fils de la Repentance
Qu'on peut bien appeler vn retour de la mort,
Vn nouueau changement de l'orage au sainct port.
Nous voulons seulement crayonner quelque trace
Du retour de la chair à la celeste grace,
De ce retour final que nos corps bien-heureux
Verront huchez au ciel au iugement affreux.

  Seigneur Dieu Tout-puissant qui sondes nos pensées
Auant que hors de nous elles soient eslancées,
Qui voids du haut du ciel toutes nos actions
Tous nos discours peruers, toutes nos passions,
Imprime en mon esprit, engraue en mon courage
Du dernier iugement vne eternelle image,
Que mangeant, & beuuant i'entende maintes fois
Bourdonner prés de moy cette terrible voix :
Sortez de vos cachots, nation infidelle
L'Eternel veut iuger la terre vniuerselle :
Qui me serue tousiours d'vn aduertissement
Pour marcher és sentiers de ton commandement.

  Tandis qu'en Babylon l'Eglise tourmentée
Du peuple incirconcis estoit violentée,
Que la pauure Syon comme aux bords des Enfers
Captiue souspiroit enchaisnée de fers,
Ezechiel le voyant par vn Ange celeste
Fust porté dans vn champ funeral, & funeste,
Vne campagne d'os arides, & espars.
A son œil s'objectoit vague de toutes parts:

A ƺ

L'Eternel lors voulant luy monstrer vne image
Du retour d'Israël au celeste partage,
Et par mesme moyen crayonner le retour
Des Esleus à la vie, au surceleste jour,
Influë en Ezechiel vn souffle delectable
L'arraisonnant ainsi d'vn langage aimable.
Mortel, estime-tu que ces os reuiuront?
Tu le sçais bien Seigneur quand ils retourneront,
Mon incapacité m'empesche de cognoistre
Si ces os reprendront à ta voix nouuel estre:
Parle,parle à ces os,leur disant, Escoutez
Ainsi dit l'Eternel,reuiuez,remontez
Des tenebres au iour : Os secs reprenez vie
Reprenez la beauté qu'on vous auoit rauie,
Sus tendons tendez vous,nerfs reioignez ces corps,
Esprit anime-tout donne vie à ces morts.
Ainsi dit Ezechiel. Lors vn doux vent bourdonne
Et les os s'approchans font vn son qui marmonne,
Non moins qu'vn lent Zéphire,emmi les arbrisseaux
Fait esclorre les fleurs,rassemble les ruisseaux.
Ezechiel regardant mille, & mille carcasses
Reuestuës de chair, ornées d'autres faces,
S'estonne qu'à sa voix le Tout-puissant ait faict
Vn ouurage si beau, vn œuure si parfaict:
Il ne restoit sinon que la Diuine grace
Animast d'vn esprit chaque corps,chaque masse.
Ezechiel derechef reçoit commandement
D'esleuer ses deux yeux au luisant firmament
Pour parler à l'esprit. O toy qui sur le monde
Souffles vn germe sainct,qui fais remuer l'onde,
Esprit des quatre vents dont les subtils ressorts
Pauent les prez de fleurs, & donnent vie aux morts,
Retourne alme surgeon de l'essence Diuine
Animer ces os secs d'vne ame celestine.
Ainsi dit Ezechiel.& l'esprit promptement
Anima tous ces corps par son commandement.
La campagne est alors d'vne armée couuerte,
Vague auant ce retour,triste,horride, & deserte.
Mortel dit l'Eternel, Ainsi retournera
Mon peuple en Canaan, & là me benira,

Dy leur tant seulement qu'ils ne perdent courage,
Asseure les encor, & leur fay ce message:
Ainsi dit le Seigneur, l'ouuriray vos tombeaux,
Vos yeux morts reuerront les celestes flambeaux,
Des glacez monuments, & de la froide lame
Ie tireray vos corps, leur redonnant vne ame,
Mon peuple rentrera au partage promis,
Esperez en moy seul, vous estes mes amis.

   Dans ce pourtraict icy nostre ame sans nuage
Contemple son retour au Diuin heritage,
Encores que nos corps soient tous puluerizez,
Que nos os soient espars, tous rompus & brizez,
Que les vns dans les eaux, les autres dans la flame
S'en retournans au ciel, ayent rendu leur ame.
L'Eternel qui commande à tous les elements
Rassemblera pourtant nos tristes ossements:
La terre est ce grand champ où l'Autheur de Nature
Despoüillant les humains de toute pourriture,
Reuestira nos corps de l'immortalité
Condamnant les meschans au feu d'eternité:
Leur retour ne sera que pour tomber au gouffre
Où le soulfre d'enfer & s'engouffre & s'ensouffre,
Mais nous à cette voix qui rassemble les morts
Sortirons lumineux en esprit & en corps,
Pour jouyr à iamais des ioyes eternelles,
Pour luire sur les cieux, comme sainctes chandelles,
Pour coller nos esprits, & nos chastes desirs
Aux fleuues eternels des eternels plaisirs.
Ie brusle d'vn transport de sentir en moy mesme
Ces delices sacrez, cette vie supreme,
O grand Dieu vien bien tost, pour iuger les peruers,
Et pour nous retirer de ce sombre vniuers:
Par ce diuin transport dont nostre ame est rauie
Les Martyrs amoureux de l'immortelle vie,
Ont franchy les horreurs, les flammes, & les fers,
Ont vaincu les fureurs du monde, & des enfers,
Sont volez glorieux au Paradis supreme,
Ont eschangé cet air pour vn plaisir extreme:
C'est ce qui consoloit Iob parmi ses douleurs,
Qui serenoit son front, qui resserroit ses pleurs,

Image viue
de la Resur-
rection.

Iob 19.

Aa iij

Esperant de reuoir, en sa triste charnure,
Apres tant de trauaux le Pere de Nature.
Nos corps mesmes couchez dedans le monument
Du retour sur les cieux sont vn enseignement,
Ils dorment attendans que l'affreuse trompette
Les esueille en sursault de leur froide retrette,
Les somme à comparoir au throsne radieux
De l'Immortel, armé des puissances des cieux.

Autres tes-moings de la Resurrectiō.

Ainsi les corps farcis des odeurs precieuses
Enueloppez de linge és lames impiteuses,
Sont comme des tesmoings de l'immortalité,
Du retour de l'esprit à la Diuinité:
Car à quoy seruiroit de les serrer en terre,
Si l'homme n'esperoit le ciel pour son parterre.
Ie confesse pourtant que nos foibles discours
En ces mysteres saincts ne trouuent point de iours,
Si d'vn pas seulement nous laissons l'Escriture
Nostre raison se perd au sens de la nature,
Nostre veuë s'esgare, & nostre entendement
Ne se peut destourner de son aueuglement.
   O saincte Verité, Lumiere rayonnante
Sur les foibles crayons de ma plume tremblante,
Inspire en tous mes vers (pleins de sincerité)
Quelque petit rayon de ta simplicité:
Ne permets, chere Sœur, que ma Muse fidelle
S'esloigne des ruisseaux de la source eternelle,
Que ie rampe sur terre, & que mon œil glissant
S'arreste aux vains objects de ce monde impuissant,
Ains que suiuant tousiours ma celeste carriere
Ie tienne sur ton front collée ma paupiere,
Que mon corps, & mon cœur icy bas languissant
Ne te quitte iamais fille du Tout-puissant.
C'est toy qui nous instruicts à croire que la terre
(Au dernier iugement, à l'esclat d'vn tonnerre,)
Sera du ciel iugée, & que mesme nos corps
Ez monuments gardez remonteront des morts.
C'est toy qui par la foy graues en la poictrine,
Au profond de nos cœurs, que nostre ame est diuine,
Qu'elle doit retourner s'en-volant de ces lieux
Auec les Bien-aimez en la salle des cieux.

Où nôstre Souuerain & premier Capitaine
Rayant de nos pechez, & la coulpe, & la peine,
En ces sacrez paruis receura nos esprits,
(Espoints de sa beauté, de son amour épris)
Il nous transformera par sa vertu supreme
Comme nouueaux Soleils en l'amour de luy mesme,
Il nous embrassera, nous rendans iouyssans,
Du ciel, & de ses yeux nos ames rauissans.
A ce lieu mon esprit incessamment aspire,
Apres ce doux penser nuict, & iour ie souspire:
Nostre Chef est monté, nous monterons aussi
Au ciel nostre sejour, priuez de tout soucy,
Espurez en nos cœurs de toutes immondices,
Vuides de tous chagrins, esloignez de tous vices.
Face le Redempteur que retournant des morts
Mon corps, membre de Christ, se rejoigne à son corps.

Fin de la sixiesme Iournée.

ARGVMENT DE
la septiesme Iournée.

PRES le Triomphe de Iesus Christ, & son Ascension diui ne, il ne restoit plus à nostre Autheur que le dernier Iuge mér pour acheuer son œuure: ce qu'il fait en cette derniere Iournée, monstrant que dés cette vie miserable, l'homme ressent en son ame comme des auantcoureurs de ce Iugement par des aduertissements du ciel. Puis suiuant le fil de son discours, il entre en la description de ce Iugement espouuantable, represente au naif les hor reurs des Enfers, asseurant que les Poëtes Payens n'en ont parlé qu'obscurement destituez de la saincte Escriture. A l'op posite par diuerses descriptions, il chante les delices de la vie eternelle auec vne loüable modestie, refute en passant l'er reur des Millenaires, dit qu'il y aura des degrez de gloire en Paradis, que nous nous recognoistrons au ciel, mais d'vne cognoissance toute diuine, monstre de quelle façon nous verrós Dieu au royau me des cieux: & finalement il clost tout son ouurage par vne action de graces à l'Eternel.

SEPTIESME

SEPTIESME IOVRNEE
de la Semaine d'Argent.

LE DERNIER IVGEMENT.

BAISSE les cieux grand Dieu, Vien   *Pſalm. 18.*
    fondre ſur la terre,
  Eſcartéle les monts, fay murler ton tónerre
  Aux quatre coings du ciel, laſche ſur les
    humains
La vengeance d'enhaut, le foudre de tes mains:
L'homme n'a point horreur d'offencer par malice
De ton Diuin pouuoir la ſacrée Iuſtice.
Ils ſont tous enfondrez aux gouffres du peché,
Aux Fauſbourgs des enfers leur cœur eſt attaché:
Vne noire vapeur ſur la terre eſpanduë
Les empeſche de voir des beaux cieux l'eſtenduë,
L'ombreuſe iniquité ſe niche en leurs eſprits,
L'homme n'a pour objeét que des cieux le meſpris:
Semblable aux habitans de Sodome l'antique
Il ne peut aſſouuir ſon deſir impudique,
Et quiconque ne trempe a ſes contentements
C'eſt vn vilain ſorcier fauteur de garnements.
Ainſi auparauant que la vague cruelle
Du Deluge noyaſt la terre vniuerſelle,
Les mortels entaſſoient pechez deſſus pechez,
De vices infernaux ils eſtoient entachez.
Noé tant ſeulement auecques ſa famille
Sent l'amour du grand Dieu, qui dans ſon cœur bra-
    zille,
Et comme vn reſidu du ſacré troupelet
En ſon petit logis adore Dieu ſeulet,
N'a recours qu'à ſon Dieu, n'a ſecours que ſa grace,
Touſiours de l'Immortel il contemple la face.
    En ce ſiecle peruers deux ou trois ſeulement
Percent de leurs ſouſpirs l'azur du firmament,

B b

Leuent par fois aux cieux leur pensée diuine,
De celestes ardeurs embrazent leur poictrine,
Pendant que les mondains se veautrent tous les iours
En leurs impietez, en leurs sales amours:
Cependant qu'en Egypte on n'a que des nuicts sombres
La terre de Gossen ne possede point d'ombres,
Le Soleil de Iustice y luit palpablement,
On y sert l'Eternel par son commandement:
Et combien que l'Eglise en ce monde agitée,
Soit tousiours icy bas des meschans tourmentée,
Christ Nauarque des siens accoizera les eaux,
Redonnera le iour aux celestes flambeaux,
Et descendant du ciel appaisera le trouble
Du monde, & de l'enfer, qui ia desia redouble.
Vien Seigneur promptement, l'homme pernicieux
Veut rebastir Babel, veut escheler les cieux.

    Mais ce diuin eslan qui de mon cœur s'empare
Faict que loing de mon but, mon vers foible s'esgare,
Que ma Muse s'amuse à son rauissement,
Sans entrer au discours du dernier Iugement.

Inuocation.   Toy qui iusques icy benissant mon ouurage
As daigné renforcer mon infirme courage,
Esprit tout pur, tout sainct, tout clair, tout radieux,
Qui croustes à ta voix la terre, & tous les cieux:
Puis que pour ton honneur, pour ton los, & ta gloire,
I'ay pris vn vol si haut, & non pour ma memoire,
Mene moy par la main, & promeine mon vers
Par dessus les flambeaux de ce vaste vniuers,
Pour aux yeux de la foy modestement descrire
Ce que la chair ne peut ny comprendre ny dire,
Que ie trace en ce Iour pour fin de mes labeurs
Vn celeste abbregé des Diuines douceurs,
Vn crayon des plaisirs de la vie eternelle,
Vne ombre de l'enfer à l'horreur immortelle,
Et pour combler mon cœur d'vn sainct contentement
Fay moy veoir vn pourtraict du dernier Iugement.

    Ce n'est pas sans raison que dans la Destinée
Dieu tient l'heure & le iour de la grande Iournée,
Que son Conseil secret clost les euenements
De ce iour tonnerieux, à nos entendements.

C'est pour former nos cœurs à la perseuerance,
C'est pour nous destourner de toute nonchalance,
Pour faire que les siens attendent constamment
Les yeux tousiours ouuerts ce sainct aduenement:
Car si de cette fin l'homme auoit cognoissance
Il n'auroit de soy mesme aucune souuenance,
Ains comme enflé d'orgueil (selon son vain discours)
Il donneroit à Dieu la lie de ses iours,
Ordonnant cependant tout le cours de sa vie
Comme vne ame au peché tout à faict asseruie,
Pourueu que de huict iours il se veid possesseur
Cela luy suffiroit pour disposer son cœur.
Ce n'est donc pas à nous de sçauoir ou cognoistre
L'euenement des temps, c'est au souuerain Maistre,
Au Monarque qui tient és resnes de ses mains
Les roulements du ciel, la vie des humains,
Car mesme du Sauueur la nature mortelle
Du iour du Iugement n'a point sçeu de nouuelle,
Mais sa Diuinité sçauoit precisement
Le moment, & le iour du dernier Iugement:
Les esprits bien-heureux, les Seraphins, les Anges,
(Qui s'occupent tousiours aux celestes loüanges)
Ignorent cette fin, & nos foibles esprits
N'en ont que quelques traicts tirez des saincts Escrits.
En ces sacrez secrets nostre raison vacille,
Nostre ame comme vn vent en ses pensers brandille,
Ne trouue point d'arrest, si le Moteur des cieux
Au flambeau de la foy ne r'allume nos yeux.

 A peine au iour naissant entrouurant la paupiere
Le Soleil sur mon front imprimoit sa lumiere,
Quand mon esprit troublé d'vne plaintiue voix
Feist tomber brusquement la plume de mes doigts:
Voicy deuant mes yeux vne pucelle brune
Sous ses pieds le Soleil, les astres, & la Lune,
Ornee tout de blanc, le mouschoir à la main,
Les pleurs comme ruisseaux se rouloient sur son sein,
Par fois elle esuentoit les souspirs de son ame
Au Souuerain du ciel (que sa langueur reclame)
Sa robbe en diuers lieux tachée rougissoit,
Son front terny de deuil d'angoisse pallissoit:

Bb ij

Pourquoy
Dieu veut
que ce iour
du dernier
Iugement
nous soit in-
cogneu.

Marc ch. 13.
v. 32.

Digressiõ sur
les afflictions
de l'Eglise en
ce monde.

Apocal. 12.

Et ce qui plus encor tourmentoit mon courage,
C'estoit non seulement son funeste langage,
Mais principalement ses gestes, ses souspirs,
D'estans tristement doux esmeurent les Zephirs.

Plainte de l'Eglise.
Iusques à quand Seigneur errante & solitaire
Languiray-ie és tourments du mondain temeraire,
Seray-ie donc tousiours nourrie de mes pleurs
Quand donneras tu fin à mes tristes douleurs?
Ie n'ay plus de seiour asseuré sur la terre,
L'Antechrist & Satan m'ont declaré la guerre,
Les champs me sont suspects, les bois tant seulement
Permettent à ma voix d'esuenter mon tourment:
Ie n'ay que les deserts pour Tuteurs de ma vie,
Comme à la triste Agar chacun me porte enuie:
Tu fais la sourde oreille à mes eslancements,
Respon, respon Seigneur à mes gemissements.
Le monde est contre moy, ton œil doux, & propice,
Semble de mes douleurs partizan, & complice.
Tu ne regardes plus de tes yeux doucereux
Mon chef bagné de pleurs, mon esprit langoureux.
Nuict & iour sous le ciel delaissée du monde
Ton Espouze Eternel seulette vagabonde,
N'a maison ny cabanne, & pour toict seulement
Ie n'ay que le couuert du vouté firmament.

Cantic. des Cantic. ch.5. v.7.
I'ay le costé percé, la face desuoilée,
Mais l'œil, & l'ame au ciel ardentement collée.
Ie n'ay pour reconfort en tous mes desplaisirs
Que des larmes de sang, que des foibles desirs.
Le mensonge tandis regne parmi le monde,
L'idole a ses paruis, & l'ignorance immonde,
La seule Verité fille aisnée des cieux
Ne treuue aucun repos, ny repas en ces lieux.
Vien doncques promptement, descen de ta demeure,
Vien Seigneur, vien bien tost, que mon ame ne meure,
A ce mesme moment vien iuger l'uniuers,
Vien confondre Babel, vien iuger les peruers.
Nous t'attendons Seigneur, Vien seuere destruire
Le monde en ta fureur, le mondain en ton ire.
Ainsi finit l'Eglise, alors le Tout-puissant
Les pleurs, & les souspirs de Syon exauçant.

Feist entr'ouurir les cieux par l'esclat d'vn tonnerre,
Feist entendre des airs cette voix par la terre.
Attens pour peu de iours, le nombre des esleus
N'est encores parfaict, ne te tourmente plus:
Bien tost de Babylon la cauerne esboulée
Sera par mes espriis pour iamais desolée,
Mille ans deuant mes yeux sont ainsi qu'vn moment.
Ie conte tes sanglots, i'ay part à ton tourment.

   Le iugement de Dieu souuent en cette terre
Faict aux foibles humains vne effroyable guerre,
En son particulier l'homme ressent par fois
Vne saincte frayeur, il entend vne voix
Qui l'esueille du vice, & luy dicte tacite,
L'enfer à gueule bée, & sa troupe maudite
Attendent les meschans, pense que sur les cieux
Ton Iuge qui void tout penetre de ses yeux
Les recoings de ton cœur, sa Majesté supreme
Sçait mieux ce que tu fais, que tu ne sçais toy mesme.
Cet aduertissement du celeste pourpris
Destourne du peché nos infirmes esprits,
Nous faisant aspirer à la vie immortelle,
Au palais du grand Dieu à la ioye eternelle.
Mais l'ame des meschans, & des persecuteurs,
Des traistres, des Iudas, des hommes imposteurs
Ne sent aucun repos, car l'enfer à toute heure
Se presente à son œil, luy fait voir sa demeure.
Sa pauure conscience effrayée des cieux
Apprehende tousiours son Iuge furieux:
Vn ver rongeant son cœur le tenaille & tourmente,
Le dernier Iugement du penser l'espouuante,
En soy mesme il ressent les eternels bourreaux
Qui desmembrent son corps de supplices nouueaux.
Il sçait qu'il a forfaict, que son ame traistresse
A mieux aimé Mammon, qu'vne saincte richesse,
Que de sa volonté comme Adam mal-heureux
Il est sorty d'Eden, du verger bien-heureux
Pour suiure les erreurs d'vne doctrine immonde,
Pour seruir à Babel, pour s'asseruir au monde,
Ce penser le trauaille, & ne le laisse pas,
Comme vne ombre importune il talonne ses pas.

Retour à son
discours.
Iudiciũ par-
ticulare in
hac vita.

Omnibus
vmbra locis
adero dabis
improbe pœ-
nas. Virgil.
Æneid. 4.

Cependant les esleus en leur pelerinage
Ne trouuent point d'obiect digne de leur courage,
Ils voyent par desdain tous les biens d'icy bas,
Leur patrie est au ciel, le monde ne peut pas
Contenter leurs esprits, l'eternel heritage
Est le port de leur nef sauuée du naufrage.
La voix de l'Immortel est le seul aliment
Qui tempere le fiel de leur bannissement.
C'est ce pauois sacré qui l'espoir estançonne,
Qui nous faict mespriser les horreurs de Belonne,
Qui console nos cœurs en nos afflictions,
Qui nous faict surmonter toutes tentations,
Et qui par les transports de la grace Diuine
Terrace des mondains la puissance mutine.
C'est ce collyre sainct, qui chasse de nos yeux
Les tenebres du monde, & nous monstre les cieux.
Dans ce verger Diuin nostre ame se promeine,
Void de Dieu les arrests, la promesse certaine,
Contemple du grand iour les signes annoncez,
Les guerres, les horreurs, les meurtres prononcez,
Et calculant le tout rencontre à sa balance
Que Christ viendra bien tost, qu'és nuës il s'aduance,
Que nous touchons du doigt & l'heure, & le moment
De l'effroyable iour du dernier Iugement.

    Tous les signes predicts par la saincte Escriture
De ce iour foudroyant de l'Autheur de Nature
Sont accomplis en tout : Il reste seulement
Le retour de Iuda. Lors cet aduenement
Suiuy de feu, d'esclairs, de foudres, de tonnerre,
De clameurs dans le ciel, de terreurs sur la terre,
De tourbillons flammeux, pesle-mesle iettez
Fondra sur l'uniuers ardant de tous costez.
Alors les cieux ouuerts declareront la guerre
A tous les scelerats, à l'enfer, à la terre.
Christ és nuës viendra sur un grand cheual blanc
Qui ronfle le tonnerre, & le meurtre, & le sang:
Ses yeux comme fourneaux d'une eternelle flame
Embrazeront les airs, effrayeront toute ame,
Son chef ceint de Lauriers, & de fins diamants
Fera peur aux forçais des infernaux tourments.

Il reste aussi la publicatiõ de l'Euangile en diuers endroicts du monde.

S. Augustin au liu. 2. des questions Euangeliques, chap. 33.

Dit que les Iuifs seront rappellez au salut de l'Euangile.

Dernier aduenement de Iesus Christ terrible & espouuantable.

En sa bouche il aura vne lame flambante,
(Iuste effroy des meschans, & des esleus l'attente)
De cet acier tranchant poussé d'vn seul reuers
Il creuera l'enfer, partira l'vniuers,
Fera sortir Satan auec sa froumilliere
De Diables, de Damnez, Tysiphone, & Megere,
Le Chien à triple teste, & les bourreaux ombreux
Quitteront les cachots obscurs, & tenebreux.
La lueur du Sauueur brillera dans l'Auerne
Fera iour iusqu'au fond de l'ombreuse cauerne.
Mais ce n'est pas pourtant pour les contentements
Des Mânes residans en ce lieu de tourments.
C'est pour les condamner à l'eternelle peine,
C'est pour les releguer en l'immortelle gesne.
Ceux qui l'ont transpercé de brocards, & de cloux,
Espreuueront son bras, sentiront son courroux,
Leurs yeux le cognoistront, & leur malice extreme
Ne pourra s'exempter de ce Iuge supreme:
Il descouurira tout, la terre, & tous les cieux
Sont plus que transparents aux regards de ses yeux.
Ceux mesme que l'horreur des ombres criminelles
Tient serrez en l'estang des peines eternelles,
Qui seront dans l'oubly separez du Soleil
Verront venir des cieux ce Prince sans pareil.
Vne suitte d'esclairs, les foudres, le tonnerre
Effrayans les mortels, abysmeront la terre.
La terreur aura vogue, & les cieux petillans
Brillantement flammeux tournoyeront sifflans:
L'effroy sera par tout, les plus hautes montagnes
En moins d'vn tourne-main couuriront les campagnes.
Les eaux seront en sang, les estoiles cherront,
Phœbus s'obscurcira, les nuës se fondront.
Le feu s'eslancera du ciel dans les abysmes,
Les Esleus cependant vers les celestes cimes
Comme amoureux de Christ esleueront les yeux,
Diront, Vien ô Seigneur aneantir ces lieux:
Approche â Tout-puissant nos ames de ton ame,
Rasseure nos frayeurs, & nos esprits renflame
De ton sacré vouloir, afin que gracieux
Nous puissions t'embrasser en la salle des cieux.

2. Epistre de
sainct Pierre,
chap. 3.

Antropopa-
thie.

Lors quiconques sera trauaillant par la pleine
Tout couuert de sueur, tout accablé de peine,
Ou qui par les deserts, ou sous l'ombre d'vn bois,
Entendra bourdonner cette terrible voix:
Debout, debout mortels qui parmi la poussiere
Reposez endormis dans le creux d'vne biere,
Debout, dis-ie venez au throsne du grand Dieu
Escouter ses arrests promptement en ce lieu:
Ne s'estonne en son cœur d'vne crainte seruille
Desirant allarmé retourner à la ville,
Ains qu'il demeure là où l'orage des cieux
Bouleuersant la terre, effrayera ses yeux.
En ce temps que le feu rongera les montagnes
De deux qui marcheront à trauers les campagnes,
L'vn sera delaissé, l'autre pris du Seigneur,
L'vn ira sur les cieux, l'autre en l'ombreuse peur.
    Il me semble desia voir en terre descendre
Nostre chef glorieux, & sa parole entendre.
Terre, triste sejour des vices monstrueux,
Estangs, fleuues, ruisseaux, torrents impetueux,
Rendez, rendez les corps rongez de pourriture,
Ie veux tout maintenant qu'ils changent de nature.
A ces mots on verra regorger l'vniuers
Les grands, & les petits, les bons, & les peruers,
Les eaux reuomiront de leur gorge gloutonne
Les humains engloutis dedans l'onde felonne.
Le feu rendra ses morts, l'air & les elements
Seront executeurs des saincts commandements:
Alors Dieu (comme vn vent qui brize les montagnes)
De morts ressuscitez, couurira les campagnes.
Comme on void le matin sortir tout au trauers
De la terre vn amas de mille, & mille vers:
On verra tout de mesme en cette derniere heure
Les morts sortir de terre, & quitter leur demeure.
Les vns les mains au ciel leuées paroistront,
Les autres les yeux clos l'enfer redouteront,
Qui comblé de transport, Qui de deuil, de destresse,
Qui de contentement, Qui d'horreur, de tristesse,
Ceux qui n'auront senty les glaces du trespas
Esleus par l'Eternel heureux ne mourront pas,

1. Epist. aux
Thessal. ch. 4.
v. 17.

Dieu les transportera par sa Toute-puissance
Du monde au sainct Eden d'eternelle plaisance.
Ce sainct rauissement leur seruira de mort
Comme au Voyant rauy de la terre au sainct port.

  Tremblez, tremblez peruers desia l'heure effroyable
A coulé les trois quarts de son funebre sable,
Voicy comme vn larron au milieu de la nuict
Iesus vous surprendra sans tumulte & sans bruit.
Alors comme au terroir de Sodome enflammée
La terre s'emplira de flamme, & de fumée,
La grefle & les horreurs, le soulfre, & mille feux
En ce iour tomberont à gros plottons des cieux,
Les larues, les Demons empuantiront l'onde,
L'enfer s'embrazera, les airs, & tout le monde:
Lors les enfans du ciel comme Loth sortiront
Et sur vn mont sacré l'Eternel beniront.

  Nos corps ressuscitez renaissans de la terre
Tremblants comparoistront à la voix d'vn tonnerre,
Viendront deuant le throsne au dernier Iugement
Rendre conte au Sauueur de tout comportement:
Car la chair ne reuient de la poussiere ombreuse
Que pour ouyr la voix aimable, ou tonnerreuse,
Qui placera les vns sur le palais des cieux,
Les autres dans l'enfer aux gouffres odieux.
Et certes le parler de la sage Nature
Nous monstre comme au doigt l'eternelle torture,
Nous dit que l'Eternel iuge equitablement,
Que le bon doit iouyr d'vn sainct contentement,
Et que les scelerats, & que l'ame faussaire
Doit sentir les tourments de son Iuge seuere:
Ce qui n'arriuant pas en ce monde peruers,
Aura lieu sur la fin de ce grand Vniuers.

  L'Ancien de tous les iours, des mois, & des années,
(Qui tient dedans sa main toutes les destinées)
S'asserra glorieux brillant de Majesté
Pour iuger les meschans au feu d'eternité.
Les bourreaux seront prests pour les traisner au gouffre
De flammes, de terreurs, de bitume, & de soulfre:
Les liures s'ouuriront, l'Esprit de Verité
Alors condamnera l'ombreuse iniquité.

1. Epist. aux
Thessal. ch. 4
v. 17.
C'est Elie qui
fust rauy au
ciel par vn
chariot de
feu.
Digression.

Retour à son
discours.

Finis resur-
rectionis Iu-
dicium vlti-
mum.

Forma Iudi-
cij.

Ceux qui n'auront voulu la voix de Christ entendre,
Ceux qui n'ont point voulu sa parole comprendre,
Cette voix du Sauueur, cet Euangil heureux
Maudira leurs desseins peruers, & mal-heureux,
Les conuaincra d'erreur, d'infernalle malice,
Adiugeant leurs esprits à l'eternel supplice.
    Helas ozerez vous miserables humains
Deuant ce Roy des cieux leuer vos sales mains,
A ce diuin Soleil d'eternelle Iustice
Presenter de vos cœurs & l'ordure, & le vice:
Que luy respondrez vous, de quel manteau couuers
Verrez vous sans trembler consumer l'vniuers?
Ce sera ta rançon, ta mort, & tes souffrances,
Qui nous esloigneront des sombres doleances,
De ton sang precieux, Sauueur des saincts Esprits,
Nous offrirons le los, le merite, & le prix.
    Le ciel & tous les airs, l'Ocean, & la terre,
Animez contre l'homme entreprendront la guerre,
Le Soleil qui sembloit bien-heurer tes desirs
Au Sauueur contera tes immondes plaisirs:
La Lune qui par fois sous ses ailes brunettes
Fauorizoit de nuict tes sales amourettes,
Tes souspirs clandestins, tes larrecins honteux
Monstrera tes forfaicts au Monarque des cieux:
Et quand bien ces tesmoings manqueroient de parole
Les astres parleroient, & l'astrée carrole
Qui tant, & tant de fois t'a veu presomptueux
Courir de ton vouloir aux vices monstrueux
Tonneroit contre toy sa voix espouuantable,
Conteroit à ton Dieu ta vie detestable.
A dextre tes pechez à la mort conclurront,
A gauche à millions les diables paroistront,
N'attendans que l'arrest de la sentence affreuse
Pour gesner és enfers ton ame mal-heureuse.
Au dessus tu verras la saincte Majesté,
La face de ton Dieu iustement irrité
Contre les malfaicteurs à tes pieds vn grand gouffre
D'eternelle noirceur, plein de flamme, & de soulfre,
Ouurant sa gueule bée attendra les peruers,
Prest de les engloutir aux yeux de l'vniuers.

Epist. aux Romains, ch. 1. v. 16.

Superius erit Iudex iratus, subtus hor- rendum Cahos inferni à dex- tris peccata accusantia, à sinistris infi- nitâ Dæmo- nia ad suppli- cium trahen- tia : intus conscientia vrens, foris mundus ar- dens, miser peccator sic deprehensus quo effugiet? Gregorius.

Dehors de tous costez, les flammes eternelles
Entoureront les corps des ames criminelles.
Au dedans de ton cœur vn ver qui ne meurs pas
Rongera ton esprit, d'vn immortel repas.
L'air n'aura que souspirs, la terre que destresse,
Les Enfers que frayeurs, le mondain que tristesse.
Alors les pleurs en vain de l'œil descouleront,
En vain les scelerats aux bourreaux parleront,
En vain à Iesus Christ d'vne audace esperduë
Le meschant contera sa charité perduë.
Les sanglots, & les plains, comme des lents Zephirs,
Ne pourront alleger tes eternels souspirs.
Les Perfides alors crieront aux montagnes
Tombez sur nous costaux, & vous tristes campagnes
Engloutissez nos corps, couurez nous promptement,
Esloignez nos esprits de cet embrazement,
Tombez, tombez sur nous, & nous cachez la face
De ce Iuge eternel, qui ia l'ame nous glace.
Terre creue ton ventre, & dans ton sein profond
Engloutis nos frayeurs, & l'horreur qui nous fond,
Submerge nous tous vifs és infernales ondes,
Precipite nos corps en tes caues profondes
Tout ainsi que tu feis à Dathan autres fois
Mugissante esbranlant les rochers & les bois:
Las qui nous cachera de la face eternelle
De ce Diuin Soleil qui desia nous bourrelle.
Bref tous les elements, la terre, & tous les cieux
De ton Dieu courroucé te monstreront les yeux,
Et tes propres pensers comme nouueaux complices
T'adjourneront au feu des eternels supplices.
Comme Adam deschassé de l'Eden gracieux
Veid le ciel s'herisser de glaiues furieux,
La terre de chardons, l'air de gresle mutine,
Et tous les elements conspirer sa ruine:
Ainsi toute la terre, & l'enfer, & les cieux,
Au dernier Iugement paroistront odieux,
Herisseront de dards, de glaiues, & de picques,
Pour transpercer les cœurs des nations iniques.
Comme au sortir d'Egypte, & les airs, & les cieux,
Contre l'Egyptien s'armerent furieux,

Lactantius de Diuino Præmio, lib. 7. cap. 26. Dum non essent digni viuere iis nec mori cõcessum est: Tartareo carcere subito clausi, antè sunt sepulti quàm mortui. Optatus Mileuitanus, lib. 1. contra Parmenianũ.

Iſraël cependant dans la mer & l'orage
Suiuoit d'vn beau chemin le celeſte paſſage:
De meſme ſur la fin de ce grand Vniuers,
Les flammes, les horreurs ſurprendront les peruers,
Mais le ſainct troupelet veuf de frayeurs en l'ame
Sera mis à l'abry de l'eternelle flame.
Alors vn Seraphin flamboyant en eſclairs
Deſcendra rayonneux par le vague des airs,
Sommera l'vniuers de ſa creuſe trompette
A borner de la mort ſon haleine funeſte,
Et clorre dans l'oubly d'vn eternel ſommeil
Ses flambeaux radieux la Lune, & le Soleil:
Au ſouffle de ſa voix aſſemblant à centaines
Les oyſeaux des foreſts, des fleuues, & des plaines:
Puis ſur vn grand bucher entaſſant les mondains,
Les auares peruers, les ombreux citadins
Laſchera les vautours, & les corbeaux funebres
Pour deſchirer les corps des enfans des tenebres.
Ce faict on entendra cette bruyante voix
Eſcroulant les rochers, & les monts, & les bois.
    Venez mes chers enfans, la nation eſlite,

I. Sententia erit electis deſideratiſſ.

Habiter le Palais de la troupe benite,
Venez mes bien-aimez poſſeder bien-heureux
L'Eternel Paradis, le verger doucereux:
Quand ie mourois de ſoif vous me donniez à boire,
Entrez dés maintenant en la celeſte gloire.

II. Maledictis horribiliſſima.

Mais vous eſprits malings ouuriers d'iniquité,
Auares, impoſteurs, fauteurs d'impieté,
Allez an feu ſans fin, és flammes eternelles
Receuoir le guerdon des ames criminelles:

Matth. 25.

Quand les miens auoient faim, vous ne leur doniez pas
Dequoy ſe ſuſtenter d'vn bien maigre repas:
Allez, allez maudicts en l'ombreuſe cauerne
Aux gouffres rougiſſants de l'effroyable Auerne.
Cet arreſt prononcé, les eſleus monteront
Sur les cieux, Les meſchans aux enfers deſcendront,
Alors vn poſte ailé tout entouré de flames,
De terreurs, de frayeurs, de brillonnantes lames
Plus viſte qu'vn eſclair deſcendant des hauts cieux
Fondra ſur Babylon: Vn brandon radieux

En sa droicte allumé consumera le monde,
Embrazera l'enfer, le Cocyte, & son onde,
Fermera pour iamais dans cet abysme creux
D'vne clef sans ressort, és enfers-tenebreux
Babylon la paillarde. Alors nulle chandelle
Ne donra sa lueur, mais la flamme eternelle
Luy seruira de iour: Lors alors nulle voix
Que le cry des mourants aux infernaux abbois.
Nulle trompette alors que l'hurlement horrible
Des demons bourrelez en la flamme terrible:
Nuls plains que des damnez qui sans fin ploreront
Le destin de Babel, & s'en tourmenteront.
Alors tu pourras dire, Elle est cheute, elle est cheute,
L'ombreuse Babylon a faict la culebute,
Elle est cheute en vn rien, & son palais noircy
Est le triste seiour de l'enfer obscurcy:
On ne parlera plus de Babylon maudite
Qu'aux riues de l'oubly, qu'aux bords du noir Cocyte.
Qui a veu charier vn char chargé de bois
Traisné par les cheuaux de quelque Villageois,
La roüe va pressant le paué qui marmonne
Cracquetant sous le faix de la jante qui tourne,
Il se peut figurer les grincements de dents
Des meschans tourmentez au dehors, au dedans,
Qui maudissent l'enfer, & leur propre courage,
Qui bruslez, & glacez n'ont obiect que leur rage.
Comme l'homme ne peut par son entendement
Atteindre aux doux transports du sainct contentemët:
A l'opposite aussi nostre infirme nature
Ne sçauroit crayonner l'eternelle torture.
Nostre capacité est foible en ce discours,
Nostre penser s'embroüille en cent confus détours,
Nostre langue est collée, & nostre main tremblante
Au recit des enfers vacille chancelante.
La plus dizerte voix de tout cet vniuers,
La Muse plus polie, & les plus rares vers
Forcez à crayonner ce regne du silence,
N'en pourroient reciter que quelque doleance.
En ce triste suiect qui foizonne en frayeurs
(Dont les ris sont des cris, dont les fleurs sont des pleurs,)

En marge :
Ribera &
Viegas Do-
cteurs Iesui-
tes, en leurs
Commentai-
res sur l'A-
pocalypse sur
le chap. 14.
asseurent que
par Babylon,
il faut enten-
dre Rôme.
A cela s'ac-
cordent Ter-
tullian & S.
Hierosme.

Infernus lo-
cus silétij di-
citur, nòn
quod ibi re-
probi taceãt,

Il vaut mieux imiter de Timanthe l'ouurage
Qu'à l'impossible en fin contraindre son courage:
Nous ne laisserons pas d'en donner quelques traicts,
Quoy que parauanture obscurs, & imparfaicts.

Ie ne veux disputer d'vne subtile plume,
Où l'homme met l'enfer, où sa flamme s'allume,
Ie ne veux recercher la nature du feu
Qui brusle incessamment le meschant en ce lieu.

Ie me contenteray de tracer quelque trace
De l'infernalle horreur, de l'eternelle glace,
De monstrer comme en gros quelques gemissements
Des damnez enfondrez aux eternels tourments.

Les plus Iudicieux asseurent par leur plume
Que l'enfer est vn lieu de souffre, & de bitume.
D'autres suiuans le train de leur tortu compas
Disent l'enfer par tout, où l'Eternel n'est pas.
Ie confesse qu'és lieux où la gloire eternelle
Ne darde les rayons de sa saincte prunelle
Que c'est comme vn enfer, mais c'est faire vn faux pas
Dire par tout l'enfer, où l'Eternel n'est pas.
Le Liure de nos cœurs, la carte de nostre ame
Limite vn certain lieu à l'immortelle flame:
Cela doit arrester le vol de nos esprits
Pour suiure le niueau des celestes escrits.

L'enfer est vn cachot où regne le Murmure
La Nuict, le Desespoir, le Meurtre, le Parjure,
Où l'air n'est que de feux, la terre que de sang,
Où le vassal ombreux porte la mort au flanc:
Où les cris, & les pleurs seiournent miserables
Les grincements de dents des Damnez detestables.
Le Cocyte, l'oubly, l'Erebe, le Cahos,
Le ver, qui du meschant ronge tousiours les os,
Sont de l'enfer obscur les habitans funestes,
Les traistres, les Iudas, les bourreaux, les Orestes,
Les Iuges corrompus, l'Apostat, les peruers
Se regardent l'vn l'autre en ce lieu de trauers
Augmentent leur horreur: le tourment formidable
Plus ils sont, plus s'accroist, & leur semble effroyable.
Les trois Noires fureurs, Sisyphe & son rocher
Tantale qui ne peut aux ondes s'aboucher.

Marginal notes:

sed quod nul-lum sit impe-dimentū pœ-næ, & sint clamores De-sperationis, vlulatus & stridor den-tium.

Ierosme sur le chap.4. de l'Epistre aux Ephes. L'Escriture saincte.

Description des Enfers.

Bernardus.

Cyprian. lib. de laude Mar-tyrij ad Moy-sen & Maxi-mum.

L'Aigle de Promethée, & le roc de Phlegye,
La roue d'Ixion, le vautour de Titye,
Cerbere gardien des enfers tenebreux
Le seuere Minos, & le Nocher ombreux,
Et tant d'autres tourments que la Muse Chrestienne
Tire confusement de la langue Payenne,
Ne sont que des crayons debiles, & legers
Conceus par les cerueaux des Payens mensongers,
Au prix des traicts diuins que la saincte Escriture
Nous dicte, descriuant l'infernalle torture.

    C'est vn lac sulphureux, vn pressoir, vn estang,
De flammes, de terreurs, de demons, & de sang:
Où gron-gronde tousiours le Desespoir farouche,
Où bugle horriblement de l'impie la bouche,
Où l'ame vit mourant d'vn eternel trespas,
Où l'homme tout entier meurt, & s'il ne meurt pas:
Où le gouffre ensoulfré terriblement ondoye,
Où le soulfre engouffré horriblement flamboye,
Où froumille l'horreur, & l'espouuantement,
Où brazille l'ardeur de l'infernal tourment:
Où les flammes font iour aux tenebres ombreuses,
Où la nuict faict seiour aux ombres tenebreuses,
Où le corps sans soulas, ny rafraischissement
D'vn immortel trespas meurt eternellement.
Où veuf de repentir l'esprit se plaint sans cesse,
N'oit par tout retentir qu'hurlements, & qu'angoisse,
Où l'homme marmonnant maugrée tous les cieux,
Où Satan bourdonnant se maudit furieux:
Où groüillent les terreurs, & l'effroyable Rage,
Où fouillent les fureurs tout l'enfer de carnage:
Où les sanglants sanglots sanglottent sans secours,
Où l'ame sans repos vit, & meurt sans recours,
Où nul ne peut souffrir qu'vne rage, vn orage,
Où nul ne peut crouppir qu'il n'enrage de rage:
Où le riche gourmand ne peut tant seulement
Rafraischir d'vn peu d'eau l'ardeur de son tourment,
Et quand bien des torrents tomberoient en ce goulfe,
Ils ne pourroient noyer le soulfre, qui l'estouffe.

    Face le Tout-puissant que bien loing de ces nuicts
Nous n'esprouuions iamais ces immortels ennuis.

Quid Scriptura de Inferno.

Affectus.

Que tousiours nous soyons ignorants de ces flames,
Qui consument sans fin & les corps, & les ames,
Que nos esprits portez au verger doucereux,
Ne sçachent iamais rien de ce lieu mal-heureux:
Ains que tous nos plaisirs, nos ioyes, nos delices,
Se noyent au nectar des celestes blandices.

   Apres le iugement des enfans tenebreux,
Apres Satan reclós dans le cachot ombreux,
Toute la Cour du ciel, les Seraphins, les Anges,
Les esprits bien-heureux, les Martyrs, les Archanges
Viendront à bras ouuerts receuoir les esleus,
Les larmes, & la mort alors ne seront plus:
Les Chansons, les Clairons, les Haut-bois, les Trōpettes,
Les Fiffres, les Tabours, les Harpes, les Musettes,
La Musicque, & le Luth ensemble resonnans
Louëront l'Eternel ensemble fredonnans:
Chacun à qui mieux mieux chantera son Cātique
Son Hymne mariant au Concert Angelique.

Souhait du
dernier iour.

   Que fust-ce ores le iour sainct, & delicieux,
Que l'Eglise veyant son Espoux gracieux
Entendist cette voix, Approche mon amante,
Entre dans mon Verger de Myrthe, & d'Amarante,
Vien gouster mon Desir le Nectar precieux
Que boiuent mes enfans en la salle des cieux.

   Les transports les plus doux que feint la Poësie,
La plus douce liqueur, & mesme l'Ambrosie
Chantée des Payens, n'esgale point le prix
De la ioye celeste, & des heureux esprits,
En ce sacré discours de la gloire Diuine,
Nostre Muse tarit, le silence domine
Nos langues, & nos cœurs. Vn seul rauissement
Du ciel peut conceuoir ce sainct contentement:
Elie apperceuant la Majesté Diuine
De crainte se cachoit dessous sa manteline,
Sainct Paul mesme rauy iusques aux cieux des cieux
Met son doigt sur sa bouche, & se bousche les yeux:
Et nous qui ne voyons le ciel que par vn verre,
Qui rampons vermisseaux sur l'ordure, & la terre,
Ozerons-nous hardis d'vn front audacieux
Depeindre le dedans du Paradis des cieux?

En vn si haut suiect regardons pour estoile
Les escrits sacré-saincts,prenons pour nostre voile
La foy fille du ciel, & d'vn modeste vers
Entrons dans le seiour du Createur des mers.

  Si ie peins le Palais de la voute eternelle
Sur le parfaict pourtraict,sur le diuin modelle
Du bien-heureux Eden,où le miel, & les fleurs
Nourrissoient nos parents de douceurs,& d'odeurs:
Où les chastes Zephirs au leuer de l'Aurore
Suiuoient tousiours Pomone, & la mignarde Flore.
Où des fleuues de laict lauént les arbrisseaux,
Où le Diuin nectar se roule par ruisseaux:
Où des Anges les chants d'vne saincte merueille
Rauissent de transports les ames par l'oreille.
Où pour entreparleur les bien-heureux esprits
Ont la boucke,& la voix de l'Esprit des esprits.

  Si ie dy que le ciel est vne grande sale,
Où nostre cher Espoux d'vne splendeur royale
Festoye son Eglise : où plein de Majesté
Christ faict boire à longs traicts de l'immortalité.

  Si ie dy que là haut l'Eglise est vn sainct Temple,
Où comme pleine d'yeux l'ame tousiours contemple
La vouture d'or pur, & le bril precieux
Des diamants brillants sur le palais des cieux.
Où le haut & le bas pour lumiere eternelle
Ont tousiours de l'Agneau l'immortelle chandelle:
Où l'esprit pour iamais sans rassasiement
De la face de Dieu vit eternellement,
Où nul autre desir ne distraira ton ame
De l'object tres-parfaict,qui tousiours la renflame,
Ie ne pense mentir, l'accuse seulement
D'vn debile sçauoir,mon pauure entendement.
Arrière de mes vers, escriuains temeraires
Philosophes charnels,imposteurs Millenaires,
Qui menteurs asseurez aux mortels faussement
Qu'au monde les esleus apres le Iugement
(Regis par Iesus Christ sans orage & sans guerre)
Viuront mille ans entiers en delices sur terre.

  Vne belle Cité (nous content ces esprits)
Se dressera çà bas en forme de pourpris:
Au milieu le Sauueur plantera la Iustice,

D ij

Fides enim in
hac vita Deū
videt tāquam
per ænigma.

Descriptions
des delices
eternelles.

Lactantius
lib.7. de Di-
uino Præm.
c.24. mira de
iis.

La Concorde, la Paix : les Esleus sans malice
Suiuront par tout l'Agneau : les ombres odieux
Feront place aux rayons de la clarté des cieux :
Le Soleil plus lueux sept fois que de coustume,
Fera les iours sans nuicts : le chagrin, l'amertume,
Le peché, les ennuis, & les tristes douleurs
S'esloigneront bien loing du monde tout en fleurs.
La terre de son gré produira ses largesses
Liberale t'offrant mille & mille richesses :
Des rochers & des monts le miel descoulera,
Pour torrents ès valons le vin ruisselera.
Les loups, & les agneaux, & les bestes de proye
Ensemble gisteront, & suiuront mesme voye.
Bref ce siecle doré redescendra des cieux,
L'homme sera comblé de biens delicieux,
Et les plus doux objects soit du corps, soit de l'ame
Rauiront tes esprits d'vne celeste flame :
Tes yeux auront dequoy leurs regards contenter,
Ton nez de mille odeurs se pourra sustenter,
De chants tres-gracieux ton ame transpercée
Leuera iusqu'au ciel le vol de ta pensée,
De mets ambroziens, d'vn nectar precieux
Iesus Christ nourrira ton cœur delicieux.
Les vns s'endormiront aux ondes murmurantes,
Lassez des vains baizers de leurs cheres Amantes.
Les vns las de cueillir aux arbres tremblotans
Mille fruicts sauoureux, cercheront sanglotans
Quelque cauerne sombre, (où l'ombre & le zephire
Semble les chatouiller sous l'aisselle pour rire)
Les autres pour soulas de leur entendement
Noyeront leur esprit d'vn sainct contentement,
Et comme Adam iadis au parterre celeste
N'auront aucun souspir tenebreux, ny funeste :
Les hommes regneront delicieusement
Auecques l'Eternel Prince du firmament :
Puis les mille ans finis (si nous croyons Lactance)
Remonteront au ciel leur saincte demeurance.
　　De cet erreur grossier la simple verité
Armée de son dard percera le costé.
La glace de nos yeux, le miroir de nostre ame
（Qui nous vnit au ciel par vne chaste flame）

Lactantius,
ibidem.
Refutation
des Millenai-
res.

Les escrits eternels de Christ, le Roy des Rois,
Desmentent tout à plain de ces Docteurs la voix,
N'en disent vn seul mot, nous dictent le contraire
Du discours Cerinthin, du dogme Millenaire:
Le Sauueur mesmement instruisant tous les siens
Ne leur parla iamais de ces fantasques biens,
Ains destournoit tousiours leur penser de la terre,
Leur enseignoit le ciel pour immortel parterre.
Mon regne (disoit-il) de ce monde n'est pas,
C'est vn regne eternel aux eternels appas,
Ny la chair, ny le sang, le manger, ou breuuage
N'auront aucune part au celeste partage,
L'ordure n'entre point au Royaume des cieux,
Ny les ombreux esprits, ny les cœurs ocieux:
La seule Pureté, la Candeur, l'Innocence,
Ont des logis marquez au ciel leur demeurance,
Vne fois dans le ciel auant le Iugement,
Rien ne peut trauerser ton sainct contentement.
Aussi sainct Paul rauy iusques au ciel supreme
Où son œil veid contant vne splendeur extreme,
Où par vn sainct transport, non cogneu de nos yeux,
Son oreille entendit les merueilles des cieux,
Pour les communiquer au salut du fidelle,
De ce dogme peruers ne dit point de nouuelle,
N'en parle pas vn mot, ains prescrit autrement
L'estat des bien-heureux apres le Iugement.
Que si nous receuions la voix du Millenaire,
Il faudroit approuuer ce langage faussaire,
(Côtraire aux saincts Arrests emanez des hauts cieux)
Pour dire que l'Eglise affligée en ces lieux
Prendroit dés icy bas la Couronne de gloire,
Cesseroit de souffrir comblée de victoire.
L'Euangile de Christ ne seroit plus la voix
De pleur, d'affliction, ny parole de croix:
Les Oracles sacrez de la saincte Escriture
Touchant les temps derniers, changeroient de nature,
Puis qu'au lieu du brouillis, des guerres, & terreurs
Qu'alors Dieu nous promet, nous serions sans horreurs.
Ioignons à ce discours contre les Millenaires
De la simple raison les paroles sinceres.
Ce qui ne peut souler l'humain entendement

S. Augustin
au liure 20.
de la Cité de
Dieu, ch. 7.
Se moque de
l'opinion des
Millenaires.

I.
Ab absurdo
Millenarios
refutat.

II.

III.

D d ij

Marcillius
Ficinus in
Sympo.

Ne peut estre estimé son vray contentement:
Les delices du corps, les voluptez charnelles,
Ne peuuent pas souler nos ames eternelles:
De là vient que l'esprit creé du Roy des cieux
Au milieu des transports les plus delicieux,
Souspire, & va cerchant sur le ciel Empyrée
Ce qu'il ne peut trouuer parmi nostre contrée.
Doncques les biens du corps, ny les plaisirs mondains
Ne peuuent contenter du ciel les Citadins,

Comme les
Turcs, qui
croyent que
les morts vôt
boite & man-
ger en vn
verger de
delices.
Diodorus Si-
cul. lib. 1.

Quoy que sous les nuaux d'vne raison de verre
Ces tenebreux Docteurs posent le ciel en terre,
Forgent vn Paradis en ces caduques lieux
Bien que pour le certain il soit és cieux des cieux.
    L'Autheur Sicilien, qu'on nomme Diodore,
(Que ma Muse cherit, que le Payen honnore)
Chante que les esprits des enfans trespassez
En vn pré verdoyant se reposent lassez,
Deçeu par les Docteurs de l'Egypte rebelle
Qui du sainct Paradis sçachans quelque nouuelle
Se sont fantaziez vn verger doucereux
Où les Mânes des morts sous le Myrthe amoureux
Proche l'Auerne obscur, menoient la mesme vie
Qu'en la terre aguettez de l'infernalle enuie.
De là mille Payens ont enflé leurs escrits
Des champs Elysiens, d'vn terrestre pourpris,

Virgil. lib. 6.
Æneid.

Et contre les decrets des sainctes Destinées
Logent les vertueux aux Isles fortunées,
Loing des vents orageux, où Phœbus luit tousiours,
Où sans ombres, & nuicts Iupin donne les iours.
De là vient qu'on nous met proche le Purgatoire

Bellarmin.
lib 2. de Pur-
gat. cap. 7.

(Si tu veux Bellarmin en son mensonge croire)
Vn pré tout verdoyant, & parsemé de fleurs,
Où l'ame au départir des faussaires ardeurs
Passe pour rafraischir le tourment fantastique
Qu'on ressent en ce lieu, pour certain chimerique:
Car les cahiers sacrez ne donnent que deux lieux,
L'eternel Paradis, & l'enfer odieux.
    Cependant curieux ne recerche mal-sage
Par les brusques eslans d'vne Muse volage,
De combien de degrez les Anges sur les cieux
Sont en soy differents : Ce vol audacieux

N'appartient qu'aux Docteurs partizans de ce monde
Qui sondent les secrets du seul Moteur de l'onde.
Ie confesse pourtant qu'és celestes paruis
Les bien-heureux viuans des eternels deuis,
De quelques saincts degrez differeront en gloire
Esgallement contents en l'ame, en la memoire.
Comme plusieurs vaisseaux en l'Ocean plongez
Quoy que diuersement de Neptune chargez,
Le petit en son corps selon sa petitesse
N'enuie cependant du plus grand la richesse,
S'estime aussi contant que les vastes vaisseaux
Qui pourroient engloutir vne riuiere d'eaux:
De mesme au beau Palais de la vie eternelle
Chacun sera contant de la gloire immortelle,
Nul de son compagnon l'estat n'affectera,
Chacun en soy contant & bien-heureux sera,
Quoy que quelques degrez entre toy, & ton frere
Paroissent, par l'adueu de ton celeste Pere.
Ainsi sur les lambris de la voute des cieux
Vn astre en sa clarté differe radieux
D'vn autre, & sa lueur luit plus sur l'Hemisphere
Que la simple clarté d'vne estoile ordinaire:
De mesme en Paradis les esleus gracieux
Differeront en soy de degrez glorieux:
Cependant vn chacun en son ame diuine
De semblables ardeurs nourrira sa poictrine.
La diuersité donc ne sera sur l'obiect,
Elle consistera seulement au suiect:
Comme diuers miroirs l'vn plus grand, l'autre moindre
(Que tous esgallement le Soleil semble joindre)
Ne laissent toutesfois d'obiecter à nos yeux
L'vn plus, & l'autre moins le Soleil radieux:
Ainsi parmi les cieux esclairé de la grace
Ton ame reluira comme vne pure glace,
Tu seras tout brillant de l'immortalité
Ton Dieu s'accommodant à ta capacité:
Mais ne presume pas d'vne pensée hardie
Que l'homme (dont icy l'ame estoit engourdie
Et pleine de pechez) recueilly sur les cieux,
Luise comme sainct Iean au throsne glorieux
Du Sauueur des humains: les Apostres fidelles

Il y aura des degrez en la gloire eter- nelle.

1. Epist. aux Corinth. ch. 15. v. 41.

August. serm. 143. de Tem- pore.

Seuls esleuez plus haut (comme sainctes chandelles)

Matth.ch.19.
v.28.
1. Epist. aux
Cor. chap.6.
v.1.
Nous nous
recognoi-
strós au ciel.

Iugeront d'Israël le peuple bien-heureux
Si tu croids du Sauueur le parler doucereux.

   Nous nous recognoistrons en la vie eternelle,
Mais d'vne cognoissance & saincte, & supernelle:
D'vn amour tout diuin nous nous embrasserons,
Glorifiez de corps, & d'esprit nous serons.
Comme Adam recogneust par la saincte lumiere
Apres son doux resueil nostre mere premiere:
De mesme apres ta mort par la force des cieux
Tu cognoistras là haut tes amis gracieux,
Ceux que tu auras veu en ce val de misere
Tu les recognoistras d'vn amour salutaire
Exempt d'infirmité semblable aux courtizans
Des celestes esleus les heureux partizans.

S. Luc ch.9.
v.28.

De mesme au mont Thabor Pierre Apostre fidelle
(Bien qu'il n'eust iamais veu de sa foible prunelle
Elie le Voyant) le recogneust pourtant
Par vn transport du ciel rauy tout à l'instant:
Ainsi dans le Palais de la gloire eternelle,
Nous nous recognoistrons d'vne veuë immortelle,
D'vn sainct rauissement aux celestes appas
Nous nous entr'aimerons autrement qu'icy bas.
Nous verrons du grand Dieu la gloire face à face
Sans voile, sans rideaux, sans ombre, & sans surface,
Nous l'apprehenderons tout autant que nos yeux
Sont capables de voir le Monarque des cieux.

   Tandis ne pense pas que ta foible prunelle
Puisse comprendre en soy Dieu d'essence eternelle:
Naturellement l'œil l'Immortel ne void pas,
La foy va l'œilladant dans vn voile icy bas:

Exod. 33.

De là vient que Dieu dit à Moyse fidelle
L'homme ne sçauroit voir ma gloire supernelle
Et viure tout ensemble : Aussi ton œil charnel
Ne peut comme finy comprendre l'Eternel.
Toutesfois sur les cieux tu verras cette gloire
D'vn voir surnaturel aux bien-heureux notoire.
Comme en la vision s'imprime viuement

Comment
nous verrons
Dieu en la
vie eternelle.

L'image de l'obiect en ton entendement,
De mesme en nos esprits s'imprimera l'image
De Dieu, quand nous serons au diuin heritage.

Et comme de Phœbus les rayonneux esclairs
Bien qu'espars par les cieux, par le monde, & les mers,
Ne laissent tous entiers d'entrer en ta paupiere
Sa lueur cependant estant par tout entiere:
De mesme en Paradis ton Dieu parfaictement
Esclairera ton corps, & ton entendement,
Mais sa gloire tandis saincte, & maiestueuse
Parmi les cieux des cieux brillera lumineuse.

 Si dans mes pauures vers, mes debiles esprits
(De celestes fureurs diuinement épris)
Pouuoient representer cette gloire parfaicte,
Ie la crayonneroy d'vne plume discrette:
Mais puis que ie ne puis decorer mes escrits
Des delices diuins du celeste pourpris,
Ie me contenteray d'en donner quelque trace
Prise des saincts cahiers de l'eternelle grace.

 Le Disciple chery de Christ Dieu Tout-puissant
(Qui par fois reposoit sur son sein gemissant)
En son Liure diuin, qui ferme l'Escriture,
Parsemé des secrets de l'Autheur de Nature
Dict, que cette Cité rayonne en diamants,
Que les pauez sont d'or, & tous les fondements:
De Iaspes, de Sapphirs, d'Esmeraudes, Sardoines,
De Chrysolithes fins, de brillans Calcidoines,
De Berilles luisans sont les murs precieux
Plus flambans que Phœbus en esclairs radieux:
Ses portes de Rubis, & de Perles couuertes,
Sont aux enfans du ciel incessamment ouuertes:
Pour Soleil la clarté de l'Eternel y luit,
Le tumulte en est loing, la terreur, & la nuict:
La Paix, & le Repos, la Concorde, la Grace
Possedent de Syon la bien-heureuse place,
Rien de souillé n'y entre, & les Diuins esprits
N'admettent que les saincts en ce doré pourpris.
Au milieu de Syon le Moteur de la terre
(Qui lance en vn clin d'œil tonnerre sur tonnerre)
Se sied sur vn grand Throsne orné de tous costez
De brillonnans esclairs, d'eternelles clartez.
Tout autour de ce Roy la troupe bien-heureuse
Vestue de fin lin fredonne gracieuse
Des Cantiques sacrez: Ils portent en leurs mains

Augustin. E-
pist. ad Co-
rinnam 114.
Dicit Deum
non videri
oculis car-
neis.

C'est S. Iean
en son Apo-
calypse.

Apocal. 21.

Apoc. 4.

Des Palmes, des Lauriers, les liurées des Saincts.
Des Couronnes d'or pur leur entourent la teste,
Deuant le throsne sainct flamboye vn feu celeste
Qui sort de sept flambeaux puissamment radieux,
Flambeaux les sept Esprits du Monarque des cieux.
Mille esclairs sans cesser sur ce Throsne de gloire
Rendent de l'Eternel la Majesté notoire.
Les vingt-quatre Anciens, & les heureux Esprits
Sont tousiours de l'amour du Tout-puissant epris,
On n'entend que concert de celestes louanges,
Sainct, sainct, sainct est l'Agneau, ce diset tous les Anges
Bref ces contentements estans comme infinis
Au crayon de mes vers, sont par mes vers ternis,
Nostre ame ne peut pas infirme les comprendre
Nos cœurs les conceuoir, moins encor les apprendre.
Attendons que là haut nos esprits transportez
Sauourent du grand Dieu les Diuines bontez,
Qu'en ce grand Ocean de l'immortelle ioye
Nostre penser se plonge, & nostre ame se noye.
　O trois & quatre fois bien-heureux les esprits
Qui quittans à la mort cet immonde pourpris,
Voleront tout ainsi que Lazare fidelle
Au verger eternel de la vie immortelle,
Qui montans sur les cieux receuront promptement
Des delices sacrez le vray contentement.
　Seigneur qui as conduit & ma main, & ma plume
Traçant les simples traicts de ce petit volume,
Qui as comme versé dans mon entendement
Non l'onde d'vn Parnasse, ains l'eau du firmament
(Dont la source descend des ruisseaux de ta grace,)
Fay que tous mes esprits en cette terre basse
Ne t'oublient iamais, que ma langue tousiours
Celebre ton sainct los, & les nuicts, & les iours,
Attendant que mon ame en la voute eternelle
Viue des rais brillans de ta saincte prunelle,
Et comme vn beau Soleil luisant de tes rayons
T'admire, se mirant aux sainctes visions,
Ne se lasse iamais de chanter ta louange, 〔GR
Puis que pour te louër i'aspire au BEL ART D'AN
　　Plus olei cœlestis quàm humani laboris.
　　　Fin de la Semaine d'Argent.